PRATIQUE VOCABULAIRE

650 exercices

A1 A2

corrigés inclus

|Thierry Gallier

CLE INTERNATIONAL

Audio disponible en ligne ou en téléchargement
sur l'espace digital https://pratique.cle-international.com

Direction éditoriale : Béatrice Rego
Marketing : Thierry Lucas
Édition : Aude Benkaki, Brigitte Marie
Conception maquette : Dagmar Stahringer
Couverture : Sophie Ferrand
Mise en page : Domino
Studio : Bund

© CLE INTERNATIONAL, 2019
ISBN : 978-2-09-038983-8

Sommaire

1 • Premiers contacts
- **A.** Se présenter ... 7
- **B.** La nationalité ... 10
- **C.** Donner l'heure ... 12
- **D.** Les jours et les journées ... 14
- **E.** Les principales expressions de politesse ... 16
- Bilans ... 20

2 • La famille
- **A.** Les membres de la famille ... 22
- **B.** La vie à 2 ... 24
- **C.** L'aspect physique ... 26
- **D.** Les animaux de la famille ... 29
- Bilans ... 30

3 • Le monde
- **A.** La Terre ... 32
- **B.** La campagne ... 36
- **C.** La ville ... 38
- **D.** L'actualité ... 41
- Bilans ... 42

4 • La maison
- **A.** Les pièces ... 44
- **B.** Dans les pièces ... 47
- **C.** Les meubles et les équipements ... 50
- **D.** Les activités ... 54
- Bilans ... 56

5 • Les activités de tous les jours
- **A.** Les actions habituelles ... 58
- **B.** Les verbes de mouvement ... 60
- **C.** D'autres actions ... 63
- **D.** La météo ... 65
- Bilans ... 67

6 • Les objets
- **A.** Décrire un objet ... 69
- **B.** Indiquer la position ... 72
- **C.** Des objets habituels ... 74
- Bilans ... 77

7 • Communiquer
- **A.** Les expressions de politesse ... 79
- **B.** Demander, refuser, exprimer son accord ... 81
- **C.** Exprimer un sentiment ... 83
- **D.** Écrire un e-mail ... 84
- **E.** Le téléphone ... 86
- Bilans ... 88

8 • Boire et manger
- **A.** Les fruits ... 90
- **B.** Les légumes ... 92
- **C.** Les boissons ... 94
- **D.** Les repas ... 96
- **E.** Au café, au restaurant ... 100
- Bilans ... 102

9 • Faire des courses
- **A.** Les magasins ... 104
- **B.** Les quantités ... 111
- **C.** L'argent ... 112
- Bilans ... 114

10 • S'habiller
- **A.** Les vêtements ... 116
- **B.** Les accessoires ... 121
- **C.** La mode ... 124
- Bilans ... 126

11 • Les loisirs

A. Le sport, les activités extérieures 128
B. Les activités intérieures 131
C. Des activités « utiles » 133
Bilans 139

12 • Le corps et la santé

A. Le visage 141
B. Le corps 142
C. La santé 146
Bilans 150

13 • Les professions

A. Les emplois techniques 152
B. Les services publics 154
C. Les professions médicales 155
D. Les emplois du tertiaire 157
E. Les professions intellectuelles 158
Bilans 160

14 • Le travail

A. Les lieux 162
B. Les personnes 163
C. Les activités de l'entreprise 166
D. Les activités des personnes 168
Bilans 172

15 • Les transports en commun

A. Le métro 174
B. Le train 175
C. L'avion 178
Bilans 180

16 • Les transports personnels

A. Le vélo, la moto 182
B. La voiture 184
Bilans 189

17 • Les fêtes et les sorties

A. Donner des directions 191
B. Les fêtes traditionnelles 192
C. Les fêtes dans le cadre privé 194
D. Les réseaux sociaux 196
Bilans 198

18 • Les activités culturelles

A. Lire 200
B. Le cinéma 201
C. L'art et la musique 203
Bilans 206

19 • Partir

A. Les vacances 208
B. Les voyages 212
Bilans 217

20 • Vivre en France

A. Louer un appartement : les démarches 218
B. En cas de problème 222
Bilans 225

21 • Le français professionnel

A. La restauration 227
B. L'hôtellerie 233
C. Le monde de l'entreprise 234

Annexes

• Utiliser les lettres et les nombres

A. L'alphabet 238
B. Les nombres 240

• Les pièges du vocabulaire

A. Les homophones et les homonymes 244
B. Les faux amis 245

• Les mots de la francophonie 254

Présentation de l'ouvrage

Il est impossible de communiquer en français si on ne connaît pas le vocabulaire. Ce livre, de la collection Pratique, propose d'apprendre le vocabulaire du niveau A1/A2 en autonomie avec un parcours clair et complet.

L'ouvrage, divisé en 21 chapitres, traite de sujets nécessaires pour la communication dans le monde actuel. Les mots les plus courants sont présentés en premier, et chaque chapitre offre une progression du niveau A1 au niveau A2.

• Des **encadrés** largement illustrés pour découvrir des mots nouveaux, avec des explications. Tous les encadrés sont enregistrés pour permettre une meilleure mémorisation et prononciation.

• Des **notes** donnent des informations utiles sur certains mots.

avoir besoin = un objet est nécessaire :
j'ai besoin d'un stylo pour écrire.

• **S'EXERCER** : Des exercices de réemploi pour vérifier la bonne compréhension des mots nouveaux. Les consignes sont formulées de manière simple et accessible (reliez, complétez, cochez...) et chaque exercice commence par un exemple.

• **RÉVISER** : Des exercices de révision pour faciliter la mémorisation.

• **SE TESTER** : Des exercices pour se tester : des exercices de production écrite pour fixer le vocabulaire de façon durable.

• Des **exercices audio** pour la prononciation et la compréhension orale disponibles sur l'espace digital https://pratique.cle-international.com

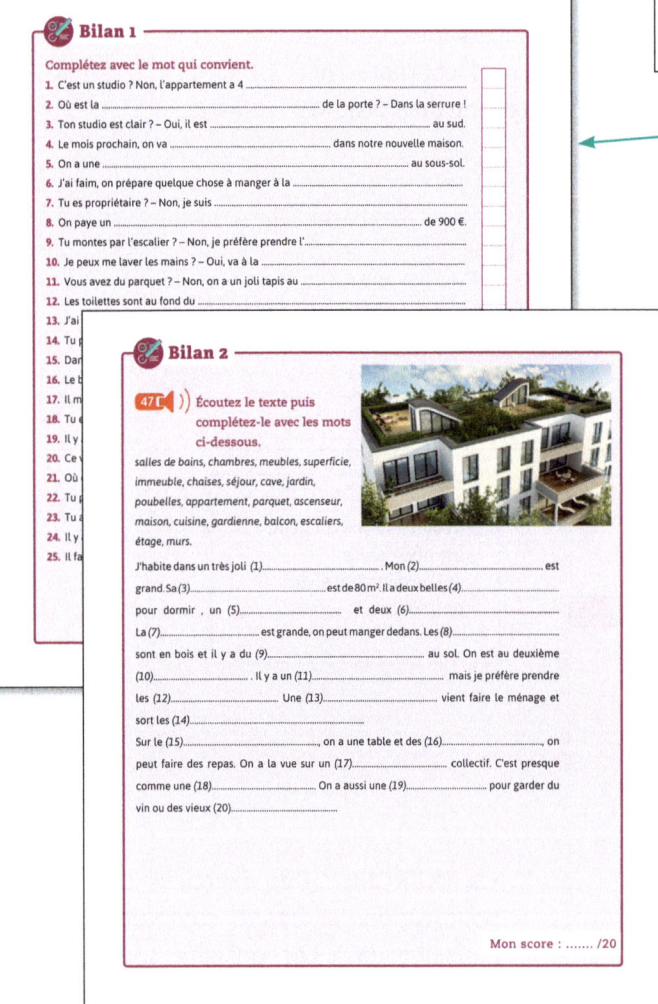

• Deux **bilans** en fin de chapitre pour faire le point sur les connaissances : le premier propose des phrases à compléter, le second, une petite histoire originale et amusante pour revoir le vocabulaire dans son contexte.

• Les **corrigés des exercices et les transcriptionss** dans un livret encarté.

• Des **annexes** qui présentent l'alphabet et les nombres ainsi que des difficultés spécifiques au français (les faux-amis, les mots qui se ressemblent) et des mots et expressions utilisés dans des pays francophones.

Les consignes des exercices du livre :

- **souligner** : ce mot est souligné
- **rayer la mauvaise réponse** : réponse 1 réponse 2
- **cocher** : ☒   réponse 1 ☒   réponse 2 ☐
- **compléter** : + mot
- **relier** : associer des mots ou des éléments ensemble
- **remettre dans l'ordre** : les mots de cet exemple ne sont pas dans l'ordre :

  Exemple : sœur – Ma – soupe – mange – sa.

  Ici, ils sont dans l'ordre :

  → Ma sœur mange sa soupe.

- **choisir** : sélectionnez, choisissez la bonne réponse, « oui » ou « non ».
- **écouter** : j'écoute l'audio

1 • Premiers contacts

A. Se présenter

 Présentations

Je me présente (= je donne des informations sur moi)
→ « Bonjour, je m'appelle Auguste. » ou « Je suis Auguste. »
le **nom** (= chaque personne a un nom, le nom de sa famille)
→ Gaudin
le **prénom** (= le nom spécifique pour chaque personne)
→ Auguste
épeler (= indiquer les lettres pour écrire un mot) → G-a-u-d-i-n

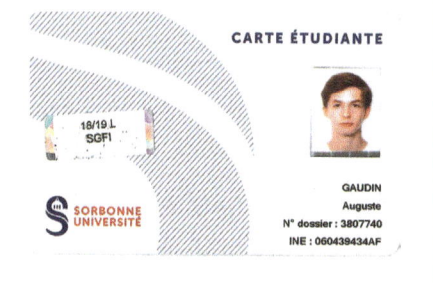

un **homme**   une **femme**
un **garçon**   une **fille**
le nom : M. Martin   Mme Martin

À l'oral, « mademoiselle » + un nom pour une jeune femme.

« Bonjour Monsieur Martin ! »   « Bonjour Madame Martin ! »
un **monsieur**   une **dame**

1. s'exercer Regardez la carte d'étudiant et reliez les questions et les réponses qui correspondent.

Exemple : Vous vous appelez comment ? → Auguste Gaudin

a. Votre nom, s'il vous plaît ?   • 1. Gaudin
b. Ça s'écrit comment ?   • 2. Non, Auguste
c. Quel est votre prénom ?   • 3. Je suis étudiant
d. Votre profession ?   • 4. Non
e. Ça s'écrit avec un « o » ?   • 5. G-a-u-d-i-n
f. Votre prénom, c'est Michel ?   • 6. Auguste

Pour pratiquer l'alphabet, voir l'annexe page 238.

2. s'exercer Répondez aux questions.

Exemple : Quel est son prénom ? → Louise

a. Elle s'appelle comment ? → ....
b. Et son nom ? → ....
c. Vous pouvez épeler son nom ? → ....
d. Et son prénom, ça s'écrit comment ? → ....

Louise Brunet

1 • Premiers contacts

3. S'EXERCER Complétez les phrases avec les mots : *s'appelle, Mme, Madame, prénom, présente, homme.*

Exemple : Elle ... s'appelle ... Martine.

a. Voici M. et .... Dupont.
b. C'est .... Leblanc, notre professeure.
c. Son .... est Julie.
d. Je vous .... mes parents.
e. Dominique, c'est un .... ou une femme ?

4. RÉVISER Complétez les phrases avec les mots : *jeune femme, M., Mme, dames, monsieur, madame, mademoiselle, dame, Mesdames et messieurs.*

Exemple : Je cherche une ... jeune femme ..., elle est assistante ici.

a. Voici son adresse : .... Gérard Lebon, 12 rue du Port, 13000 Marseille.
b. Vous connaissez ce .... ? Oui, c'est Gérard Lebon.
c. Voici Mme Bernier. Bonjour ....
d. Quelle est l'adresse de cette .... ?
e. Voici l'adresse : M. et .... Bernier, 45 rue de Longchamp, 75016 Paris.
f. Voici Mlle Gomez. Bonjour ....
g. Il y a deux .... pour vous à la réception.
h. ...., votre attention s'il vous plaît !

Mon âge / ma date de naissance 03

J'ai 25 ans. Mon anniversaire est le 10 janvier.
10/01/1996 – Je **suis né (e)** le dix janvier mille neuf cent quatre-vingt-seize / dix-neuf cent quatre-vingt-seize.

5. S'EXERCER Écrivez les dates de naissance en lettres.

Exemple : le 12/06/2007 : le douze juin deux mille sept

Pour pratiquer les nombres, voir l'annexe page 240.

a. le 15/03/2002 : ....
b. le 2/02/1983 : ....
c. le 1er/06/1814 : ....
d. le 30/05/2017 : ....

6. S'EXERCER Avec les informations données, faites les présentations.

Exemple : Julien, 28/02/1980 → Il s'appelle Julien, il est né le 28 février 1980.
Bruno, 63 → Il s'appelle Bruno, il a 63 ans.

a. Martine, 33 → ....
b. Charlotte, 26 → ....
c. Monsieur et Madame Lepuy, 45, 43 → ....
d. Laure, 08/08/1995 → ....
e. Nicolas, 25/09/2000 → ....

A. Se présenter

Mon adresse 04

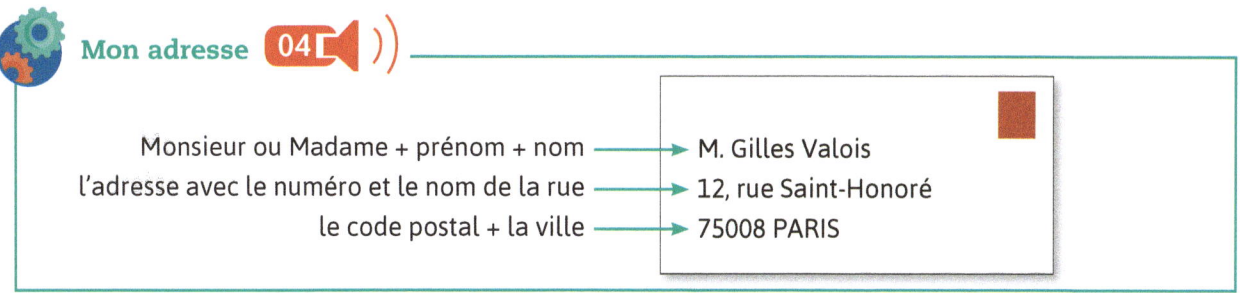

Monsieur ou Madame + prénom + nom → M. Gilles Valois
l'adresse avec le numéro et le nom de la rue → 12, rue Saint-Honoré
le code postal + la ville → 75008 PARIS

05 7. S'EXERCER Écoutez les adresses et indiquez celle qui correspond.

Exemple : 13 rue Monsieur Leprince : réponse 2.

a. 25 rue Lafayette : réponse .... **c.** 41 avenue d'Italie : réponse ....
b. 16 avenue Montaigne : réponse .... **d.** 67 rue du Prince : réponse ....

8. RÉVISER Cochez la bonne réponse.

Exemple : Vous vous appelez	☒ comment ?	☐ quoi ?	☐ qui ?
a. Je fais les	☐ introductions.	☐ noms.	☐ présentations.
b. Tu peux	☐ appeler ?	☐ s'écrire ?	☐ épeler ?
c. Ça	☐ s'écrit	☐ écrit	☐ épelle comment ?
d. Voici un monsieur et une	☐ Mme.	☐ madame.	☐ dame.
e. Quelle est votre date de	☐ né ?	☐ naissance ?	☐ née ?
f. Elle a	☐ 18.	☐ 18 ans.	☐ 18 années.
g. Tu connais le code	☐ postal ?	☐ régional ?	☐ national ?

9. SE TESTER Complétez les phrases.

Exemple : Quel est votre ... nom ...?

a. Ça s' .... comment ?
b. Quel est votre p .... ?
c. Bonjour, je m' .... Patricia.
d. Vous pouvez é .... ?
e. Voici M .... Martin, il est très sympa !
f. J'ai rendez-vous avec un m ....
g. Voici M. et M .... Leroy.
h. Qui est cette d .... ?
i. Il est n .... en quelle année ?
j. Quelle est votre date de n .... ?
k. Écrivez ici votre a .... complète avec le nom de la r ....
l. Je ne connais pas le c .... postal de cette ville.

10. SE TESTER Corrigez les phrases. Il manque la ponctuation : espace, majuscule, tiret, apostrophe, cédille.

Exemple : tut'appellesjeanpaul ? → Tu t'appelles Jean-Paul ?

a. jemappellepascal. → ....
b. casecritcomment ? → ....
c. epelezvotreprénom. → ....
d. cestavecunloudeux ? → ....

1 • Premiers contacts

e. ilsappellejeannoël. → ....

f. elleavingtquatreans. → ....

g. quelleesttonadresse ? → ....

h. ilestnéendeuxmillequatre. → ....

11. SE TESTER Remettez-les mots de ces phrases dans l'ordre.

Exemple : me – Bonjour, – présente. – je → Bonjour, je me présente.

a. appelez – Vous – comment ? – vous → ....

b. Ça – comment ? – s'écrit → ....

c. Quel – votre – nom ? – est → ....

d. prénom ? – Et – votre → ....

e. Donne- – adresse ? – moi – ton → ....

f. le – Quel – est – postal ? – code → ....

g. anniversaire – C' – son – est – aujourd'hui. → ....

B. La nationalité

Les nationalités 06

Il vient de **France**.
(son **origine** est la France.)
Il est **français**.
Elle est **française**.

Il vient du **Japon**.
Il est **japonais**.
Elle est **japonaise**.

Il vient d'**Angleterre**.
Il est **anglais**, elle est **anglaise**.

Il vient d'**Italie**.
Il est **italien**, elle est **italienne**.

12. S'EXERCER Complétez les nationalités.

Exemple : il vient d'Inde, il est … indien …, elle est … indienne … .

a. Il vient du Canada → Il est .... ien, elle est .... ienne.

b. Il vient de Chine → Il est .... oise, elle est .... oise.

c. Il vient du Portugal → Il est .... ais, elle est .... aise.

d. Il vient des États-Unis → Il est .... ain, elle est .... aine.

e. Il vient du Brésil → Il est ....ien, elle est .... ienne.

f. Il vient d'Espagne → Il est ....ol, elle est ....ole.

g. Il vient du Sénégal → Il est .... ais, elle est .... aise.

h. Il vient du Maroc → Il est .... ain, elle est .... aine.

> Pas de majuscule pour la nationalité, mais pour le nom : un Français, une Japonaise…

B. La nationalité

i. Il vient du Vietnam → Il est .... *ien*, elle est .... *ienne*.

j. Il vient de Russie → Il est .... *e*, elle est .... *e*.

k. Il vient de Belgique → Il est .... *e*, elle est .... *e*.

l. Il vient de Suisse → Il est .... *e*, elle est .... *e*.

13. RÉVISER Vous créez la page d'une personne sur un réseau social. Complétez les informations pour indiquer son nom, son prénom, sa nationalité, son âge.

1. prénom : ....
2. nom : ....
3. âge : 24
4. nationalité : ....

a. Murielle
b. belge
c. Lacroix

14. SE TESTER Complétez les noms des pays ou des régions.

Exemple : en Fr..an..ce.

1. Voici des exemples de pays où on parle français.

a. en S............i............e,   **d.** au Qu............b............c,   **g.** en Al............ri............,
b. en B............l............que,   **e.** au S............n............gal,   **h.** au M............r............c,
c. au Lux............b............rg,   **f.** au C............mer............n,   **i.** en T............nis............

2. Voici des exemples de pays où on parle anglais.

a. en An........ete........e, (et plus généralement au Roy............me-Un............ et en Gran............-Br............ta............e),
b. au C............n............,   **e.** en Ind............,   **h.** en N............velle-
c. aux É............-Uni............,   **f.** au K............n............a, ...élan............e
d. en A............tral............,   **g.** en Tan............ni............,

3. Voici des exemples de pays où on parle espagnol.

a. en E............pa............e,   **d.** en Ar............ti............,   **g.** en C............l............bie,
b. au Me............iqu............,   **e.** au P............r............,   **h.** en Ur............gu............,
c. au ....i............i,   **f.** à C............b............,   **i.** au V............né............la,

4. Voici des exemples de pays où on parle portugais.

a. le Por............g............,   **b.** le Br............s............

5. Voici des exemples de pays où on parle arabe.

a. l'Ég............p............e,   **c.** le K............w............t,   **e.** le Y............m............n,
b. l'Ar............b............ Sao............d............te,   **d.** la S............r............e,   **f.** l'A............géri............

1 • Premiers contacts

C. Donner l'heure

L'heure 07

	formel (horaires de train…)	informel (avec des amis…)
	1 à 24	1 à 12
1 h 00	une heure (mot féminin)	une heure
1 h 05, 06, 10, 25	une heure cinq, six, dix, vingt-cinq	une heure cinq, six, dix, vingt-cinq
1 h 15	une heure quinze	une heure et quart
1 h 30	une heure trente	une heure et demie
1 h 35, 40, 50, 55	une heure trente-cinq, quarante, cinquante, cinquante-cinq	deux heures moins vingt-cinq, moins vingt, moins dix, moins cinq
1 h 45	une heure quarante-cinq	deux heures moins le quart
13 h 00 = L'après-midi :	treize heures	il est une heure (de l'après-midi)
12 h 00 / 00 h 00	douze heures/ vingt-quatre heures/ zéro heure	il est midi, minuit

15. S'EXERCER Complétez les indications d'heure.

Exemple : 15 h 20 → Il est quinze heures vingt.

a. 10 h 20 → Il est .... heures ....

b. 13 h 15 → Il est .... heures ....

c. 23 h 30 → Il est .... heures ....

d. 14 h 45 → Il est .... heures ....

e. 9 h 15 → Il est .... heures .... ou heures ....

f. 7 h 30 → Il est .... heures .... ou heures ....

g. 8 h 40 → Il est .... heures .... ou heures ....

h. 11 h 45 → Il est .... heures .... ou heures ....

i. 11 h 55 → Il est .... heures .... ou ....

16. S'EXERCER Complétez avec l'heure formelle qui correspond (de 0 à 24).

Exemple : Il est onze heures moins vingt → 10 h 40

a. Il est huit heures dix → .... h ....

b. Il est cinq heures et demie → .... h ....

c. Il est dix-huit heures cinquante → .... h ....

d. Il est six heures moins dix → .... h ....

e. Il est midi et quart → .... h ....

f. Il est huit heures moins cinq → .... h ....

C. Donner l'heure

17. S'EXERCER Complétez avec l'heure informelle (sur 12 h) en formelle (sur 24 h) ou le contraire.

Exemple : 11 h → 23 h : Il est vingt-trois heures.

a. 7 h → : Il est ....
b. 10 h → : Il est ....
c. 2 h → : Il est ....
d. 17 h → : Il est ....
e. 21 h → : Il est ....
f. 23 h → : Il est ....

18. RÉVISER Complétez avec les mots : *un jour, une heure, un an, une demi-heure, une semaine, un quart d'heure, un trimestre, trois quarts d'heure, un mois.*

Exemple : 12 h → un jour

a. 15 minutes → ....
b. 30 minutes → ....
c. 45 minutes → ....
d. 60 minutes → ....
e. 7 jours → ....
f. 4 semaines → ....
g. 3 mois → ....
h. 12 mois → ....

19. RÉVISER Complétez ce dialogue avec les mots : *aider, journée, Vous êtes, Ça s'écrit, j'ai, en avance, prie, à l'heure, attente.*

Exemple : – Bonjour madame. Je peux vous ... aider ... ?

a. – Oui, ... rendez-vous avec le Docteur Berthelaud.
b. – .... madame ?
   – Madame Dhayan.
c. – .... comment ?
   – D.H.A.Y.A.N.
d. – Je suis un peu ....
   – Vous allez attendre un peu.
e. – Aujourd'hui, le docteur est ....
f. – Vous pouvez patienter dans la salle d'..
g. – Merci.
   – Je vous en ...., madame.
h. – Bonne fin de ....

1 • Premiers contacts

D. Les jours et les journées

 Les jours de la semaine 08

Les 7 jours de la semaine : **lundi**, **mardi**, **mercredi**, **jeudi**, **vendredi**, **samedi**, **dimanche**. Si nous sommes mercredi, on dit : **aujourd'hui**, c'est mercredi. **Hier**, c'est mardi et **demain**, c'est jeudi.
Pour la fin de la semaine, le samedi et le dimanche, on utilise le mot anglais le « **week-end** ».

20. S'EXERCER Indiquez l'ordre des jours de la semaine.

Exemple : Mardi → 2

a. Jeudi → .... c. Dimanche → .... e. Mercredi → ....
b. Lundi → .... d. Samedi → .... f. Vendredi → ....

 Les moments de la journée 09

le **matin** (avant midi)
l'**après-midi** (après midi)
le **soir** (la fin de l'après-midi)
la **nuit** (on dort en général)
le **jour** → la **journée**
(les activités du jour)

le **matin** → la **matinée**
(les activités du matin)
le **soir** → la **soirée**
(les activités du soir)

Pour « l'après-midi » et « la nuit » : un seul mot

21. S'EXERCER Remettez les mots de ces phrases dans l'ordre.

Exemple : la – est – date ? – Quelle → Quelle est la date ?

a. On – le – janvier. – est – samedi – 12 → ....
b. la – Il – jours – y – 7 – a – dans – semaine. → ....
c. aujourd'hui ? – quel – On – est – jour → ....
d. quoi – fais – soir ? – Tu – ce → ....
e. une – Passez – soirée ! – bonne → ....

22. S'EXERCER Corrigez les phrases. Il manque la ponctuation : virgule, espace, majuscule, tiret, apostrophe, cédille…

Exemple : cestqueljour → C'est quel jour ?

a. bonnejournee → ....
b. cestlundiaujourdhui → ....
c. demainonestmardi → ....
d. bonweekendalundi → ....

D. Les jours et les journées

23. s'exercer Reliez les contraires.

Exemple : le matin → le soir

a. une soirée •   • **1.** au revoir

b. hier •   • **2.** la nuit

c. le jour •   • **3.** demain

d. bonjour •   • **4.** une matinée

24. réviser Complétez les phrases avec les mots : *lundi, jour, journée, hier, demain, week-end, semaine.*

Exemple : Je n'aime pas le … lundi …

a. Le mardi, c'est le deuxième ……………………………… de la ………………………………

b. C'est vendredi, au revoir et bon ……………………………… !

c. Tu as des projets pour ……………………………… ?

d. ……………………………… j'ai visité un musée.

e. Merci pour cette bonne ……………………………… !

25. réviser Complétez les mots.

Exemple : un w…ee…k-…en…d

a. le l……………… di

b. le m……………… di

c. le m……………… di

d. le j……………… di

e. le v………………

f. le s………………

g. le d………………che

« dies » (= jour en latin) est à l'origine du « di- » du mot « dimanche »

26. se tester Complétez avec le mot qui correspond.

Exemple : Il a des projets pour la … soirée …

a. Le premier jour de la semaine est le ………………………………

b. Dans une ……………………………… il y a 7 jours.

c. Merci, c'était une très bonne ………………………………

d. Hier c'était mardi et ………………………………, c'est mercredi.

e. La semaine est finie ! C'est le ………………………………

f. On va dormir. Bonne ………………………………

1 • Premiers contacts

E. Les principales expressions de politesse

Saluer une personne

Dire bonjour :

– Dans la rue, je rencontre une personne. (Je ne connais pas cette personne), je dis : **Bonjour ! Bonjour Monsieur**/**Madame !** ou **Bonsoir** (l'après-midi ou le soir).

– Je vois une personne, je connais un peu cette personne, ou c'est une situation formelle, professionnelle, je dis : **Bonjour ! Bonjour Monsieur**/**Madame Martin !**

Bonjour Marc ! Quand je pars, je dis **Bonne journée !** (= passez une bonne journée)

– Je vois une personne, je connais très bien cette personne, je dis : **Bonjour Caroline !**

Salut Caroline ! Bonne journée ! Tchao (du mot italien ciao)

On serre la main.

Les expressions de politesse :

Dire au revoir :

– Je suis dans un magasin, il y a une personne que je ne connais pas. Je pars. Je dis : **Au revoir ! Bonsoir** (l'après-midi ou le soir) ou **Au revoir ! Monsieur**/**Madame !**

– Je vois quelqu'un, je connais un peu la personne : **Bonsoir ! Bonne soirée !** (= passez une bonne soirée)

– Je connais très bien cette personne : **Bonsoir !** ou **Salut ! Bonne soirée !**

Je vois une personne que je connais, je dis : **Vous allez bien ? Comment allez-vous ? Ça va ?**

Comment ça va ?

La personne répond : **Bien, merci. Et toi ?**/**Ça va et toi ?**/**Super !**

On fait la bise.

27. S'EXERCER Cochez la bonne réponse.

Exemple : Il est 20 h, c'est ☐ le matin. ☒ le soir.

a. J'ai rendez-vous mercredi ☐ matin. ☐ matinée.

b. Au revoir ! ☐ Bonjour ! ☐ Bonne journée !

c. Je visite la côte ☐ ce week-end. ☐ cette fin de semaine.

d. Passez ☐ un bon soir ! ☐ une bonne soirée !

e. Ça va ? ☐ Super ! ☐ Tchao !

f. Je pars. ☐ À demain ! ☐ Enchanté !

g. La semaine est finie ! ☐ À lundi ! ☐ Enchanté !

h. Je me présente, je m'appelle Lucie. ☐ Bienvenue ! ☐ Merci, vous aussi!

> Je ne dis pas « comment ça va ? » si je ne connais pas cette personne, si on me présente par exemple, je vais dire « Enchanté(e) ! »

E. Les principales expressions de politesse

28. RÉVISER Complétez les phrases avec les mots : *ça va, Salut, Enchanté, Bienvenue, serre, bise, à bientôt, aussi.*

> On peut dire **bienvenue** ! (c'est le nom toujours féminin) ou l'adjectif bienvenu(e).

Exemple : Bonjour Patrick, … ça va … ?

a. – Je vous présente Monsieur Leroy. – ……………………………………………………… !

b. – Je m'appelle Jorge. – Bonjour Jorge. ……………………………………… dans le groupe !

c. Quand j'arrive le matin, je ……………………………… la main à mes supérieurs et je fais la ……………………………………………………… à mes proches collègues.

d. ……………………………………………………… Louise, tu vas bien ?

e. Voilà, c'est fini. Au revoir, ……………………………………………………… !

f. – Au revoir ! Bonne fin de journée ! – Merci, vous ……………………………………… !

 Tu ou vous ?

« **vous** » :
– Un enfant ou un(e) jeune rencontre un adulte qu'il ne connaît pas, il dit « vous ».
– Un adulte dans la rue parle à un autre adulte, il dit « vous ».

« tu » ? « vous » ?

« **tu** » :

– Des enfants discutent, ou ils parlent à un(e) jeune, ils utilisent « tu ».

– Une grand-mère parle à ses petits-enfants ou à un(e) jeune : elle utilise « tu ».

– Deux femmes, des amies, parlent ensemble : elles utilisent « tu ».

– Des personnes de la même famille parlent ensemble, elles disent « tu ».

Au travail, les collègues disent « tu » ou « vous », cela dépend de la relation, du contexte.
D'une manière générale, il faut écouter si on dit « tu » ou « vous » et faire la même chose…

1 • Premiers contacts

29. S'EXERCER Cochez pour dire si c'est formel ou informel.

	formel	informel
Exemple : Salut, tu vas bien ?	☐	☒
a. Bonsoir chère Madame !	☐	☐
b. Tchao ma biche !	☐	☐
c. Bonjour Monsieur !	☐	☐
d. Salut Caro, bonne soirée !	☐	☐
e. Madame Lacroix ! Comment allez-vous ?	☐	☐
f. Salut Lucas, tu vas bien ?	☐	☐

30. S'EXERCER Reliez les parties de phrases qui correspondent.

Exemple : Bonjour Madame Dupin ! → Comment allez-vous ?

a. Salut Corine. • • 1. Non, Cédric.
b. Au revoir Monsieur ! • • 2. Bonne journée !
c. Bonjour Madame ! • • 3. Bonne soirée !
d. Votre prénom, c'est Michel ? • • 4. Tu vas bien ?

Quelle est la réponse à « au revoir » 12

Si je vois la personne...	Je dis ...
demain	à demain
lundi, mardi etc.	à lundi, mardi etc.
dans la soirée	à ce soir
dans quelques instants	à tout de suite, à tout à l'heure
un autre moment programmé	à la prochaine
dans peu de temps (mais je ne sais pas quand)	à bientôt

31. S'EXERCER Cochez la bonne réponse.

Exemple : lundi → mardi : ☐ À bientôt ! ☒ À demain ! ☐ À ce soir !
a. 15 h → 20 h : ☐ À la prochaine ! ☐ À tout de suite ! ☐ À ce soir !
b. 10 h → 10 h 10 : ☐ Au revoir ! ☐ À tout de suite ! ☐ À bientôt !
c. mardi → dimanche : ☐ À demain ! ☐ À tout de suite ! ☐ À dimanche !
d. mercredi → jeudi 8 h : ☐ À demain soir ! ☐ À demain matin ! ☐ À tout de suite !

32. RÉVISER Reliez les éléments qui correspondent.

Exemple : Bonne journée ! → Vous aussi !

a. Vous avez l'heure ? • • 1. Vous aussi !
b. Vous allez bien ? • • 2. Très bien merci.
c. Bonne journée ! • • 3. À bientôt !
d. Salut ! • • 4. Super !
e. Tu vas bien ? • • 5. Tchao !
f. Au revoir Madame ! • • 6. Il est 10 heures.

E. Les principales expressions de politesse

33. S'EXERCER Cochez pour indiquer si on utilise ces expressions quand on arrive, quand on part ou les deux.

	quand on arrive	quand on part
Exemple : Bonjour !	☒	☐
a. Bonne journée !	☐	☐
b. Bonsoir !	☐	☐
c. Salut !	☐	☐
d. Bonne nuit !	☐	☐
e. Bonne soirée !	☐	☐
f. À demain !	☐	☐
g. Ça va ?	☐	☐

34. RÉVISER Remettez les mots de ces phrases dans l'ordre.

Exemple : bienvenu. – Vous – êtes – le → Vous êtes le bienvenu.

a. cœur ! – Au – mon – à – revoir, – bientôt → ....

b. Lavigne ? – Comment – -vous – Madame – allez → ....

c. Aujourd'hui, – est – lundi. – c' → ....

d. Je – la – pars, – prochaine ! – à → ....

35. RÉVISER Cochez la phrase qui correspond.

Exemple : Bonjour, je m'appelle Michel Dupont.	☐ Ça va ?	☒ Enchanté !
a. Voici Arthur.	☐ Bienvenue !	☐ Bon week-end !
b. Je vous présente Madame Legrand.	☐ Comment allez-vous ?	☐ Enchanté !
c. Ah, bonjour Madame Larue !	☐ Vous allez bien ?	☐ Tu vas bien ?
d. Bonne journée !	☐ Merci, vous aussi !	☐ Oui, excellente.
e. Tu vas bien ?	☐ Oui, super !	☐ Enchanté !
f. Je pars. J'ai rendez-vous à 21 h.	☐ À bientôt !	☐ À ce soir !

36. SE TESTER Corrigez les phrases. Il manque la ponctuation : espace, majuscule, accent, apostrophe, point.

Exemple : bonnesoiree → Bonne soirée !

a. abientot → ....

b. aurevoiralaprochaine → ....

c. salutatoutdesuite → ....

d. ademainsoir → ....

Bilan 1

Complétez les phrases avec le mot qui convient.

1. Bonjour, je me p.., je m'appelle Martin.
2. – C'est votre nom ou votre p.., ? – Mon nom.
3. – Vous pouvez é.., s'il vous plaît ? – M-a-r-t-i-n
4. Voici M.. et Madame Leroy.
5. Qui est cette d.., c'est votre femme ?
6. – Je te présente Olivier. – E.. !
7. – Voici David. – B.. dans notre classe, David !
8. Le nom d'une personne commence avec une lettre m..
9. « Hôtel » a un accent c..
10. « Jean-Marc » s'écrit avec un t..
11. – Il vient d'Espagne ? – Non, il vient du Chili mais il parle e..
12. – Elle est anglaise ? – Oui, elle vient d'A..
13. – Il a quel âge ? – Il a v.. (21) ans.
14. Le livre coûte .... (13) euros.
15. Il est une h..
16. Il est 2 h et q.. (1/4).
17. Il arrive à 10 h et d.. (1/2).
18. Il est 10 h m.. cinq (9 h 55).
19. Il y a 7 jours dans une s..
20. Le 2ᵉ jour est le m..
21. – Il arrive à 2 h de l'après-midi ? – Non, à 2 h du m..
22. Je dois dire « tu » ou « v.. au professeur ?
23. S.. Pascal, tu vas bien ?
24. Au revoir, et bonne j.. !
25. Voilà, c'est fini, au revoir et à b.. !

Mon score : ..../25

Bilan 2

13 🔊 Écoutez le texte puis complétez-le avec les mots ci-dessous.

Demain, nombres, madame, ça s'écrit, monsieur, bientôt, rendez-vous, jours, jeudi, matin, présente, soirée, hier, après-midi, soir, salut, appelle, plaît, merci, journée.

Je suis étudiant et j'habite avec un colocataire. Un jour, je veux laisser un message mais le papier est trop petit, alors j'ai une idée : remplacer les noms par des (1).. .
Par exemple, M1 = (2).. Martinot (un homme) ou MA2 pour (3).. Lemoine (une femme). Les noms des personnes, on ne sait pas comment (4).. Mais les chiffres, c'est simple !
Et j'imagine des abréviations pour des actions comme « j'ai (5).. avec » est RDV. Pour les (6).. de la semaine, on peut dire J1 pour lundi, J2 pour mardi, etc. et J4 pour (7)..
Pour le début de la journée, le (8).. , on écrit « 0 », pour l' (9).. « 1 » et « 2 » pour le (10).. .
Pour le jour après aujourd'hui, j'écris J+1, c'est à dire (11).., et J-1 pour (12).. .
Pour les expressions de politesse, pour dire bonjour par exemple, j'écris « SLT » pour «(13).. » , « STP » pour « S'il te (14).. » ! ou « M » pour « (15).. ! »
Et pour la fin du message, pour « Bonne (16).. ! », on écrit « BJ » et « BS » pour « Bonne (17).. ! » Pour « à (18).. ! », c'est « AB ».
Mon coloc' adore les codes, donc il adore ce système. Vous pouvez essayer !
Je me (19).. , je m' (20).. Ludovic Laverre.

Mon score : .... /20

2 • La famille

A. Les membres de la famille

Les parents et les enfants 14

La famille Duval

la **grand-mère** : Michèle

le **grand-père** : François

le **père** : Daniel

la **mère** : Nathalie

le **fils** : Gilles (le **frère** de Mégane)   la **fille** : Mégane (la **sœur** de Gilles)

37. S'EXERCER Regardez la photo et complétez.

Gilles = le fils/ le garçon

Exemple : Daniel est ...le père... de Mégane et Gilles.

a. Nathalie est .... de Gilles.
b. Mégane est .... de Daniel.
c. Gilles est .... de Mégane.
d. Mégane est .... de Gilles.
e. Gilles est .... de Nathalie.
f. François est .... de Mégane et Gilles.
g. Michèle est .... de Mégane et Gilles.
h. Mégane est .... de François.
i. Gilles est .... de François.

38. S'EXERCER Reliez le mot masculin et le mot féminin qui correspond.

Exemple : le père → la mère

a. le fils
b. le frère
c. le grand-père
d. le petit-fils

• 1. la fille
• 2. la grand-mère
• 3. la petite-fille
• 4. la sœur

39. RÉVISER Vrai ou faux ? Choisissez la bonne réponse.

	Vrai	Faux
Exemple : La grand-mère de Mégane s'appelle Nathalie.	☐	☒
a. Mégane a un frère.		
b. Le petit-fils de François s'appelle Gilles.	☐	☐
c. Daniel et Nathalie ont deux enfants.	☐	☐
d. Michèle et François n'ont pas de petits-enfants.	☐	☐
e. Mégane est la sœur de Nathalie.	☐	☐

A. Les membres de la famille

 **D'autres membres de la famille**

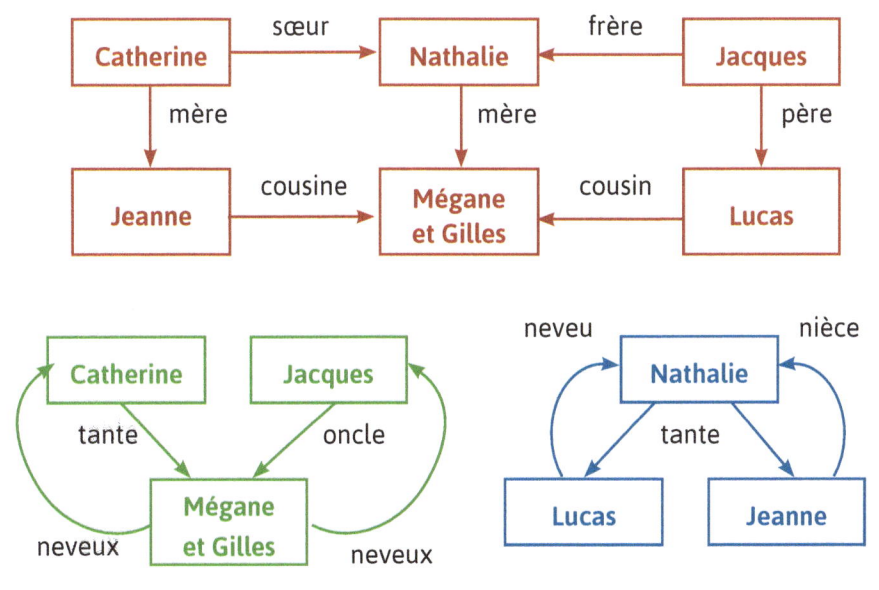

Nathalie a un **frère**, Jacques. Jacques est l'**oncle** des enfants de Nathalie. Gilles est le **neveu** de Jacques, Mégane la **nièce**. Catherine a aussi une **sœur**, Nathalie. Catherine, c'est la **tante** de Gilles et de Mégane.
Les enfants de Jacques et de Catherine sont les **cousins/cousines** de Mégane et Gilles. Des enfants nés au même moment sont des **jumeaux/jumelles**.

40. S'EXERCER Regardez les trois schémas et complétez les liens familiaux.

Exemple : Jacques – Gilles : l'oncle → le neveu

a. Catherine – Mégane : .... → ....

b. Nathalie – Jacques : .... → ....

c. le fils de Jacques – Catherine : .... → ....

> **sœur** s'écrit avec -œ- (on dit : -e dans l'o) pour avoir la prononciation « seur » et non « so-eur ».

41. RÉVISER Reliez le mot masculin au mot féminin qui correspond.

Exemple : l'oncle → la tante

a. le neveu •   • 1. une jumelle

b. le cousin •   • 2. la cousine

c. un jumeau •   • 3. la nièce

42. SE TESTER Complétez les mots.

Exemple : Il a un *enfant*.

a. Ils ont un garçon et une f..

b. Ils sont frère et s..

c. Voici les grands-parents et leurs p.. -enfants.

d. J'ai un oncle et une t..

e. Tu as une nièce ? Non, seulement un n..

f. C'est le fils de mon oncle, c'est mon c..

2 • La famille

B. La vie à 2

Les membres du couple 16

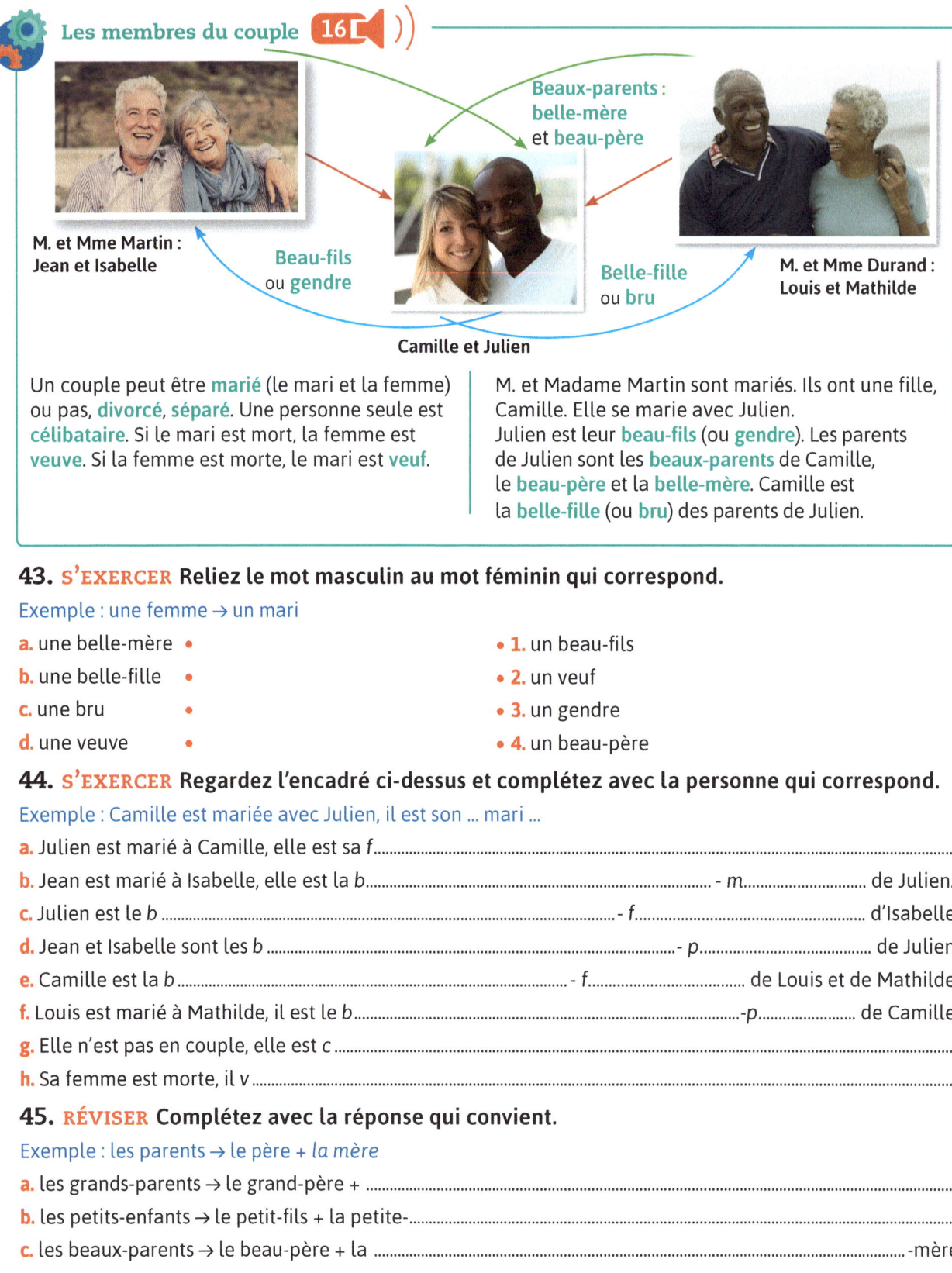

M. et Mme Martin : Jean et Isabelle

Beaux-parents : belle-mère et beau-père

Beau-fils ou gendre

Belle-fille ou bru

M. et Mme Durand : Louis et Mathilde

Camille et Julien

Un couple peut être **marié** (le mari et la femme) ou pas, **divorcé**, **séparé**. Une personne seule est **célibataire**. Si le mari est mort, la femme est **veuve**. Si la femme est morte, le mari est **veuf**.

M. et Madame Martin sont mariés. Ils ont une fille, Camille. Elle se marie avec Julien. Julien est leur **beau-fils** (ou **gendre**). Les parents de Julien sont les **beaux-parents** de Camille, le **beau-père** et la **belle-mère**. Camille est la **belle-fille** (ou **bru**) des parents de Julien.

43. S'EXERCER Reliez le mot masculin au mot féminin qui correspond.

Exemple : une femme → un mari

a. une belle-mère •   • **1.** un beau-fils
b. une belle-fille •   • **2.** un veuf
c. une bru •   • **3.** un gendre
d. une veuve •   • **4.** un beau-père

44. S'EXERCER Regardez l'encadré ci-dessus et complétez avec la personne qui correspond.

Exemple : Camille est mariée avec Julien, il est son ... mari ...

a. Julien est marié à Camille, elle est sa f..
b. Jean est marié à Isabelle, elle est la b... - m.......................... de Julien.
c. Julien est le b .... - f.................................... d'Isabelle.
d. Jean et Isabelle sont les b .... - p.......................... de Julien.
e. Camille est la b .... - f.................................... de Louis et de Mathilde.
f. Louis est marié à Mathilde, il est le b... -p.......................... de Camille.
g. Elle n'est pas en couple, elle est c ....
h. Sa femme est morte, il v..

45. RÉVISER Complétez avec la réponse qui convient.

Exemple : les parents → le père + *la mère*

a. les grands-parents → le grand-père + ...
b. les petits-enfants → le petit-fils + la petite-..
c. les beaux-parents → le beau-père + la ....-mère
d. un couple → le .... + la femme

B. La vie à 2

46. RÉVISER Complétez les phrases avec les mots : *famille, oncle, petits-enfants, femme, enfants, neveu, fils, nièce, fille.*

Exemple : Monsieur Siméon nous présente sa … famille …

a. Il y a Sylvie, sa ....

b. Ils ont deux magnifiques ....

c. Leur .... Sacha a 13 ans.

d. Leur .... Julie a seulement 8 ans.

e. Le frère de Monsieur Siméon, l'... de Sacha et Julie, vient souvent les voir.

f. Il aime jouer avec Sacha, son ....

g. Il joue aussi avec Julie, sa ....

h. Les grands-parents viennent aussi régulièrement voir Sacha et Julie, leurs ....

47. RÉVISER Reliez la situation au nom qui correspond.

Exemple : Je vous présente la mère de mon mari, c'est ma → belle-mère.

a. Je vous présente la mère de mon mari, c'est ma • • **1.** tante.

b. Voici le père de ma femme, c'est mon • • **2.** belle-mère.

c. La sœur de ma mère, c'est ma • • **3.** beau-père.

d. Le fils de mon oncle, c'est mon • • **4.** fils.

e. Voilà mon grand-père, moi je suis son • • **5.** beau-frère.

f. C'est le mari de ma sœur, c'est donc mon • • **6.** grands-parents.

g. Nous avons un garçon, c'est notre • • **7.** cousin.

h. Mon grand-père et ma grand-mère, ce sont mes • • **8.** petit-fils.

48. RÉVISER Complétez avec l'équivalent masculin ou féminin.

Exemple : le père → … la mère …

a. le mari → ....   **e.** l'oncle → ....

b. le frère → ....   **f.** le cousin → ....

c. le beau-père → ....   **g.** le petit-fils → ....

d. le fils → ....   **h.** le neveu → ....

Si un couple divorce, l'homme qui se remarie devient le **beau-père** des enfants de sa nouvelle femme, la femme qui se remarie devient la **belle-mère** des enfants de son mari.
Un **ami** (ou un **copain**/une **copine**, mot un peu familier) : on aime bien cette personne, mais ce n'est pas une relation amoureuse. Si on dit « ton **(petit) ami**/copain », c'est une relation amoureuse.

2 • La famille

49. RÉVISER Reliez ces mots d'enfants à la personne qui correspond.

Exemple : la maman → la mère

a. le papa
b. le papi
c. la mamie
d. la tata
e. le tonton
f. la nounou

1. la tante
2. le père
3. le grand-père
4. la nourrice
5. la grand-mère
6. l'oncle

50. SE TESTER Remettez les mots de ces phrases dans l'ordre.

Exemple : Sophie – Paul, – et, – son – beau-père. – Voici. → Voici Sophie et Paul, son beau-père.

a. ont – enfants. – mariés – Ils – sont – et – ils – deux → ....
b. Mes – encore – sont – grands- – parents – vivants. → ....
c. ou – frères – avez – Vous – des – des – sœurs ? → ....
d. fils – est – Maxime – unique. → ....

51. SE TESTER Complétez avec le mot de même sens.

Exemple : C'est un homme marié. → ... le mari ...

a. C'est une femme mariée. → ....
b. C'est le frère de la mère ou du père. → ....
c. C'est la sœur de la mère ou du père. → ....
d. C'est le fils du fils. → ....
e. C'est la fille de la fille ou du fils. → ....
f. Ce sont les parents des parents. → ....
g. Ce sont deux sœurs nées le même jour. → ....

C. L'aspect physique

Décrire une personne

Elle est **belle**, jolie ou mignonne.
(Il est **beau**, joli ou mignon.)
Il/elle est **laid(e)** (ou **moche**, mot familier ≠ beau).
Il/elle est **maigre**.

Il est **fort** et **musclé**.
(Elle est **forte** et **musclée**.)

Il est **petit** et **gros**.
(Elle est **petite** et **grosse**.)

Il a 20 ans, il est **jeune** ≠ **vieux**.
(Elle a 20 ans, elle est **jeune** ≠ **vieille**, **âgé-e**.)

Il est **grand** et **mince**.
(Elle est **grande** et **mince**.)
la **taille** (1m80), il/elle mesure, il/elle est de taille **moyenne**
le **poids** (en kilos), peser

C. L'aspect physique

52. S'EXERCER Cochez la bonne réponse.

	la taille	le poids	l'aspect
Exemple : Il est petit.	☒	☐	☐
a. Elle est grande.	☐	☐	☐
b. Ils sont gros.	☐	☐	☐
c. Vous êtes mince !	☐	☐	☐
d. Il est beau.	☐	☐	☐
e. Elle est laide.	☐	☐	☐
f. Ils sont moches.	☐	☐	☐
g. C'est une jolie femme.	☐	☐	☐
h. Il pèse 70 kg.	☐	☐	☐

53. S'EXERCER Reliez les phrases de même sens.

Exemple : Il est grand → il mesure 1m 90.

a. Il est gros, • • **1.** il pèse 100 kg.
b. Il est petit, • • **2.** il a 80 ans.
c. Il a beaucoup de muscles, • • **3.** il est fort.
d. Il est jeune, • • **4.** il fait 1m 60.
e. Il est âgé, • • **5.** il a 17 ans.

54. RÉVISER Notez de 1 à 8 et classez du plus jeune au plus vieux.

Exemple : un nouveau-né → ..... 1 ......

a. une adolescente → .... **e.** une personne âgée → ....
b. une petite fille → .... **f.** une femme → ....
c. un bébé → .... **g.** un nouveau-né → ....
d. une jeune femme → .... **h.** une femme mûre → ....

55. RÉVISER Reliez les éléments pour indiquer la corpulence d'une personne.

Exemple : Il fait 60 kg. → Il est mince.

a. Il mesure 1m 50. • • **1.** Il est grand.
b. Il fait 1m 86. • • **2.** Il est petit.
c. Il pèse 100 kg. • • **3.** Il est maigre.
d. Il n'est ni grand ni petit. • • **4.** Il est gros.
e. Il fait du sport. • • **5.** Il est de taille moyenne.
f. Il est très mince. • • **6.** Il est obèse.
g. Il est très gros. • • **7.** Il est musclé.

2 • La famille

Décrire le visage

Il/elle a les yeux marron, bleus, verts, noirs.
Il/elle porte des lunettes.
Il/elle a les cheveux blonds, bruns (= noirs), châtains (entre blonds et bruns), roux (= un peu rouge), gris, blancs.
Les cheveux sont courts, longs, raides, frisés.
Il a une barbe, une moustache.
Il est rasé.

Sébastien a les yeux marron et les cheveux courts. Il n'a pas de barbe ni de moustache.

Chloé a les cheveux longs et raides. Elle porte des lunettes.

56. S'EXERCER Cochez la bonne réponse.

> **brun** : pour les cheveux (= de couleur noire) mais pour les yeux = marron.

Exemple : Il a les cheveux ☒ blonds. ☐ verts.

a. Il a les yeux ☐ blonds. ☐ bleus.
b. Il est ☐ brun. ☐ brunette.
c. Elle est ☐ brune. ☐ marron.
d. Il a les cheveux ☐ bruns. ☐ marron.

57. RÉVISER Trouvez la personne correspondant à la description parmi les dessins.

Exemple : Elle a les cheveux courts et bruns. → C'est Emma.

a. Elle a les cheveux blonds et porte des lunettes.
→ C'est ....

b. Il a les cheveux courts et gris.
→ C'est ....

c. Il a une barbe et une moustache. Ses cheveux sont courts et châtains.
→ C'est ....

Emma   Benjamin

François   Amandine

58. RÉVISER Écrivez le contraire.

Exemple : blond ≠ brun

a. petit ≠ ....
b. gros ≠ ....
c. long ≠ ....
d. laid ≠ ....
e. jeune ≠ ....
f. mince ≠ ....
g. grande ≠ ....
h. obèse ≠ ....

59. SE TESTER Complétez les mots.

Ana fait des études à Paris et elle habite chez une famille française. Elle écrit un e-mail à une amie.

« Katherina, tu vas bien ? Moi, je suis très contente, je suis arrivée à Paris et j'habite maintenant avec les Letelier. Dominique, le … père … est g.........................d, m.........................e, il est b.........................n. Il a une petite b.........................e. Sylvie, la m.........................e est bl.........................e, de taille m.........................e. Ils ont une petite f.........................e qui est j.........................e, elle a les y.........................x b.........................s. Ce week-end, nous allons voir les b.........................x- parents de Sylvie, je te raconterai ! »

Des bises !
Ana

D. Les animaux de la famille

Parler des animaux 🔊 20

Un **chat**, la femelle est une **chatte**, un jeune est un **chaton**.

Un **chien**, la femelle est une **chienne**, un jeune est un **chiot**. Ils ont 4 **pattes** (les jambes), des **poils** sur le corps, un **museau** (le nez).

60. S'EXERCER Cochez la bonne réponse.

Exemple : Un jeune chien est ☒ un chiot ☐ un chaton

a. Un oiseau ☐ a des poils ☐ n'a pas de poils
b. Un chien a ☐ des pattes ☐ des jambes
c. Un chat a ☐ un nez ☐ un museau
d. Un poisson nage ☐ dans la mer ☐ dans le ciel
e. Un oiseau vole ☐ dans l'eau ☐ dans l'air

61. S'EXERCER Soulignez l'erreur et corrigez avec la bonne réponse.

Exemple : Une chienne est un mâle → une femelle.

a. Un chat a 5 pattes. → ....
b. Un chiot est un petit chat. → ....
c. Un chien a un nez. → ....
d. Un chaton est un vieux chat. → ....
e. Un oiseau vit dans l'eau. → ....
f. Un poisson vit dans l'air. → ....

62. RÉVISER Remettez les mots de ces phrases dans l'ordre.

Exemple : L'oiseau – jolie – rouge. – a – couleur – une → L'oiseau a une jolie couleur rouge.

a. avez – animal – à la – Vous – un – maison ? → ....
b. des – chatte – Notre – a – chatons. → ....
c. long – chien – un – a – museau. – Ce. → ....
d. Nous – rouge. – poisson – un – avons → ....

63. SE TESTER Complétez les cases avec les lettres correspondant aux définitions.

	1	p	o	i	l
6					
5					
4					
			3		
2					

Horizontal
1. C'est un cheveu pour un animal.
2. La maman
3. Arrivé au monde
4. N'aime pas les chiens.
5. La jambe d'un animal
6. Le mâle de la chienne

Bilan 1

Complétez les phrases avec le mot qui convient.

1. Voici Mme Duval et M. Duval, son ....
2. Le frère de mon père ou de ma mère est mon ....
3. C'est ta fille ? – Non, la fille de ma sœur, c'est ma ....
4. Ces deux frères sont nés le même jour, ils sont ....
5. Elle n'est pas mariée, elle est ....
6. C'est son fils ? – Non, le fils de son fils, donc son ....
7. Tes parents ne sont pas vieux, ils sont encore ....
8. Ce sont tes parents ? – Non, les parents de ma femme, donc mes ....
9. Il est petit ? – Non, il est ....
10. Elle est belle ? – Non, elle est ....
11. Martine .... combien ? – 65 kg.
12. Et sa .... ? – 1m 70.
13. Ton cousin est gros ? – Non, il est ....
14. Il n'est pas brun, pas blond, entre les deux, il est ....
15. Elle a les cheveux longs ? – Non, ils sont ....
16. Ces deux filles sont nées ensemble, ce sont des ....
17. Il a les cheveux de couleur noire, il est ....
18. Ses cheveux ne sont pas raides, ils sont ....
19. Le gendre est aussi appelé le ....
20. La jambe d'un animal est sa ....
21. Le nez d'un chien est son ....
22. Un bébé chat est un ....
23. Un jeune chien est un ....
24. En général, un animal a des .... sur le corps.
25. Un animal qui vit dans l'eau est un ....

Mon score : .... /25

Bilan 2

21 🔊 Écoutez le texte et complétez-le avec les mots ci-dessous.

Mari, femme, chien, mesure, couple, musclé, blonde, laide, fille, cheveux, pattes, chéri, museau, petit, bleus, poils, jolie, grand, mince, bruns.

– Tu vois la (1)... qui se promène ?
– Avec son (2)... ?
– Oui, mais c'est son (3)...
– Comment ?!
– Oui, c'est une histoire bizarre ! Je vais te raconter. Imagine un beau (4)...
L'homme (5)... plus d'1m 80, il est (6)..., pas gros, (7)..., les cheveux (8)..., le corps (9)...
La femme est (10)..., (11)...
Ils se marient et vivent très heureux. Mais un jour, ils ont la visite d'une femme (12)...,aux(13)...gris. Elle explique à la femme que son mari, il y a longtemps a fait la promesse, d'épouser sa (14)... à elle. Alors, la mère décide de se venger. Elle a des pouvoirs magiques. Et elle réussit à transformer le beau jeune homme en (15)... chien, avec des petites (16)..., un petit (17)... Ses (18)... ont la couleur de ses cheveux. Et il a les yeux (19)... ! La femme est bien sûr triste de ne plus avoir son mari mais il reste le chien et elle passe beaucoup de temps avec lui. Elle lui parle, qu'est-ce qu'elle dit ? : «Tu n'es pas trop fatigué mon (20)... ? Viens, on rentre à la maison...»

Mon score : .... /20

3 • Le monde

A. La Terre

Notre planète

Notre **planète** est la **Terre**. Il y a des **continents** et des **pays**.
Chaque pays a une **capitale**, des **régions** et des **habitants** (= des gens).

64. s'exercer Cochez la bonne réponse.

	une planète	un continent	un pays
Exemple : L'Italie est	☐	☐	☒
a. L'Afrique est	☐	☐	☐
b. Le Sénégal est	☐	☐	☐
c. Mars est	☐	☐	☐
d. L'Asie est	☐	☐	☐
e. Le Japon est	☐	☐	☐

65. s'exercer Complétez avec les mots : *régions, Terre, continents, pays.*

Exemple : La France compte 18 …régions… .

Notre planète est la (1)............................, avec des (2)............................ : l'Europe, l'Asie, l'Amérique, l'Afrique, l'Océanie. Sur chacun, il y a des (3)............................, par Exemple la France, le Canada…

66. s'exercer Sur quel continent se trouvent ces pays ? Complétez avec les mots :

Amérique, Asie, Afrique, Europe, Océanie.

Exemple : la Colombie → …Amérique…

> Pour les Pays-Bas, on peut dire aussi : la Hollande.

a. la Suisse → ....
b. l'Australie → ....
c. la Chine → ....
d. le Canada → ....
e. le Maroc → ....
f. le Sénégal → ....

67. s'exercer Complétez avec le nom des pays : *Brésil, Inde, Espagne, États-Unis, Égypte, Allemagne, France, Pays-Bas, Angleterre.*

Exemple : Il habite à Rio. → Il habite au …Brésil…

a. Il habite à New-York. → Il habite aux ....
b. Il habite à Barcelone. → Il habite en ....
c. Il habite à Bombay. → Il habite en ....
d. Il habite à Lyon. → Il habite en ....
e. Il habite à Amsterdam. → Il habite aux ....
f. Il habite à Londres. → Il habite en ....
g. Il habite à Berlin. → Il habite en ....
h. Il habite au Caire. → Il habite en ....

A. La Terre

68. RÉVISER Complétez avec le mot qui convient.

Exemple : Le Portugal est un *pays*.

a. L'Asie est un c...

b. Washington est la c... des États-Unis.

c. Je visite le mont Saint-Michel et toute la r... autour, la Normandie.

d. Un h... de Paris s'appelle un Parisien.

> Les régions ont des particularités géographiques, historiques et des spécialités : par exemple le camembert en Normandie.

69. S'EXERCER Remettez les mots de ces phrases dans l'ordre.

Exemple : est – la – Londres – Royaume-Uni. – capitale → Londres est la capitale du Royaume-Uni.

a. millions – France – La – d'habitants. – a – 67 → ....

b. l'Allemagne. – de – Berlin – la – est – capitale → ....

c. 512 – a – européenne – environ – d'habitants. – L'Union – millions → ....

> le Royaume-Uni = l'Angleterre, le Pays de Galles, l'Écosse et l'Irlande du nord.

 L'eau dans la nature

L'**océan** et la **mer** sont des vastes étendues d'eau salée. L'océan est plus vaste que la mer.
Une **île** est entourée d'eau.
Une **côte** se situe en bord d'une mer ou d'un océan (= plage).

Un **lac** est une étendue d'eau.
Un **fleuve** est plus grand qu'une **rivière**.

La Loire, fleuve français.

70. S'EXERCER Remettez les lettres de ces mots dans l'ordre et retrouvez les trois mers et l'océan qui bordent la France.

Exemple : La Ner du roMd → La Mer du Nord

a. L'caOné Autlainqte → ....

b. La enMahc → ....

c. La dMéréiterane → ....

71. S'EXERCER Soulignez la bonne réponse.

Exemple : Paris est : *une île/une ville.*

a. La Méditerranée est : *une mer/un océan.*

b. L'Atlantique est : *une mer/un océan.*

c. La Corse est : *une côte/une île.*

d. Paris est : *une capitale/un pays.*

e. La Seine est : *un fleuve/une rivière.*

f. Genève est : au bord : *d'un lac/d'une mer.*

33

3 • Le monde

Se repérer 24

La géographie est une science ; elle étudie et décrit notre planète, la Terre.
Une **carte** permet de s'orienter et de se diriger. Elle donne les **directions** :
le **nord**, le **sud**, l'**est** et l'**ouest**. Une **frontière** sépare deux pays.

72. S'EXERCER Complétez avec les mots : *carte, est, frontière, ouest, direction, planète, sud, fleuve, mer, océan.*

Exemple : On peut voir toutes ces informations sur une … carte … .

a. On indique la ………………………………………………………………… du nord.
b. La géographie est la science qui étudie la …………………………………………
c. Le ……………………… débouche dans la ……………………… ou dans un ………………………
d. Le soleil se lève à l'……………………… et se couche à l'………………………
e. La France a une ……………………………………… à l'est avec l'Italie.
f. Il fait plus chaud dans les pays du ………………………………………

73. RÉVISER Complétez les mots.

Exemple : Je regarde une carte de France.

a. Dans l'Union Européenne (l'U.E.), il y a 28 p………………………
b. Berlin est la c……………………………………… de l'Allemagne.
c. L'Afrique est un c………………………
d. La Seine est un f………………………
e. Il y a une f……………………………………… entre la France et l'Espagne.
f. la C……………………………………… d'Azur est dans le sud de la France.

Les paysages 25

La **montagne**, la **colline** et la **plaine** sont des **paysages** différents.
La montagne est haute et la colline plus petite.
La plaine est un paysage plat.

Les Vosges
Le Jura
Le Massif Central
Les Alpes
Les Pyrénées

74. S'EXERCER Écrivez le nom des principales montagnes françaises.

a. les A………………………………………
b. le J………………………………………
c. les P………………………………………
d. le M……………………… C………………………
e. les V………………………………………

A. La Terre

75. S'EXERCER Complétez le nom des pays qui ont une frontière avec la France.

Exemple : l'Espagne

a. l'I..
b. le L..
c. la S..
d. l'A..
e. la B..

76. S'EXERCER Vrai ou Faux ? Choisissez la bonne réponse.

	Vrai	Faux
Exemple : l'Autriche a une frontière avec la France.	☐	☒
a. les Pyrénées sont des montagnes..	☐	☐
b. La Corse est une île.	☐	☐
c. Marseille est au nord de Paris.	☐	☐

77. RÉVISER Complétez les mots.

Exemple : la mer méditerranée

a. C'est l'O.................................. Indien.
b. Cuba est une î..................................
c. Cette ville a combien d'h.................................. ?
d. Les Vosges sont des m..................................
e. Le contraire de l'ouest est l'e..................................
f. Le contraire du nord est le s..................................
g. Tu connais le l.................................. Michigan ?
H. La p.................................. est un paysage plat.

78. RÉVISER Écrivez le mot qui convient.

Exemple : C'est plus petit qu'un fleuve → ...une rivière...

a. La limite entre des pays → ....
b. C'est plus petit qu'une montagne → ....
c. C'est plus grand qu'une mer → ....
d. C'est plus petit qu'une mer → ....

L'espace 26

Le **soleil** brille dans le **ciel**.
La nuit, on voit la **lune** et des étoiles dans le ciel.
Dans **l'espace**, on trouve des planètes, des étoiles, comme le soleil.

79. S'EXERCER Vrai ou Faux ? Choisissez la bonne réponse.

	Vrai	Faux
Exemple : Les étoiles sont dans la Lune.	☐	☒
a. Le soleil est une étoile.	☐	☐
b. On voit la Lune le jour.	☐	☐
c. Il y a des planètes dans l'espace.	☐	☐
d. Le soleil brille la nuit.	☐	☐
e. Dans l'espace, il y a la Lune.	☐	☐
f. Dans le ciel, il y a des étoiles.	☐	☐

3 • Le monde

80. RÉVISER **Reliez les mots qui conviennent.**

Exemple : une planète → la Terre

a. une frontière •   • 1. le ciel, l'espace
b. les étoiles •   • 2. une direction
c. une île •   • 3. la mer
d. le nord •   • 4. deux pays

81. SE TESTER **Complétez avec le mot qui convient.**

Exemple : La limite entre deux pays est une …frontière… .

a. Il y a 13 ………………………………………………………………… sur le drapeau de l'Union européenne.
b. Dans le sud de la France se trouve la ………………………………………………………… Méditerranée.
c. Une personne qui vient d'un autre pays est un ………………………………………………………………
d. Un dessin qui représente un pays est une ……………………………………………………………………

B. La campagne

La campagne 27

Autour du **village**, il y a des **arbres** dans la **forêt** et des **fermes** avec des animaux dans des **prés**. Il y a aussi des **champs** de **blé** ou de **maïs** et dans certaines régions, de la **vigne** (avec le **raisin** pour faire du **vin**).
Un **fermier** (une **fermière**) ou un **agriculteur** (une **agricultrice**) travaille à la ferme. Il y a une **route** (pour la voiture) ou un **chemin** (pour marcher).

82. S'EXERCER **Reliez le début et la fin des phrases.**

Exemple : Le blé est cultivé → dans des champs.

a. À la campagne, les gens habitent •   • 1. dans les forêts.
b. Il y a beaucoup d'arbres •   • 2. dans des fermes.
c. On trouve des animaux •   • 3. dans les vignes.
d. Les fermiers travaillent et habitent •   • 4. dans des villages.
e. Il y a du raisin •   • 5. dans les prés.

B. La campagne

83. S'EXERCER Mettez les mots dans l'ordre.

Exemple : Les – les – sont – prés. – animaux – dans → Les animaux sont dans les prés.

a. dans – maïs – le – cultive – fermier – champs. – Le – les → ....

b. Le – chemin – dans – forêt. – passe – la → ....

c. pré. – Il – arbres – y – très – a – des – dans – vieux – ce → ....

d. avec – On – la – fait – du – le – raisin – vin – vigne. – de → ....

Les animaux de la ferme

À la ferme, on trouve plusieurs animaux : des **vaches**, des **moutons**, des **poules**, des **cochons**, des **chevaux**.
Un **chien** surveille les animaux dans le pré. La vache donne du lait.
Il y a des **abeilles** dans une **ruche** pour faire du **miel**.

84. S'EXERCER Reliez les éléments de phrases qui conviennent.

Exemple : Les abeilles font → du miel.

a. Les voitures roulent •   • **1.** des œufs.
b. Les gens marchent •   • **2.** sur les routes.
c. Les vaches sont •   • **3.** dans les prés.
d. Les cochons sont •   • **4.** dans la ferme.
e. Les poules font •   • **5.** sur les chemins.

85. S'EXERCER Complétez les phrases avec les mots : *traire, chemin, forêt, chien, pré, champ, abeilles*.

Exemple : Le fermier va ...traire... les vaches.

a. Je vois un bel arbre dans la .... **d.** Je marche sur le ....
b. Les moutons sont dans le .... **e.** J'aime le miel des ....
c. Il y a un .... de blé. **f.** Le .... surveille les moutons.

86. SE TESTER Soulignez le plus grand des deux.

Exemple : une colline – <u>une montagne</u>

a. un fleuve – une rivière   **d.** un arbre – une plante   **g.** un pays – un continent
b. une ville – un village   **e.** une autoroute – une route   **h.** une île – un continent
c. une rue – une avenue   **f.** un lac – une mer   **i.** un océan – une mer

3 • Le monde

C. La ville

Une rue de Paris 29

Elle traverse le **boulevard**, marche sur le **trottoir** en direction du **pont** et elle arrive dans la bonne **rue**.

La touriste quitte l'**avenue** et s'arrête sur une **place**. Elle regarde un **plan** du **quartier**.

87. S'EXERCER Reliez et formez des phrases correctes.

Exemple : Ton hôtel est → dans quel quartier ?

a. Il habite
b. C'est un immeuble
c. C'est une avenue agréable
d. Vous êtes à quelle
e. Je regarde sur le plan
f. On est sur la place
g. Nous prenons le pont

1. ancien.
2. qui passe sur le fleuve.
3. dans une petite rue.
4. avec des arbres.
5. de la ville.
6. de l'Étoile.
7. adresse ?

Ne pas confondre « **place** » (par exemple, la place de l'Étoile à Paris) et un « **square** » (petit jardin public).

88. S'EXERCER Complétez les phrases avec les mots : *quartier, rue, place, trottoir, pont, boulevards, avenue.*

Exemple : Mon ami habite dans le ... quartier ... de l'Opéra.

a. Prenez la 2ᵉ .... à gauche.
b. La boutique est sur l'... des Champs-Elysées.
c. Le magasin est sur la .... de la Concorde.
d. Dans la rue, je marche sur le ....
e. Il y a un très beau .... au-dessus de la Seine.
f. J'aime me promener sur les ....

Se déplacer 30

L'étudiante habite dans le 13ᵉ **arrondissement** de Paris. Elle loue un petit **appartement** dans un **immeuble** au-dessus de **bureaux**. Le **bâtiment** est très grand !
Pour aller à l'université, elle prend le **métro**, sa **station** de métro est Place d'Italie, ou elle marche jusqu'à l'**arrêt de bus**. Pour aller chez ses parents, en **banlieue**, elle va à la **gare** et prend un train.

Ne pas confondre « **arrondissement** » et « **quartier** ». Il y a 20 arrondissements à Paris, mais plus de quartiers. Un quartier est associé à un monument historique, comme les Champs-Élysées, l'Opéra...

C. La ville

89. S'EXERCER Soulignez la bonne réponse.

Exemple : Tu connais un endroit/une place avec une bonne ambiance ?

a. Le restaurant est sur une petite *place/endroit*.

b. L'hôtel est dans le 2ᵉ *quartier/arrondissement*.

c. J'aime aller sur la colline pour *la vue/l'adresse* sur la ville.

> Le mot « endroit » est très général, il signifie un « lieu »
> (≠ une « place »)

90. S'EXERCER Vrai ou Faux ? Choisissez la bonne réponse.

	Vrai	Faux
Exemple : Un boulevard et une avenue c'est presque la même chose.	☒	☐
a. Un trottoir est une partie d'une rue.	☐	☐
b. Une colline est une petite montagne.	☐	☐
c. Un quartier ou un arrondissement, c'est la même chose.	☐	☐
d. Les Champs-Élysées sont une ferme ?	☐	☐
e. Un pont passe au-dessus de l'eau.	☐	☐

> Il n'y a pas de mot spécial pour une « grande ville ».
> Si ce n'est pas un « village », à la campagne, alors c'est une « ville » (petite, moyenne ou grande).

91. RÉVISER Complétez les questions avec les mots : *habites, code postal, adresse, parisien, arrondissement, pays, étrangère*.

Dans un café parisien, un jeune Français, parle avec un ami étranger.

Exemple : – Tu ... habites ... où ? – À Paris.

a. – Quelle est ton .... exacte ? – 12 rue de Provence.

b. – C'est dans quel .... ? – Le 9ᵉ.

c. – Donc, ton .... est le 75009. – Oui, bravo !

d. – Paris est une ville ou un .... ?

e. – Tu parles une langue .... ? – Oui, je parle anglais.

f. – Tu es .... de naissance ? – Oui, je suis né à Paris.

92 RÉVISER Reliez les mots qui conviennent.

Exemple : un bâtiment → administratif

a. un immeuble •   • **1.** de trains

b. une gare •   • **2.** de métro

c. une station •   • **3.** de bus

d. un arrêt •   • **4.** une banlieue

e. une ville •   • **5.** un appartement

3 • Le monde

93. SE TESTER Choisissez le mot qui convient.

Exemple : Mon ami habite *gare* ; *rue* ; *pont* → ... rue ... Saint-Marc.

a. Je marche sur le *trottoir* ; *trottinette* ; *rue* → ....

b. Il faut prendre le *trottoir* ; *rivière* ; *pont* → .... sur le fleuve.

c. Nous sommes dans le *quartier* ; *arrondissement* ; *montagne* → .... de Montmartre ?

d. C'est un *place* ; *endroit* ; *square* → .... intéressant !

e. Il n'habite pas dans le centre, il est en *banlieue* ; *lieu* ; *boulevard* → ....

94. SE TESTER Cochez la ou les bonnes réponses. Où trouve-t-on les éléments suivants ? en ville ? À la campagne ? Ou les deux ?

	en ville	à la campagne	les deux
Exemple : un pré	☐	☒	☐
a. un champ	☐	☐	☐
b. un immeuble	☐	☐	☐
c. une ferme	☐	☐	☐
d. un pont	☐	☐	☐
e. un trottoir	☐	☐	☐
f. un arbre	☐	☐	☐
g. une forêt	☐	☐	☐

Lieux publics et religieux 31

Les habitants des villes peuvent se promener dans un **parc** (= un jardin public). Ils ont une **mairie** pour les questions administratives. Les enfants vont à l'**école**.
Les différentes religions ont des lieux de culte :
l'**église** (ou la cathédrale, plus grande), le **temple**,
la **synagogue** ou la **mosquée**.

95. S'EXERCER Reliez les activités ou les personnes et les endroits qui conviennent.

Exemple : Je trouve des papiers administratifs → à la mairie.

a. Les enfants jouent • • **1.** dans le parc.
b. L'église de la ville est • • **2.** à l'école.
c. Le matin, je conduis mes enfants • • **3.** une cathédrale.
d. Les protestants vont • • **4.** à la synagogue.
e. Les juifs vont • • **5.** à la mosquée.
f. Les musulmans vont • • **6.** au temple.

D. L'actualité

 Faits divers 32

Les habitants de ce pays ne connaissent pas la **paix**. La **guerre** est à peine finie et le lendemain, il y a un **tremblement de terre**.

Lundi, il y a eu un **vol** dans mon immeuble. Il n'y a pas eu de **blessés** dans le **cambriolage**, mais il y a eu un **incendie** dans le bâtiment à côté. C'est un **accident** et pas une **catastrophe naturelle**, mais il y a eu un **mort**.

96. s'exercer Complétez avec les mots : *guerre, incendie, tremblement de terre, accident, paix, blessé*.

Exemple : Il y a eu un ... vol ... dans le magasin.
a. La .... entre les 2 pays est maintenant terminée, ils retrouvent la ....
b. La ville d'Agadir est détruite par un .... en 1960.
c. Un .... de voitures a fait 2 morts.
d. Il y a un .... dans la cathédrale de Notre Dame à Paris. Par chance, personne n'est ....

97. s'exercer Reliez le problème avec le résultat.

Exemple : un cambriolage dans un appartement → une télévision et 1 000 €
a. un vol dans une boutique de luxe • • **1.** toute la région est détruite
b. un incendie dans un immeuble • • **2.** 1 million d'euros
c. un tremblement de terre • • **3.** 3 000 arbres disparus
d. un incendie dans la forêt • • **4.** 1 mort et 3 blessés

98. réviser Mettez les mots dans l'ordre.

Exemple : accident – 30 – la – provoque – mort – personnes. – Un → Un accident provoque la mort de 30 personnes.
a. dans – Ils – blessés – accident – un – de – voiture. – sont → ....
b. un – Il – y – dans – a – terre – le – de – centre-ville. – tremblement → ....
c. de – Un – étages. – incendie – un – immeuble – 6 – détruit → ....
d. maintenant – Nos – sont – paix. – pays – en → ....

99. se tester Complétez les phrases.

Exemple : Dans ce quartier, il y a souvent des agressions de femmes le soir.
a. Il y a eu un v................................ d'une valeur de 100 00€ dans cette bijouterie.
b. L'été, il y a des c................................ dans les appartements pour prendre les objets de valeur.
c. Il y a eu un i................................ la nuit dernière dans cet immeuble.
d. Dans ce pays, il y a eu un t................................ et beaucoup de b................................

41

Bilan 1

Complétez avec le mot qui convient.

1. Nous habitons sur la planète ....
2. La famille de son père est sur le .... africain.
3. Tu viens de quel .... ? – L'Angleterre.
4. Tu es né dans une ville? – Non, un tout petit ....
5. Est-ce qu'il y a des contrôles à la .... entre la Suisse et l'Italie ?
6. Il y a combien d'.. dans cette ville ? – 10 000
7. La Seine est un ...., il passe à Paris.
8. Je voudrais être sur une .... au milieu de l'océan !
9. Nice, c'est au bord de la .... ? – Oui, la Méditerranée.
10. Il y a une belle vue sur les ...., les Alpes.
11. Ces .... donnent du bon raisin pour le vin ?
12. Les .... donnent du lait
13. On a des .... pour les œufs.
14. Devant la ferme, il y a un immense .... de blé.
15. Notre hôtel est dans un .... touristique.
16. Il y a une jolie petite .... devant la mairie avec un jardin.
17. Attention, il faut marcher sur le .... dans la rue.
18. On va prendre le .... pour passer au-dessus de la rivière.
19. On peut visiter beaucoup de cathédrales et d'.. dans cette région.
20. Une partie de la ville a disparu à cause d'un ....
21. L'accident a fait 2 morts et 1 ....
22. La maison a disparu dans les flammes, un terrible ....
23. Un .... de produits de luxe est toujours possible.
24. Je dois appeler la police, il y a eu un .... chez moi.
25. La guerre est finie, maintenant c'est la ....

Mon score : .... /25

Bilan 2

33 🔊 Écoutez le texte puis complétez-le avec les mots ci-dessous.

Endroit, mairie, montagnes, mairie, parcs, habitants, village, animaux, colline, région, chemin, places, vignes, quartier, carte, forêt, lac, pont, arbres, vue.

Je connais un petit *(1)*.. de Provence avec un *(2)*... qui n'est pas sur la *(3)*.. Mais il existe !

Vous quittez la route principale, il n'y a pas d'indications, vous êtes sur un *(4)*..., vous arrivez dans une *(5)*.................................... avec de jolis *(6)*..................................... Au 20e siècle, une famille très riche s'installe là, et comme elle adore l' *(7)*..................................... et veut rester tranquille, elle fait tout pour ne pas être sur les plans de la *(8)*..................................... Un membre de leur famille devient *(9)*..., et il s'assure que le lieu reste secret. Alors, derrière des maisons assez banales, la famille fait construire des *(10)*.................................... avec des fontaines, des *(11)*................................. avec des fleurs et des *(12)*..., et même un petit *(13)*................................. avec un *(14)*.................................... qui passe dessus. Sur une *(15)*............................., des *(16)*............................... poussent pour faire du vin. Tout un univers secret ! Et la famille a la *(17)*......................... sur les *(18)*..............................., au loin. Si vous êtes curieux et si vous discutez avec les *(19)*............................ des petits villages de la *(20)*..., vous allez peut-être découvrir cet endroit extraordinaire un jour…

Mon score : ……. /20

4 • La maison

A. Les pièces

Un appartement

Mon **appartement** est au 1er étage.
Au **rez-de-chaussée** (niveau 0), il y a les **boîtes aux lettres**.
Au **sous-sol** (niveau -1), il y a la **cave**.
Pour **monter** ou **descendre**, je peux prendre l'**escalier**
(= les escaliers) ou l'**ascenseur**.

Mon studio (1 seule pièce) a une superficie de 25 m².
Il est **clair** (≠ **sombre**); il est **exposé** au **sud-ouest**
(≠ **nord-est**). Pour **entrer** (≠ **sortir**), je dois taper un **code**.

100. S'EXERCER Cochez la bonne réponse.

Exemple : Le rez-de-chaussée correspond au ☒ niveau 0. ☐ niveau 1.

a. Le sous-sol correspond au ☐ niveau 0. ☐ niveau -1.
b. Le premier étage correspond au ☐ niveau 0. ☐ niveau 1.
c. Je suis au 2e étage, pour aller au 3e, je ☐ monte. ☐ descends.
d. Je suis au 4e étage, pour aller au 3e, je ☐ monte. ☐ descends.
e. L'ascenseur est en panne, je prends ☐ les étages. ☐ les escaliers.
f. Je ne peux pas ☐ entrer. ☐ sortir dans les toilettes, c'est occupé.
g. Je ne peux pas ☐ entrer. ☐ sortir, je n'ai pas le code.

101. S'EXERCER Retrouvez l'ordre chronologique des phrases.

J'ai rendez-vous avec Marcel au 3e étage.

Exemple : J'arrive devant la porte de l'immeuble. → ... 1 ...

a. Je prends l'ascenseur. → ....
b. Je fais le code de l'immeuble. → ....
c. J'entre dans le hall de l'immeuble. → ....
d. Marcel vient m'ouvrir. → ....
e. Je m'arrête au 3e étage. → ....
f. Je vais devant la porte de Marcel et je sonne. → ....

102. RÉVISER Remettez les mots de ces phrases dans l'ordre.

Exemple : jolie – habitent – trois – dans – Ils – pièces. – un → Ils habitent dans un joli trois pièces.

a. au – exposé – Notre – sud. – appartement – est → ....
b. ascenseur – Il – y – est – a – panne. – un – mais – il – en → ....
c. la – On – message – a – gardienne. – un – de → ....

A. Les pièces

Les pièces 35

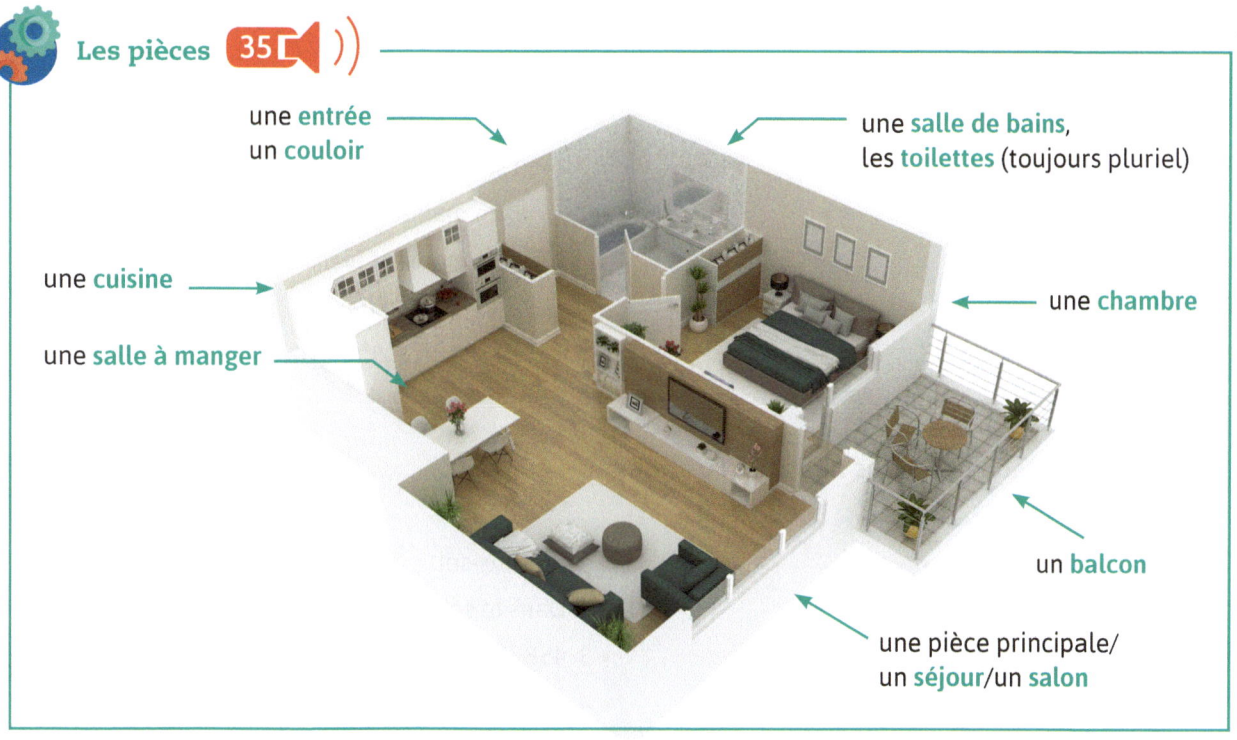

- une entrée
- un couloir
- une salle de bains, les toilettes (toujours pluriel)
- une cuisine
- une salle à manger
- une chambre
- un balcon
- une pièce principale/un séjour/un salon

103. S'EXERCER Reliez les actions aux pièces qui correspondent.

Exemple : dormir → la chambre

a. arriver dans l'appartement
b. préparer à manger
c. se laver
d. prendre un repas
e. prendre l'air
f. passer d'une pièce à l'autre
g. discuter, regarder la télé

1. la salle à manger
2. le séjour
3. la cuisine
4. le couloir
5. la salle de bains
6. l'entrée
7. le balcon

104. RÉVISER Complétez les phrases avec les mots : *pièces, séjour, salle de bains, balcon, cuisine, toilettes, boîte aux lettres, chambres.*

Exemple : Cet appartement a 3 *pièces*.

a. Où sont les ...., s'il te plaît ?
b. Les enfants sont dans leurs ....
c. Ma pièce préférée est le ....
d. Tu me montres la .... pour me laver les mains ?
e. On va fumer sur le ....?
f. J'ai faim, on passe à la ....?
g. Je prends mon courrier dans ma ....

> Un « deux pièces » a une pièce principale et une chambre. On ne tient pas compte de la cuisine ni de la salle de bains.

4 • La maison

105. RÉVISER Reliez les questions aux réponses qui conviennent.

Exemple : Vous êtes à quel étage ? → Au 4ᵉ.

a. Il y a combien de pièces ?
b. Tu as une salle à manger ?
c. Je peux aller aux toilettes ?
d. Où est mon parapluie ?
e. Vous avez un balcon ?
f. Quelle est la superficie ?
g. Le séjour est exposé comment ?

1. 45 m² .
2. Bien sûr, c'est au fond du couloir.
3. Non, on mange dans la cuisine.
4. Non, on aimerait bien.
5. Dans la salle de bains.
6. Une, c'est un studio.
7. Au sud.

106. RÉVISER Reliez avec les mots qui conviennent.

Exemple : J'ai des plantes → dans le couloir.

a. Avez-vous une cave ?
b. Il y a un balcon ?
c. Il n'y a pas d'ascenseur.
d. C'est quoi le code ?

1. Au sous-sol.
2. Dans le séjour.
3. 45B72
4. On prend l'escalier.

> On utilise plusieurs mots pour la pièce principale : le séjour, le salon, le living (mot anglais), la pièce à vivre…

107. RÉVISER Complétez cette description d'un appartement avec les mots : *pièces, balcon, étage, séjour, salle à manger, chambres, immeuble, salle de bains, sud, rue, toilettes, cuisine.*

Martine habite un trois ... pièces ... au 4ᵉ (1).. d'un (2).. moderne. Elle a un grand (3).. pour être à l'extérieur. Il y a 2 (4).., chacune avec une (5).. et des (6).. La (7).. est entièrement équipée, avec un coin pour les repas (il n'y a pas de (8)..). Sa pièce préférée est un grand (9).. où toute la famille se retrouve pour discuter, regarder la télé. Il donne sur la (10).. et est orienté au (11).., donc très lumineux.

108. SE TESTER Vrai ou faux ? Choisissez la bonne réponse.

	Vrai	Faux
Exemple : Le balcon est à l'intérieur d'un appartement ?	☐	☒
a. Le côté cour est généralement plus calme que le côté rue.	☐	☐
b. Les caves sont au dernier étage.	☐	☐
c. L'orientation du logement est importante pour avoir des pièces claires.	☐	☐
d. Avec l'ascenseur, on peut monter dans les étages.	☐	☐

109. SE TESTER Complétez les mots dans les phrases suivantes.

Exemple : Vous avez combien de ... pièces ... dans ce logement ?

a. Je dois aller aux t.. !
b. Dans le co.. il y a trois portes.
c. Voici ta c.. Bonne nuit !
d. Je prends une douche dans la s.............................. d.... b..............
e. J'aimerais changer la déco du sa..
f. On va préparer à manger à la c..

A. Les pièces

110. SE TESTER Complétez les mots.

Exemple : Cet appartement est ... orienté ... à l'ouest.

a. Au sous-sol, nous avons une c..

b. Quand il fait beau, on peut manger dehors sur le b..

c. C'est au dernier étage mais il y a un a.. pour monter.

d. Je n'ai pas le c.. de la porte d'entrée.

B. Dans les pièces

Les pièces

une **clé**
fermer à clé

la **serrure**

On peut être en **colocation** (avec d'autres **locataires**). On **loue** à un **propriétaire**. Un **gardien** (une **gardienne**) s'occupe de l'immeuble.

Il y a peut-être une **place de parking** pour la voiture.

111. S'EXERCER Reliez aux mots qui conviennent.

Exemple : L'étage → du logement

a. la clé • • **1.** du couloir
b. le code • • **2.** cour
c. les marches • • **3.** de l'immeuble
d. le côté • • **4.** de parking
e. le fond • • **5.** de la porte
f. la place • • **6.** de l'escalier

112. S'EXERCER Cochez la bonne réponse.

Exemple : On est 3 coloc' ☒ le type de location ☐ le type d'immeuble

a. Voici la clé. ☐ la porte ☐ l'étage
b. Il s'appelle Monsieur Lebrun. ☐ le/la gardien(ne) ☐ le code
c. B315 ☐ le/la gardien(ne) ☐ le code
d. On est au 3e. ☐ l'étage ☐ le quartier
e. Le loyer est de 800 €. ☐ la location ☐ le code

> On peut écrire « clé » ou « clef ».

Régler la température

Pour le **chauffage**, l'hiver, il y a des **radiateurs**. L'été quand il fait chaud, on peut mettre la **climatisation**.

4 • La maison

113. S'EXERCER Souslignez la bonne réponse.

Exemple : Un radiateur chauffe *l'air*/le toit.

a. Le chauffage est un équipement pour avoir *chaud/froid*.
b. On tourne *le code/la clé* pour ouvrir la porte.
c. *La climatisation/le chauffage* produit de l'air froid.
d. L'appartement est un trois *pièces/portes*.
e. On utilise la climatisation *l'hiver/l'été*.

114. RÉVISER Complétez les phrases avec les mots qui conviennent.

Exemple : Nous avons une gardienne... c'est Mme Lecoin.

a. Attention, il y a ...., c'est le 18B75.
b. Tu connais ma ...., Mme Villers ?
c. Sa chambre est au fond du ....
d. Tu peux venir en voiture, il y a une .... de parking.
e. On est la 2ᵉ porte à droite de ....
f. Ici on a le .... central.

115. S'EXERCER Reliez les éléments de phrase qui conviennent.

Exemple : Je coupe l'herbe → dans le jardin.

a. Il y a une cheminée   • 1. dans la cheminée.
b. Je mets la voiture   • 2. sur le toit.
c. Je laisse de vieux objets   • 3. dans le garage.
d. Je prends l'air   • 4. sur la terrasse.
e. Je fais du feu   • 5. au grenier.

116. RÉVISER Complétez cette description de la maison avec les mots : *terrasse, jardin, cuisine, salles de bains, garage, chambres, séjour*.

C'est une maison confortable sur deux ... étages ... , en bas un grand (1)........................ avec une (2)........................ et l'accès au (3)........................ Une (4)........................ équipée et un (5)........................ pour la voiture. En haut, trois (6)........................ et trois (7)........................ .

B. Dans les pièces

117. RÉVISER Complétez les mots.

Exemple : La voiture est dans le garage.

a. Sous le toit, il y a le g..

b. En bas, il y a la c..

c. Le toit est en h..

d. La terrasse donne sur un grand j..

e. Dans le salon, pour se chauffer, il y a des r..

f. Dans cette maison, on ne peut pas faire du feu il n'y a pas de c..

Une pièce 39

le **plafond**
les **lumières**
un **mur**
le **sol**
(= par terre)

une **cheminée**
un **canapé**
un **fauteuil**
des **chaises**
une **table**

118. S'EXERCER Cochez la bonne réponse.

Exemple : J'installe un tableau	☒ au mur.	☐ au plafond.
a. Je laisse un gros paquet	☐ sur le sol.	☐ sur le mur.
b. Il y a une lampe	☐ au plafond.	☐ dans la cheminée.
c. J'installe le canapé	☐ dans la cuisine.	☐ dans le séjour.
d. Il manque	☐ une chaise	☐ un lit dans le séjour.

119. RÉVISER Complétez les mots.

Exemple : Je travaille à mon ... bureau ...

a. J'ai posé mon livre sur la t..

b. Les c.. sont autour de la table.

c. Il y a du feu dans la c..

d. Les l.. du plafond sont allumées.

e. La chaise est tombée au s..

120. SE TESTER Complétez cette description d'une maison avec les mots : *garage, cheminée, sous-sol, salon, bureau, clé, chaises, canapé, grenier, salle à manger, table.*

Exemple : Dans la maison, il y a un ... garage ... pour deux voitures.

La cave est au (1)............................-............................ et il y a un (2)............................ sous le toit. La porte est fermée à (3)............................ Dans le (4)............................, il y a un (5)............................ pour se relaxer et regarder la télé. On prend les repas dans la (6)............................ On mange sur une (7)............................, il y a quatre (8)............................ Il y a une (9)............................ pour faire du feu. Nous avons aussi un (10)............................ pour poser l'ordinateur.

4 • La maison

C. Les meubles et les équipements

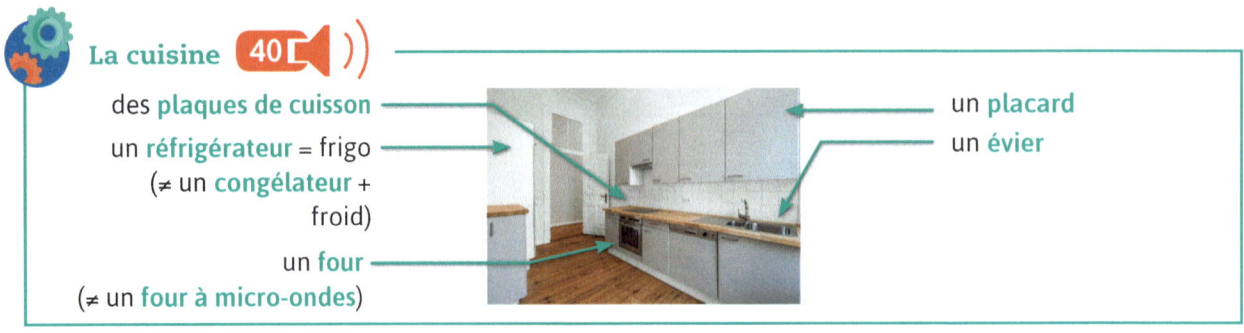

La cuisine 🔊 40
- des **plaques de cuisson**
- un **réfrigérateur** = frigo (≠ un **congélateur** + froid)
- un **four** (≠ un **four à micro-ondes**)
- un **placard**
- un **évier**

121. S'EXERCER Reliez les actions à l'équipement qui convient.

Exemple : laver → dans un évier

a. faire cuire • • 1. au congélateur
b. garder au frais • • 2. au frigo
c. ranger des affaires • • 3. sur des plaques ou dans un four
d. garder longtemps au froid • • 4. dans des placards

122. RÉVISER Complétez les mots.

Exemple : Tu peux mettre les fruits au réfrigérateur ?

a. Il y a une glace au c......................
b. Le pain est dans le p......................
c. On va faire la vaisselle dans l'é......................
d. J'ai un bon poulet rôti au f......................
e. Les p...................... sont encore chaudes !

Les ustensiles 🔊 41
- un **couvercle**
- une **casserole**
- une **poêle**
- un **tire-bouchon**
- un **plat**

La **vaisselle**
- une **tasse**,
- un **verre**,
- une **soucoupe**
- une **assiette** (plate/creuse),
- un **bol**,

Les **couverts**
- une (petite) **cuillère** (s'écrit aussi cuiller),
- une **fourchette**,
- un **couteau**,

123. RÉVISER Complétez cette description d'une cuisine.

Dans la cuisine, il y a un évier rempli de (1) v...................... sale : des (2) a......................, des fourchettes, des couteaux et des (3) c...................... . Le four à (4) m...................... o...................... est à côté du placard. Il y a aussi le (5) r...................... pour garder les aliments au frais. Le pain est dans le (6) p......................

C. Les meubles et les équipements

124. s'exercer Reliez avec les ustensiles qui conviennent.

Exemple : Je mets de l'eau à chauffer → dans une casserole.

a. Je prépare une omelette • • 1. dans une casserole.
b. Je fais cuire des pâtes • • 2. dans une poêle.
c. Je pose le couvercle • • 3. avec un tire-bouchon.
d. Je mets l'omelette cuite • • 4. dans un plat.
e. Je débouche une bouteille de vin • • 5. sur une casserole.

125. s'exercer Reliez les éléments de phrase qui conviennent.

Exemple : C'est une assiette → de frites.

a. Je prends un bol • • 1. sous la tasse.
b. Il veut une tasse • • 2. pour couper le pain.
c. Tu veux un verre • • 3. de soupe.
d. Il manque un couteau • • 4. d'eau ?
e. Il faut une fourchette • • 5. pour manger ce plat.
f. Je mets une soucoupe • • 6. de café.

126. s'exercer Cochez la ou les bonnes réponses.

Exemple : utilisé pour manger de la soupe : ☒ un bol   ☐ une assiette plate   ☒ une assiette creuse

a. utilisé pour couper :   ☐ un couteau ☐ un verre   ☐ une soucoupe
b. utilisé sous une tasse : ☐ un bol   ☐ une soucoupe   ☐ une assiette
c. utilisé pour remuer le sucre dans une tasse : ☐ une soucoupe   ☐ un couteau   ☐ une petite cuillère
d. utilisé pour prendre un morceau :   ☐ une petite cuillère   ☐ un couteau   ☐ une fourchette

127. réviser Complétez les phrases avec les mots : *cuillère, fourchette, soucoupe, tasse.*

Sur la table, on met une ... assiette ... avec une (1)... à gauche, un couteau à droite pour couper. Pour la soupe, on utilise une (2)... Le café est dans une (3)... sur une (4)...

 Les déchets

On **jette** les **ordures** dans une **poubelle**.
Les **déchets**, les ordures sont **sales** (≠ **propres**)

128. s'exercer Reliez avec les mots qui conviennent.

Exemple : On jette les ordures → dans la poubelle.

a. Les déchets sont • • 1. d'ordures.
b. La poubelle est pleine • • 2. la poubelle.
c. Donne-moi un verre • • 3. sales.
d. Il faut vider • • 4. propre.

4 • La maison

129. S'EXERCER Soulignez la bonne réponse.

Exemple : Je mets les ordures : *dans l'évier*/*dans la poubelle*

a. Je *jette/garde* les déchets.
b. Je range les assiettes *sales/propres*.
c. Je bois du café dans *un verre/une tasse*.
d. Je bois du vin dans *une tasse/un verre*.
e. Je lave les couverts *sales/propres*.

130. RÉVISER Complétez les mots.

Exemple : J'ai jeté le sac avec les ordures.

a. Il faut mettre les ordures dans la *p*..............................
b. Tu peux laver ce verre, il est *s*..............................
c. On a tout lavé dans la maison, c'est *p*..............................
d. Cette assiette est cassée, on peut la *j*..............................

 La chambre

Dans un **lit**, il y a un **matelas**, un **drap**, des **oreillers**, une **couette** et parfois une **couverture**. **Sur** (≠ **sous**) un lit, on **dort**, on **se repose**.
Un **berceau** est un lit de bébé.

131. S'EXERCER Soulignez la bonne réponse.

Exemple : Le matelas est *sur*/*sous* le lit.

a. Le drap est *dans/sous* le lit.
b. La couverture est *sous/sur* le drap.
c. L'oreiller est *sur/sous* la tête.
d. Une couette est une sorte *d'oreiller/de couverture*.

132. S'EXERCER Rayez les objets qu'on ne trouve pas dans une chambre de bébé.

Exemple : ~~un four à micro ondes~~

a. un lit
b. une couverture
c. une télévision
d. un berceau
e. une bouteille de vin
f. un biberon
g. un couteau
h. un canapé
i. une fourchette

133. S'EXERCER Cochez la bonne réponse.

Exemple : le bébé dort dans ☐ son oreiller. ☒ son berceau.

a. J'ai froid, je mets ☐ un couvercle. ☐ une couverture sur le lit.
b. Je mets ma veste sur ☐ un cintre. ☐ une ceinture.
c. Les vêtements sont dans ☐ le matelas. ☐ l'armoire.

134. RÉVISER Complétez cette description d'une chambre avec les mots : *lit, matelas, draps, placard, sol.*

Il y a un **lit** en bois, des (1).......................... et une couette bleus. Le (2).......................... est confortable.
Les vêtements sont rangés dans un (3).......................... Au (4).........................., il y a un petit tapis.

C. Les meubles et les équipements

 La salle de bains

Je me **lave** les mains au **lavabo**, j'ouvre le **robinet** d'eau. Je prends une **douche** ou un **bain**. J'utilise du **savon** ou du **gel douche**. Je me lave les cheveux avec du **shampoing**. Je me **sèche** avec une **serviette**. Il y a une **étagère** avec un **peigne**, une **brosse à dents** et du **dentifrice**.

135. S'EXERCER Cochez la bonne réponse.

Exemple : Je me lave les mains ☒ au lavabo. ☐ dans la baignoire.

a. Après la douche, je me sèche avec ☐ une serviette. ☐ une brosse à dents.
b. Je me lave les cheveux avec ☐ du shampoing. ☐ du dentifrice.
c. Je prends un bain ☐ dans la baignoire. ☐ dans le lavabo.
d. J'ouvre ☐ le tuyau. ☐ le robinet d'eau chaude.

136. S'EXERCER Complétez avec les mots : *peigne, robinet, savon, baignoire, gel douche, étagère, bain.*

Exemple : Je me coiffe avec un ...peigne... .

a. Dans la douche, je me lave avec un ....
b. Je prends un .... dans la ....
c. Je pose mes affaires sur une ....
d. J'ouvre le .... pour avoir de l'eau.
e. Je me lave les mains avec du ....

> Une **savonnette** est un petit savon parfumé.

> Ne pas confondre « le **cousin** » (le fils de mon oncle ou de ma tante) et « le **coussin** » pour la décoration.

137. RÉVISER Les mots en italique sont mal écrits. Corrigez-les.

Exemple : dans la *bainoire* → dans la ...baignoire...

a. c'est un *labavo* → ....
b. le *robiné* d'eau froide → ....
c. un *shampouin* → ....
d. je me lave les *chevaux* → ....
e. on mange dans la *cousine* → ....
f. il y a des *cousins* sur le canapé → ....

138. SE TESTER Dans quelle pièce trouve-t-on normalement ces objets ? Complétez les phrases.

Exemple : Où est-ce qu'on met le lit et l'armoire ? → Dans la ...chambre...

a. la table, les chaises ? → Dans ....
b. une casserole, un four ? → Dans ....
c. une brosse à dents, un peigne ? → Dans ....
d. un lit, une couverture ? → Dans ....
e. une table basse, un canapé ? → Dans ....
f. des plaques électriques, des poêles ? → Dans ....

4 • La maison

D. Les activités

Déménager et bricoler 45

Je **déménage** = je quitte un appartement ou une maison.
J'**emménage** = j'entre dans un appartement ou une maison.

Je **bricole** = je fais des travaux dans ma maison.
Ils **peignent** le mur en bleu.

Faire le ménage 46

Je **lave** mon linge avec de la **lessive** = je **fais la lessive**, puis j'étends le linge = je **fais sécher** le linge. Ensuite, je **repasse**, **plie** et **range** le linge propre.
Pour nettoyer le sol, je **passe le balai** ou **l'aspirateur**, puis je **lave par terre**.
Pour un lavabo ou un meuble, je **nettoie** avec une éponge ou un **chiffon** et du produit.

Le père **passe l'aspirateur**, la mère **plie** le **linge** et la fille **fait la poussière** avec un **chiffon**.

139. S'EXERCER Reliez les actions aux mots qui conviennent.

Exemple : Je passe → l'aspirateur.

a. Je lave • • 1. mes vêtements.
b. Je sèche • • 2. dans un appartement.
c. Je nettoie • • 3. la vaisselle.
d. Je range • • 4. les murs en blanc.
e. Je peins • • 5. le linge.
f. J'emménage • • 6. les vitres.

140. S'EXERCER Rayez l'intrus.

Exemple : Je nettoie, je lave, je fais la lessive, ~~je range la chambre~~.

a. Pour laver le linge : un lave-linge, un couteau, la lessive, le savon.
b. Pour faire le ménage : le balai, l'aspirateur, la vaisselle, le produit.
c. Pour bricoler : Je répare, je bricole, je peins, je repasse.

D. Les activités

141. RÉVISER Notez de 1 à 7 dans quel ordre on fait ces actions.

Exemple : Je mets le linge dans la machine. → ...1...

a. Le linge se lave. → ....   d. Je plie le linge. → ....
b. Je range le linge. → ....   e. Je mets le linge à sécher. → ....
c. Je repasse le linge. → ....   f. Je sors le linge de la machine. → ....

142. RÉVISER Remettez les mots de ces phrases dans l'ordre.

Exemple : étage. – troisième – au – habitons – Nous → Nous habitons au troisième étage.

a. deux – ouvertes. – fenêtres – Les – sont.
→ ....

b. oncle – tasse – boit – la – Mon – une – dans – café – cuisine. – de
→ ....

c. pas – Vous – pouvez – cette – ne – fumer – pièce. – dans
→ ....

d. le – y – deux – Il – a – gros – dans – salon. – canapés
→ ....

e. leurs – trois – chambres. – garçons – dans – jouent – Les
→ ....

f. prend – Elle – manger. – dans – son – salle – petit-déjeuner – la – à
→ ....

g. endort – la – s' – devant – salon. – le – télévision – Il – dans
→ ....

h. cet – rez-de-chaussée – Mes – immeuble. – parents – dans – habitent – au
→ ....

143. RÉVISER Reliez les éléments qui correspondent.

Exemple : une serviette → se sécher

a. du savon   •   • 1. se raser
b. un rasoir   •   • 2. se laver les cheveux
c. un peigne   •   • 3. s'habiller
d. du dentifrice   •   • 4. se regarder
e. des vêtements •   • 5. se coiffer
f. du shampoing •   • 6. se laver les dents
g. un miroir   •   • 7. se laver

144. SE TESTER Complétez les mots.

Exemple : Je mets mes vêtements propres dans mon placard : je r...ange.

a. Je nettoie tout chez moi : je fais le m..
b. Je lave les assiettes, les couverts : je fais la v..
c. J'ai une machine pour laver le linge : un l..- linge
d. Je lave le linge : je fais la l..

Bilan 1

Complétez avec le mot qui convient.

1. C'est un studio ? Non, l'appartement a 4 ....
2. Où est la .... de la porte ? – Dans la serrure !
3. Ton studio est clair ? – Oui, il est .... au sud.
4. Le mois prochain, on va .... dans notre nouvelle maison.
5. On a une .... au sous-sol.
6. J'ai faim, on prépare quelque chose à manger à la ....
7. Tu es propriétaire ? – Non, je suis ....
8. On paye un .... de 900 €.
9. Tu montes par l'escalier ? – Non, je préfère prendre l'..........
10. Je peux me laver les mains ? – Oui, va à la ....
11. Vous avez du parquet ? – Non, on a un joli tapis au ....
12. Les toilettes sont au fond du ....
13. J'ai besoin de .... pour me laver les cheveux.
14. Tu préfères un bain ou une .... ?
15. Dans le séjour, il y a une jolie .... pour faire du feu.
16. Le balcon est grand, il fait 12 ....
17. Il manque un .... pour couper le gâteau.
18. Tu es fatigué, tu peux aller dormir dans ta ....
19. Il y a une couverture sur le ....
20. Ce verre est sale ? – Non, il est ....
21. Où est le .... pour ouvrir la bouteille de vin ?
22. Tu peux ranger les tasses dans le .... ?
23. Tu as mis les ordures dans la .... ?
24. Il y a de la .... sur les meubles, je vais passer un chiffon.
25. Il faut .... les vitres, elles sont sales.

Mon score : .... /25

Bilan 2

47 🔊 Écoutez le texte puis complétez-le avec les mots ci-dessous.

Salles de bains, chambres, meubles, superficie, immeuble, chaises, séjour, cave, jardin, poubelles, appartement, parquet, ascenseur, maison, cuisine, gardienne, balcon, escaliers, étage, murs.

J'habite dans un très joli (1)........................ . Mon (2)........................ est grand. Sa (3)........................ est de 80 m². Il a deux belles (4)........................ pour dormir, un (5)........................ et deux (6)........................ La (7)........................ est grande, on peut manger dedans. Les (8)........................ sont en bois et il y a du (9)........................ au sol. On est au deuxième (10)........................ . Il y a un (11)........................ mais je préfère prendre les (12)........................ Une (13)........................ vient faire le ménage et sort les (14)........................
Sur le (15)........................, on a une table et des (16)........................, on peut faire des repas. On a la vue sur un (17)........................ collectif. C'est presque comme une (18)........................ On a aussi une (19)........................ pour garder du vin ou des vieux (20)........................

Mon score : .... /20

5 • Les activités de tous les jours

A. Les actions habituelles

Les moments de la journée 48

Dans une journée, il y a le **matin** (avant midi), ensuite l'**après-midi**, ensuite le **soir**, et finalement la **nuit**. J'ai un rendez-vous **tôt** (en début de journée), le contraire : **tard**.

Les activités 49

D'habitude je **me réveille** à 8h. Ensuite, je **me lève** (je sors de mon lit).

Je **me prépare** pour aller au travail : je me douche, je **me rase** (pour un homme)/je **me maquille** (pour une femme). Je **me sèche** les cheveux, je **m'habille** (je mets mes vêtements) et je mets mes chaussures. Je suis **prêt(e)** pour partir.

Je suis fatigué(e), je **m'assois** ou je **m'assieds** sur une chaise. Je suis **assis(e)**. Je me lève, je suis **debout**. Le soir, je vais au lit, je suis **couché(e)**.

145. S'EXERCER Reliez les moments aux actions.

Exemple : Il est 8 h → je me réveille

a. à 8 h 02 • • 1. je m'habille
b. ensuite • • 2. je mets mes chaussures
c. après le petit-déjeuner • • 3. je me lève
d. avant de partir • • 4. je me lave

146. S'EXERCER Complétez les mots.

Exemple : Je prends une douche → je me lave.

a. Je sors du lit → je me l..
b. Je mets mes vêtements → je m'h..
c. Je suis prêt → je me p...
d. Je mets du maquillage → je me m..
e. Je coupe ma barbe → je me r...

147. RÉVISER Complétez ce dialogue avec les mots : *te lèves, matin, prends, tard, douche, dort, prêt.*

– Gaël, c'est l'heure, tu *te lèves* maintenant ! – Oui, une minute, j'arrive.

a. – Non, tout de suite ! Il est .... !
b. – Je suis .... dans 10 minutes…
c. – Tu ne .... pas de petit-déjeuner ? – Non, je n'ai pas envie.
d. – Mais si, il faut, c'est important de manger le ....
– Je vais acheter quelque chose à la boulangerie.
e. – Bon, la salle de bains est libre, vas-y, prends ta .... !
f. – (pas de réponse, il ....)

A. Les actions habituelles

148 RÉVISER Soulignez la bonne réponse.

Exemple : Tu es fatigué ? Tu peux *t'asseoir* – *te lever* sur la chaise.

a. Tout le monde dort encore dans la maison. Il est *tôt* – *tard*.
b. Il est plus de minuit et je ne suis pas couché. Il est *tôt* – *tard*.
c. Je suis au lit. Je me lève. Maintenant, je suis *debout* – *couché*.
d. Je suis debout. Je m'assois. Maintenant, je suis *assis* – *debout*.

 Avant de dormir

Je me **déshabille**, j'**enlève** mes chaussures, je **me démaquille**, je **me repose**, je vais au lit, je **me couche**, je **m'endors** (= je commence à dormir), je **dors**.

149. S'EXERCER Écrivez le contraire.

Exemple : Tu te lèves ? → Non, je m'assois.

a. Tu es assis ? Non, je suis ....
b. Tu t'habilles ? Non, je ....
c. Tu te réveilles ? Non, je ....
d. Tu te maquilles ? Non, je ....
e. Tu te lèves ? Non, je me ....

150. RÉVISER Reliez les verbes de sens contraire.

Exemple : être assis → être debout

a. se réveiller •   • **1.** mettre
b. enlever •   • **2.** se déshabiller
c. rester •   • **3.** s'endormir
d. travailler •   • **4.** s'en aller
e. s'habiller •   • **5.** se reposer
f. s'asseoir •   • **6.** partir
g. arriver •   • **7.** se lever

151. SE TESTER Complétez les mots.

Le *(1)* m............................. je me *(2)* l............................. à 8h. Je prends une *(3)* d.............................
et je *(4)* m'h............................. Quand je suis *(5)* p............................., je pars au travail.
Le *(6)* s............................., je rentre chez moi, *(7)* j'e............................. mes chaussures, je me
(8) d............................. et je *(9)* m'a............................. sur mon canapé pour me
(10) r............................. Je vais au *(11)* l............................. vers 23h.

5 • Les activités de tous les jours

B. Les verbes de mouvement

Les verbes de mouvement 51

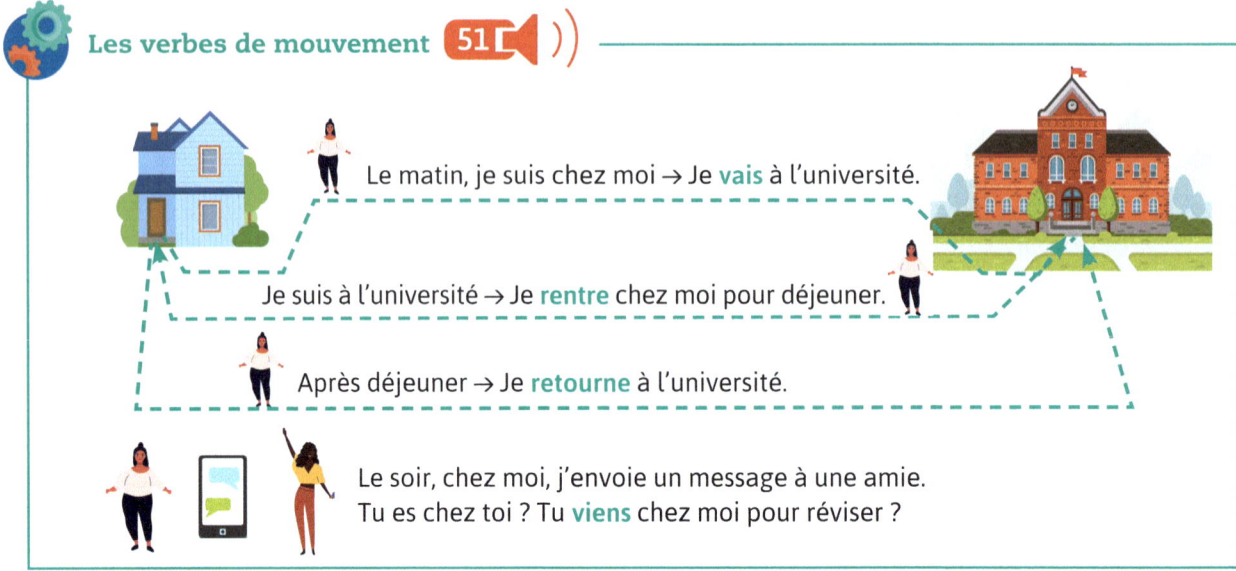

Le matin, je suis chez moi → Je **vais** à l'université.

Je suis à l'université → Je **rentre** chez moi pour déjeuner.

Après déjeuner → Je **retourne** à l'université.

Le soir, chez moi, j'envoie un message à une amie.
Tu es chez toi ? Tu **viens** chez moi pour réviser ?

152. 52 S'EXERCER Écoutez et complétez les dialogues.

Exemple – Allô ! T'es où ?

– Au cinéma. Je *rentre* à la maison vers 18 h.

a. – Tu .... comment à l'école ? – En métro.

b. – Vous .... où ? – À la bibliothèque.

c. – Zut ! je dois .... au bar, j'ai oublié mon portable…

d. – Tu .... dans ton pays pour les vacances ?

– Non, je reste ici.

e. – Tu es prêt ? – Oui ! – Alors on y .... !

> « On y va ! » est une expression fréquente pour partir ensemble ou juste commencer une activité.

153. S'EXERCER Reliez les éléments de phrase qui correspondent.

Exemple. Papa → va rentrer à 20 h.

a. Tu reviens • • **1.** Tu rentres à quelle heure à la maison ?

b. Allô, je suis au café. • • **2.** aller au Sénégal pour des vacances.

c. J'ai oublié un sac, • • **3.** de vacances ?

d. Tu es au cinéma ? • • **4.** je dois retourner au supermarché !

e. J'aimerais beaucoup • • **5.** Tu viens boire un verre avec moi ?

B. Les verbes de mouvement

154. RÉVISER Complétez avec les verbes suivants (utilisez le présent) : *être, aller, partir, s'en aller, venir, revenir, rentrer, retourner, aller chercher.*

Exemple : *Je suis à la maison.*

a. Je .... à la boulangerie pour acheter le pain.

b. Je .... chez moi. Je me rends compte que je dois aussi acheter un gâteau.

c. Je .... à la boulangerie.

d. Ensuite, je .... au travail.

e. Le soir, je .... un ami à la gare.

f. Nous .... à la maison.

g. Une amie .... dîner avec nous.

h. Elle .... vers minuit.

> **revenir** = venir encore
> → Le vendeur est parti, il revient dans 10 minutes.

155. SE TESTER Complétez les phrases.

Exemple : *On veut visiter des musées.*

a. J'ai de la famille à Londres. J'aimerais a.. voir ma tante.

b. L'examen est fini, vous pouvez r.. chez vous.

c. Le directeur est en vacances. Il r.. mercredi.

d. Les amis de Michel ont l'intention de v..
v.. Michel ce week-end.

e. On doit a.. quelques jours à Rome.

> Le verbe « visiter » n'a pas le sens de « aller », donc on ne « visite pas » le supermarché, mais on va au supermarché, et on visite un musée (jamais une personne).

 D'autres verbes de mouvement

En général, il **arrive** à l'université à 9 h. Il **monte** au 3ᵉ étage et il **entre** dans sa classe. Il **reste là** (il ne bouge pas) toute la matinée.
À midi, il **sort** de la classe et il **descend** à la cafétéria pour manger.
Il **part** de l'université à 17 h.

156. S'EXERCER Reliez les moments de la journée aux actions qui conviennent.

Exemple : *À midi, elle sort → déjeuner avec ses collègues.*

a. Le matin, Monique part •   • **1.** à son bureau à 9 h.

b. Elle arrive •   • **2.** quelquefois avec des amis.

c. Elle reste •   • **3.** de chez elle à 8 h 30.

d. Le soir, elle sort •   • **4.** là jusqu'à environ 18 h.

5 • Les activités de tous les jours

157. S'EXERCER Cochez la bonne réponse.

Exemple : Je suis au rez-de-chaussée, ☐ je descends ☒ monte au premier étage.

a. Chez moi, je ☐ descends ☐ monte à la cave.
b. Dans la rue, je ☐ descends ☐ monte dans la station de métro.
c. Sur le quai, je ☐ descends ☐ monte dans le train.

158. RÉVISER Reliez avec le contraire.

Exemple : s'habiller → se déshabiller

a. mettre • • 1. descendre
b. se maquiller • • 2. se démaquiller
c. arriver • • 3. enlever (ses chaussures)
d. entrer • • 4. sortir
e. monter • • 5. partir

159. S'EXERCER Répondez avec le contraire.

Exemple. Tu arrives ? → Non, je pars.

a. Tu sors ? → ....
b. Tu t'habilles ? → ....
c. Tu montes ? → ....
d. Tu te maquilles ? → ....

160. S'EXERCER Notez si l'action se réalise d'habitude le matin (M) ou le soir (S).

Exemple : Je me lève → M

a. Je me réveille → ....
b. Je me couche → ....
c. Je rentre du travail → ....
d. Je prends mon petit-déjeuner → ....
e. Je m'habille → ....
f. Je dîne avec des amis → ....
g. Je pars au travail → ....
h. Je vais me coucher → ....

161. RÉVISER Complétez avec les mots : *maquille, couche, habille, sèche, coiffe, repose, endort, déshabille, rase.*

Exemple : Elle met des produits de beauté sur son visage. → Elle se *maquille*.

a. Il va au lit. → Il se ....
b. Il commence à dormir. → Il s' ....
c. Il met ses vêtements. → Il s' ....
d. Il enlève ses vêtements. → Il se ....
e. Il ne fait rien parce qu'il est fatigué. → Il se ....
f. Il coupe sa barbe. → Il se ....
g. Il passe le peigne dans ses cheveux. → Il se ....
h. Il utilise une serviette après la douche. → Il se ....

B. Les verbes de mouvement

162. RÉVISER Notez de 1 à 8 pour indiquer l'ordre logique de ces actions.

Exemple : Aller au supermarché → 1

a. mettre la table → ....
b. manger → ....
c. préparer à manger → ....
d. débarrasser → ....
e. ranger la vaisselle → ....
f. essuyer la vaisselle → ....
g. faire la vaisselle → ....

163. SE TESTER Complétez avec le contraire.

Exemple : Tu te lèves ? → Non, je m'assois.

a. Tu es assis ? → Non, je suis ....
b. Tu restes ici ? → Non, je ....
c. Tu travailles ? → Non, je ....
d. Tu t'habilles ? → Non, je ....
e. Tu pars ? → Non, j' ....
f. Tu montes ? → Non, je ....
g. Tu t'endors ? → Non, je ....

C. D'autres actions

Des actions courantes 54

Où sont mes clés ? Je **cherche** mes clés et je les **trouve** dans mon sac.
Je **pose** mon sac sur la table et je **mets** mon manteau avant de sortir.
Elle **montre** des photos à son amie.
Ce sac fait 50 kg, je ne peux pas le **porter** !
Mon voisin **apporte** (= il vient avec) un gâteau à la fête.
J'**emporte** (= je prends avec moi) une pomme pour ma pause.
J'**emmène** ma fille à l'école (= je vais avec elle mais je n'entre pas dans l'école).
J'**accompagne** les enfants en sortie scolaire (= je vais avec eux).

164. S'EXERCER Reliez les actions aux mots qui conviennent.

Exemple : Je montre → mon passeport au policier.

a. Je cherche • • **1.** mon stylo dans mon sac.
b. J'emmène • • **2.** mon ami dans mon café préféré.
c. J'emporte • • **3.** ses lunettes de soleil.
d. Elle met • • **4.** un livre pour lire dans le train.

5 • Les activités de tous les jours

165. S'EXERCER Reliez les verbes aux éléments qui correspondent.

Exemple : Tu bois → un café au bar.

a. Il prend
b. Il fait
c. Elle suit
d. Je rentre
e. Il part
f. Elle accompagne
g. Nous bavardons

1. des courses dans les magasins.
2. avec des amis.
3. le train à la gare.
4. au travail le matin.
5. les enfants à l'école.
6. des cours à l'université.
7. chez moi après le travail.

 D'autres actions courantes

Le matin, elle **prend** (elle utilise) le métro.
– Tu peux me **donner** ton numéro de téléphone ?
J'aime tout sur la carte de ce restaurant, c'est difficile de **choisir** !
– Tu peux **tenir** (garder dans ta main) ce stylo un moment, s'il te plaît ?
– Vous **attendez** le bus ?
– Oui, il va arriver.

La jeune fille au pair **fait** des activités avec les enfants. Ils aiment beaucoup **jouer** (faire des jeux) avec elle.

166. S'EXERCER Reliez les verbes aux éléments qui conviennent.

Exemple : Je fais → le lit.

a. Je donne
b. Je tiens
c. Je choisis
d. Je joue
e. J'attends
f. Je prends

1. au foot.
2. mon sac avant de sortir.
3. la main de l'enfant pour traverser.
5. le biberon au bébé.
6. le bus.
7. un cadeau pour mon amoureux.

167. RÉVISER Complétez avec : *donner, prendre, choisir, tenir, faire, jouer, attendre.*

Exemple : Tu peux me *donner* ton numéro ?

a. Il faut .... quelques minutes, le train va arriver.
b. J'aimerais .... un cadeau pour ma copine.
c. Tu peux me .... le paquet un instant ?
d. On pourrait .... au foot.
e. On sort, tu peux .... ton sac.
f. Qu'est-ce tu veux .... maintenant ?

D. La météo

Le temps

il y a du **soleil**   il y a des **nuages**   il **pleut** (pleuvoir), la **pluie**   il **neige**, la neige

il fait **beau** ≠ **mauvais**
il y a du **vent**
le ciel est **bleu** ≠ **gris**
il y a du **brouillard**

un **arc-en-ciel**

il fait **chaud**
il fait **25°**
il fait **doux**
il fait **froid**

la **température** : il fait chaud / froid (ou doux =
ni chaud, ni froid) / frais (un peu froid), le **thermomètre**,
les **degrés** (il fait 25°), il fait –10° (moins dix degrés) :
il **gèle** un **orage**, des **éclairs**, le **tonnerre**, la **grêle**
une **tempête**

168. S'EXERCER Choisissez si c'est généralement un temps d'été ou d'hiver.

	en hiver	en été
Exemple : Il fait froid.	☒	☐
a. Il neige.	☐	☐
b. Il y a des orages.	☐	☐
c. Il gèle.	☐	☐
d. Il fait chaud.	☐	☐

La **météo** =
la science du temps
(le bulletin météo) mais
aussi le temps qu'il fait
(quelle est la météo
aujourd'hui ?).

169. S'EXERCER Écrivez le phénomène météo correspondant.

Exemple : Le soleil est caché → *il y a des nuages*.

a. Il fait froid et tout est blanc. → Il ....

b. Dans la rue, on voit seulement à quelques mètres, il y a du ....

c. Il fait très froid, des températures négatives → Il ....

d. Les arbres bougent → il y a du ....

e. Il y a du soleil et il pleut → il y a un ....

f. Il y a du vent violent, de la pluie → c'est une ....

5 • Les activités de tous les jours

170. S'EXERCER Complétez avec : *temps, carte météo, neige, froid, beau, pluie, météo, mauvais, prévisions.*

Exemple : J'aime bien connaître à l'avance le *temps* qu'il va faire.

a. Alors, le matin, en général, j'écoute la .... à la radio.

b. Quelquefois, je regarde la .... dans le journal.

c. Si on annonce de la ...., je prends mon parapluie.

d. Si on prévoit du grand ...., je mets un chapeau et un manteau chaud.

e. Le vendredi soir, je regarde les .... à la télé.

f. Si on annonce du .... temps, du soleil, je fais des projets pour aller à la campagne.

g. Si on annonce du .... temps, je décide de rester en ville.

h. Avant de partir au ski, je regarde si on annonce de la ....

171. RÉVISER Reliez pour terminer logiquement la phrase.

Exemple : Il y a du soleil, → je mets une casquette.

a. Il pleut, • • 1. je ferme les fenêtres.
b. Il fait froid, • • 2. on ne voit rien à l'extérieur.
c. Il y a du vent, • • 3. je fais du patin à glace.
d. Il fait chaud, • • 4. je mets un gros manteau.
e. Il y a un orage, • • 5. je reste à l'ombre sous un arbre.
f. Il y a du brouillard, • • 6. je prends mon parapluie.
g. Il gèle, • • 7. je ne reste pas sous les arbres.

172. SE TESTER Complétez pour indiquer le type de temps.

Exemple : Il fait 30 degrés : il fait *chaud*.

a. Le ciel n'est pas complètement bleu : il y a des n..

b. Il fait 5 degrés : il fait f..

c. Il fait 0 degré : il g..

d. Il y a des mouvements d'air : il y a du v..

e. Il ne fait ni chaud ni froid : il fait d..

f. Il y a des vents violents : il y a une t..

g. Il fait chaud, il y des nuages noirs, du vent, du tonnerre, des éclairs : il y a un o..

h. C'est l'hiver mais il ne fait pas très froid : il fait d..

Bilan 1

Complétez les phrases avec le mots qui convient.

1. Il n'est pas tard, il est ....
2. Tu prends un bain ? – Non, une ....
3. Quand j'arrive chez moi, j' .... mes chaussures.
4. Le matin, je me réveille à 7h et je .... tout de suite.
5. Je vais m'.. un moment au salon pour me reposer.
6. Maintenant, vous pouvez vous .... sur les chaises.
7. Dans le métro, d'habitude tu es assis ? - Non, ... !
8. Le matin, je vais au travail. Je .... chez moi le soir vers 20h.
9. Je n'ai pas mon téléphone ! Je .... chez moi.
10. Nicolas .... à quelle heure à Paris ?
11. Il est entré dans la salle ? - Oui, mais après il est .... de la salle.
12. J'aimerais bien voir tes photos de vacances. – D'accord, je te les ....
13. On voudrait .... en haut de la tour !
14. Le train s'arrête et on peut .... sur le quai.
15. Je vais .... un magazine pour lire dans le train.
16. Tu vas voir tes parents cet été ? – Non, mais ils vont .... me voir ici.
17. Vous pouvez me .... votre nom ?
18. Tu aimes .... au foot ? – Non, seulement regarder !
19. Quand j'arrive, je .... mes clés sur une étagère.
20. Ce matin, il y a du soleil, il fait ....
21. Cette nuit, tout est blanc dans la rue, il ....
22. Il fait très froid, moins de 0°, il ....
23. Je prends mon parapluie, il ....
24. Quand il fait chaud en été avec des nuages noirs, on peut avoir un ....
25. La pluie est finie ! Il y a un joli .... dans le ciel !

Mon score : .... /25

Bilan 2

57 🔊 Écoutez le texte puis complétez-le avec les mots ci-dessous.

Propres, fait, réveille, sort, pleut, habitude, cherche, retourne, attend, choisir, m'habille, partir, rentre, prends, arriver, lève, mettre, météo, donne, jouer.

J'adore mon robot !

Mon robot est formidable. Tous les matins, il me (1)............................ avec ma musique préférée.
Il regarde si je me (2)............................, sinon il passe une musique horrible. Il me (3)............................ des infos sur la (4)............................de la journée. On va à la cuisine, un bon petit-déjeuner m' (5)............................ sur la table. Dans la salle de bains, je (6)............................ ma douche. Ensuite, on (7)............................ dans ma chambre. Il me conseille pour (8)............................ mes vêtements, il a un meilleur goût que moi.
Je (9)............................ et il m'aide à (10)............................ mes chaussures.
Elles sont toujours (11)............................ grâce à lui.
Si nous avons un peu de temps, on peut (12)............................ aux échecs, et quand c'est de l'heure (13)............................, il ouvre la porte. Il sait à quelle heure je vais (14)............................ au travail.
S'il (15)............................, il me prépare un parapluie.

Le soir, quand je (16)............................ à la maison, il (17)............................ un film sur Internet et je le regarde sur l'écran de télé.

D' (18)............................, je lui demande de me lire un livre ou me raconter une histoire. Il imagine chaque soir une histoire différente.

Il (19)............................ aussi les poubelles, (20)............................ les courses, *va chercher* du pain et passe l'aspirateur.
J'ai de la chance, mon robot est parfait !

Mon score : .... /20

6 • Les objets

A. Décrire un objet

Les formes 58

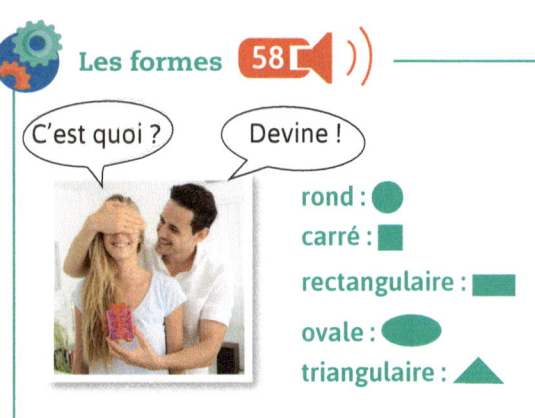

C'est quoi ? Devine !

rond : ●
carré : ■
rectangulaire : ▬
ovale : ⬭
triangulaire : ▲

173. S'EXERCER Cochez la bonne réponse.

Exemple : Une feuille A4 est ☒ rectangulaire. ☐ carrée.

a. Une pyramide est ☐ un triangle. ☐ un ovale.
b. Un ballon de football est ☐ ovale. ☐ rond.
c. Un ballon de rugby est ☐ ovale. ☐ rond.

Les couleurs 59

bleu ■ ; rouge ■ ; vert ■ ; jaune ■ ; orange ■ ; rose ■ ; blanc ☐ ; gris ■ ; marron ■

174. S'EXERCER Complétez avec la couleur indiquée.

Exemple : Il faut écrire en ■ : noir.

a. Voici une jolie fleur ■ : ....
b. Il a un sac ■ : ....
c. Tu as du papier ? ☐ : ....
d. Elle a un joli pull ■ : ....
e. On a une plante ■ : ....
f. Aujourd'hui, le ciel est ■ : ....
g. Notre chat est ■ : ....

175. RÉVISER Complétez avec la couleur habituelle.

Exemple : Une feuille de papier, c'est *blanc*.

a. Le ciel quand il fait beau, c'est ....
b. Une tomate, c'est ....
c. Avec du noir et du blanc, j'ai du ....
d. Les feuilles des arbres sont ....
e. Une banane, c'est ....
f. Un cochon est ....
g. Une clémentine est ....

Les dimensions 60

Pour parler de la **taille** d'un objet, on peut dire qu'il est **grand** (≠ **petit**). Il peut être **gros** (en volume), **épais** (≠ **plat** c'est à dire : fin). Pour le **poids** : il pèse 5oo kg, il est **lourd** (≠ **léger**).
Il peut être **haut** (la hauteur), **long** (la longueur) ≠ **court**, **large** (la largeur) ≠ **étroit**. « Il fait » ou « ça **mesure** » 20 cm x (sur) 25 cm.

L'aspect 61

Si je touche un objet, il peut être **dur** (≠ **mou**), **doux** (agréable à toucher), lisse.
Il peut être en **bon** ≠ **mauvais état**. Dans le magasin, il est encore **neuf**, mais quand je l'utilise longtemps, il est **usé**. Il peut être **joli**. Un verre est **fragile** ≠ **solide**.
Si je fais attention à l'objet, il est **bien entretenu**.
Il **sent bon** (il a une bonne odeur) ≠ **mauvais**.
Si je verse de l'eau dans un verre, il est **plein** ≠ **vide**.

6 • Les objets

176. S'EXERCER Associez les photos aux objets qui correspondent.

Exemple : un ballon, c'est rond, léger et rouge : ... 4 ...

a. un carnet, c'est petit, plat, léger, noir : ....

b. un sac à main, c'est rectangulaire, fragile, en cuir : ....

c. un flacon de parfum en verre, c'est joli, ovale : ....

1.
2.
3.
4.

177. S'EXERCER Reliez les contraires.

Exemple : la longueur → la largeur

a. grand • • 1. court
b. mince • • 2. épais
c. léger • • 3. plat
d. large • • 4. lourd
e. épais • • 5. petit
f. haut • • 6. étroit
g. long • • 7. bas

178. S'EXERCER Reliez les parties de phrase qui conviennent.

Exemple : la Tour Eiffel fait 305 mètres → de haut

a. L'Océan Atlantique fait 8 500m • • 1. de large
b. Cette rue fait 1 900 mètres • • 2. 30 kilos
c. Cette rue fait 70 mètres • • 3. de profondeur
d. Le paquet pèse • • 4. de long

179. RÉVISER Reliez les expressions contraires.

Exemple : plein → vide

a. remplir • • 1. en mauvais état
b. dur • • 2. vider
c. neuf • • 3. mou
d. en bon état • • 4. usé

180. RÉVISER Complétez avec les mots : *basse, étroite, large, petite, gros, haute, long, épais*.

Exemple : La valise est trop ... *lourde* ..., on va payer un supplément !

a. Dans le séjour, on a une table ...., et dans la salle à manger, une table ....

b. J'emporte un livre bien .... pour les vacances.

c. Il habite dans une .... rue très .... du centre historique de la ville.

d. La boutique est dans une .... avenue.

e. Le fauteuil est un peu trop ...., il ne passe pas par la porte.

f. Ton texte est un peu trop ...., il faut couper une phrase.

181. RÉVISER Soulignez la bonne réponse.

Exemple : Une tour de bureaux, c'est *haut/grand*.

a. Un avion de ligne, c'est *petit/gros*.
b. Une feuille de papier, c'est *lourd/léger*.
c. Une pierre, c'est *dur/mou*.
d. Le coton, c'est *dur/mou*.
e. L'acier, c'est *fragile/solide*.
f. Une piscine avec de l'eau, c'est *plein/vide*.

A. Décrire un objet

La matière

C'est en bois, verre, métal, fer, acier, papier, carton, cuir, laine, plastique, caoutchouc, pierre.
Il peut être fait avec un métal précieux (or, argent). J'achète un objet dans un emballage (il peut être réutilisable, recyclable, récupéré).

Une bouteille en plastique

Du bois

Une pelote de laine

182. S'EXERCER Reliez l'objet à la matière qui correspond.

Exemple : des bottes → en caoutchouc

a. une couverture   1. en fer
b. un sac   2. en or
c. une chaise   3. en papier ou en plastique
d. un lit   4. en verre
e. un mur   5. en cuir
f. un canapé   6. en laine
g. une table basse   7. en pierre
h. un collier   8. en bois

183. S'EXERCER Complétez avec les mots suivants : *cartons, cuir, plastique, boîte, papier.*

Exemple : Nous avons encore des ... cartons ... de déménagement.

a. Je n'utilise plus de sacs en .... Je prends des sacs en .... réutilisables.
b. Je mets mes objets de valeur dans une petite .... en fer.
c. J'ai envie de beaux fauteuils en .... marron pour le séjour.

184. RÉVISER Reliez les descriptions aux objets qui correspondent.

Exemple : C'est ovale, dur et fragile en même temps. → un œuf

a. C'est rond, doux, ça sent bon.   1. une montre
b. C'est rond ou carré, c'est solide.   2. une pêche
c. C'est rectangulaire, en papier, on peut écrire dessus.   3. un cahier
d. C'est léger, fragile, c'est fait en laine.   4. une pyramide
e. C'est triangulaire, en pierre, construit dans l'Antiquité. 5. un pull

6 • Les objets

185. SE TESTER Vous vendez un objet d'occasion sur Internet. Complétez les mots.

Exemple : une ... montre ... : en acier et cuir, carrée, prix neuf : 180 euros, mon prix 60 euros.

a. un m.. : original en bois, étagères en bois, portes en verre.

b. une l.. *en verre* : poids, 20kg, dimensions : 20 cm x 70 cm, idéal pour offrir.

c. un t.. *portable* : jamais servi, dans son emballage d'origine.

186. SE TESTER Complétez les mots.

Exemple : J'ai une bague avec une *pierre* précieuse.

a. Le supermarché ne donne plus de sacs en *p*..

b. J'utilise ma bouteille en *v*..

c. C'est un canapé en *c* ....

d. Vous voulez une montre en *o*... ?

e. La maison a des murs en *b* ....

f. Elle a un beau pull en *l*..

g. On a une poubelle pour les journaux, les magazines, tous les objets en *p*...

B. Indiquer la position

 Les positions

Il y a un livre **sur** la table.
Mettez la valise **sous** le lit.
Je prends mon stylo **dans** mon sac.
L'enfant est assis **entre** ses parents.
L'avion passe **au-dessus** de la ville.
Le métro est **en dessous** de nous.

Il y a des arbres **autour** de nous dans le jardin.
Dans le bus, tu préfères être **devant** ou **derrière** ?
Maintenant, il faut tourner **à droite** ou **à gauche** ?
Écrivez votre nom **en haut** de la feuille, complétez avec les informations **au milieu**, et signez **en bas**.

187. S'EXERCER Reliez avec les éléments qui correspondent.

Exemple : Je mets le stylo → dans mon sac.

a. Je pose l'assiette • • **1.** au-dessus du meuble.
b. Je laisse mes mains • • **2.** sur la table.
c. Il y a une lampe accrochée • • **3.** entre Patrick et moi.
d. J'ai une nouvelle voisine • • **4.** en-dessous de chez moi.
e. Tu peux t'asseoir • • **5.** sous la table.

B. Indiquer la position

188. S'EXERCER Soulignez la bonne réponse.

Exemple : Le tunnel passe *sur*/*sous* la Seine.

a. L'avion passe *sur*/*au-dessus de* Paris.

b. La voiture passe *sur*/*au-dessus de* la route.

c. Mme Lebois n'habite pas au 3ᵉ étage, elle est au 2ᵉ, c'est *au-dessus*/*en dessous*.

d. Le cinéma est *entre*/*sous* une banque et un café.

189. RÉVISER Reliez les éléments qui correspondent.

Exemple : Le chat dort → devant la cheminée.

a. Il y a un jardin • • **1.** autour du village.

b. On se promène • • **2.** au milieu de la page.

c. La boulangerie est • • **3.** derrière la maison.

d. La photo est • • **4.** à gauche de l'église.

190. RÉVISER Remettez les mots de ces phrases dans l'ordre.

Exemple : sur – table. – est – téléphone – Mon – la → Mon téléphone est sur la table.

a. mon – sac – est – L'agenda – à – main. → ....

b. en – plastique. – dans – une – L'eau – est – bouteille → ....

c. bas – écrit – de – la – C'est – en – page. → ....

d. Cette – habite – de – appartement. – famille – mon – au-dessus → ....

e. Il – deux – bouteilles. – y – un – verre – a – entre – les → ....

191. RÉVISER Les lettres des mots en italique sont mélangées. Écrivez les mots correctement.

Exemple : Le sac est *suso* le lit. → sous

a. Allez à *tedoir*. → ....

b. Il y a un arbre *vadent* la maison. → ....

c. C'est la première à *caghue*. → ....

d. Sa chambre est *suasudes*-. → ....

e. Le chien est *rederèri* toi. → ....

f. Écrivez en *thua* de la feuille. → ....

g. Il y a une enveloppe *etern* 2 livres. → ....

h. Regardez au *leimiu* de la page. → ....

192. SE TESTER Écrivez le contraire.

Exemple : C'est en haut ? → Non, c'est ... en bas ...

a. C'est à gauche ? → Non, c'est .... **c.** C'est au-dessus ? → Non, c'est ....

b. C'est devant ? → Non, c'est .... **d.** C'est en bas ? → Non, c'est ....

6 • Les objets

C. Des objets habituels

Des objets usuels 64

J'écris sur une **feuille** de papier. Je note un rendez-vous dans mon **agenda**. J'ai un **cahier** de français. J'écris avec un **stylo** ou un **crayon**. La tasse est **cassée** (en morceaux par accident), je mets de la **colle** (je colle) pour la réparer. J'efface avec une **gomme**. Je **coupe** avec les **ciseaux**. Je mets tous ces objets dans une **trousse**.

193. S'EXERCER Reliez les actions et les objets.

Exemple : Je mets mes affaires → dans ma trousse.

a. J'écris sur une feuille
b. Je prends des notes
c. J'écris
d. J'efface
e. Je dessine
f. Je note un rendez-vous
g. Je colle
h. J'ai besoin
i. Je coupe le papier

1. avec mon stylo bleu.
2. dans mon agenda.
3. de papier.
4. avec mes ciseaux.
5. d'un papier pour écrire mon texte.
6. dans mon cahier.
7. une photo sur une feuille.
8. avec un crayon.
9. avec une gomme.

> avoir **besoin** = un objet est nécessaire →
> J'ai besoin d'un stylo pour écrire.

194. S'EXERCER Soulignez l'objet nécessaire.

Exemple : pour écrire : *un stylo*/*une gomme*

a. pour écrire : *de la colle/du papier*
b. pour effacer : *une gomme/une feuille*
c. pour ranger : *un crayon/une trousse*
d. pour réparer un objet cassé : *la colle/la gomme*
e. pour couper : *un stylo/des ciseaux*

195. RÉVISER Rayez le mot mal écrit et corrigez-le.

Exemple : Je peux effacer avec ma ~~gome~~. → … gomme …

a. Prends ton craion bleu. → ....
b. J'écris avec un stilo noir. → ....
c. Vous avez des ciseau ? → ....
d. Je note la date dans mon agenda. → ....
e. J'ai une trousse pour ranger mes affaires. → ....

196. RÉVISER Reliez les parties de phrase qui conviennent.

Exemple : Je ne trouve pas mon stylo rouge. → Il est peut-être sur le bureau.

a. Mon agenda n'est pas sur le bureau.
b. Je ne vois pas mes lunettes.
c. Tu as besoin

1. de ce cahier.
2. Il est peut-être sur l'étagère ?
3. Elles sont dans ton sac à main !

C. Des objets habituels

197. RÉVISER Remettez les mots de ces phrases dans l'ordre.

Exemple : d'une – pour – stylos. – besoin – J'ai – trousse – mes → J'ai besoin d'une trousse pour mes stylos.

a. Tu – mot – peux – ta – effacer – ce – avec – gomme. → ....
b. écrire – Vous – noir – l'examen. – devez – au – stylo – pour → ....
c. faut – des – avec – Il – couper – feuille – la – ciseaux. → ....
d. milieu – de – Écrivez – un – au – la – page. – mot → ....

198. SE TESTER Complétez avec le mot qui correspond à la définition.

Exemple : un objet pour dessiner → *un crayon*

a. un objet pour écrire → un ....
b. un objet pour effacer → une ....
c. un objet pour mettre mes affaires → une ....
d. du papier → une ....
e. pour couper → des ....
f. pour coller → de la ....

199. SE TESTER Complétez les phrases avec les mots : *stylo, verre, papier, boîte, crayons, cahiers, couleurs, gommes.*

Pour son anniversaire, ma copine a un joli *(1) ... stylo ...* très original, en *(2)*...,
et des *(3)*..., elle adore écrire.
Pour dessiner, j'ai besoin de *(4)*................................... de différentes *(5)*................................... et des feuilles de
(6)..........................., des *(7)*..........................., tout un matériel dans une jolie *(8)*........................... en bois.

À la maison 🎧 65

Je mets les fruits dans un sac en **papier**. L'eau est dans une **bouteille**.
J'ai des **emballages réutilisables** (pour plusieurs utilisations).
Je mets le café dans une **boîte**.
Je fais chauffer de l'eau dans une **bouilloire**.
J'appuie sur le bouton pour **allumer** un appareil ou au contraire **éteindre**.
La télé est **en panne** (elle ne fonctionne pas), ou peut-être elle est **débranchée** (pas branchée, pas reliée à la prise de courant).
Pour **réparer** les objets, j'ai une boîte avec des **outils** : un **tournevis**, un **marteau**. J'aime **bricoler** (faire les **réparations** moi-même).
Ce livre est à moi, il **m'appartient**.
– Je n'ai pas de stylo, je peux **emprunter** ton stylo ? – Oui, je te **prête** mon stylo.

200. S'EXERCER Soulignez la bonne réponse.

Exemple : Au supermarché, je mets mes courses dans *mon sac réutilisable*/*ma bouilloire* pour ne pas avoir des sacs en plastique dans la nature.

a. Pour avoir de l'eau avec moi dans la journée, je remplis *ma bouteille réutilisable/mon emballage*.
b. Dans les magasins, les produits sont dans un *appareil/emballage*.
c. Pour utiliser un appareil électrique, je le *branche/débranche* à la prise.
d. Quand j'arrive dans la pièce, *j'éteins/j'allume* les lumières.
e. Quand je pars du bureau, *j'allume/j'éteins* tous les appareils.

6 • Les objets

f. Cette boîte *appartient à/emprunte* à mon cousin.
g. Le moteur est *vide/en panne*, il faut le réparer.
h. Je n'ai pas de tournevis, je vais *emprunter/prêter* à mon voisin.
i. La tasse est cassée, tu peux me *prêter/emprunter* ta colle ?

201. S'EXERCER Reliez les deux parties de la phrase qui conviennent.

Exemple : Appuyez → sur le bouton !

a. Il y a deux prises • • **1.** à outils.
b. L'appareil est • • **2.** emprunter ton stylo ?
c. Il faut • • **3.** en panne.
d. Il a une boîte • • **4.** de courant.
e. À qui • • **5.** réparer la bouilloire.
f. Je peux • • **6.** appartient ce sac ?

202. RÉVISER Les lettres du mot sont mélangées. Écrivez le mot correctement.

Exemple : un palipare → un ... appareil ...

a. une tîbeo → ....
b. une roubioille → ....
c. ramleul → ....
d. dirétene → ....
e. un teamaur → ....
f. un lotui → ....
g. temperrun → ....

203. RÉVISER Retrouvez l'ordre des actions pour préparer un thé.

Exemple : Je verse de l'eau dans la bouilloire. ... 1 ...

a. J'attends quelques minutes. → ....
b. Je mets un sachet de thé dans la théière. → ....
c. Je verse le thé dans une tasse. → ....
d. Je verse l'eau chaude dans la théière. → ....

204. RÉVISER Remettez les mots de ces phrases dans l'ordre.

Exemple : d'une – pour – stylos. – besoin – J'ai – trousse – mes → J'ai besoin d'une trousse pour mes stylos.

a. plastique – Ce – sac – réutilisable. – en – est → ....
b. À – boîte – qui – la – appartient – à – outils ? → ....
c. Tu – prêter – me – ton – peux – tournevis ? → ....
d. dois – Je – bouton ? appuyer – sur – quel → ....
e. Ma – panne. – est – bouilloire – en – électrique → ....
f. un – À – je – marteau ? peux – qui – emprunter → ....

205. SE TESTER Répondez avec le contraire.

Exemple : C'est un sac à utilisation unique ? Non, c'est un sac ... réutilisable ...

a. Il faut allumer ? Non, il faut ....
b. Il faut brancher ? Non, il faut ....
c. C'est plein ? Non, c'est ....
d. Tu empruntes tes outils ? Non, je les ....
e. L'appareil fonctionne ? Non, il est ....

Bilan 1

Complétez avec le mot qui convient.

1. Vous écrivez sur une .... de papier.
2. Quelle est la forme du soleil ? – Il est ....
3. Quelle est la couleur du soleil ? – Il est ....
4. Il est grand ? – Non, il est ....
5. Il est moche ? – Non, il est ....
6. Il est gros ? – Non, il est ....
7. C'est fin ? – Non, c'est ....
8. Le boulevard est étroit ? – Non, il est ....
9. C'est en haut de la page ? – Non, c'est en ....
10. Je peux effacer avec ma ....
11. La valise est lourde ? – Non, elle est ....
12. L'emballage est solide ? – Non, il est ....
13. Le verre est plein ? – Non, il est ....
14. Dans un carré, la longueur et la .... sont égales.
15. Quel est son .... ? – 28 kg.
16. Quelle est votre ....? – Je fais 1m78.
17. En cadeau, on achète un .... de parfum.
18. Le crayon est à toi ? – Non, il .... au professeur.
19. C'est l'appartement au-dessus ? – Non, c'est ....
20. Le livre est devant ? – Non, il est ....
21. L'appareil est branché ? – Non, il est ....
22. Quand vous partez, il faut .... les lumières.
23. Tu dois .... sur ce bouton pour avoir la lumière.
24. Un marteau ou un tournevis, c'est un .... pour bricoler.
25. Je n'ai pas mes affaires, tu peux me .... ton stylo ?

Mon score : .... /25

Bilan 2

🔊 **66** Écoutez le texte puis complétez avec les mots ci-dessous :

Couleur, prête, efface, appartiennent, bouteille, casser, marteau, verre, kilos, stylos, réutilisable, bricoler, trousse, plastique, besoin, verte, appareil, brancher, dans, prise.

Bonjour je suis l'inventeur d'objets extraordinaires. Par exemple, une (1)... en (2)... impossible à (3)..., elle est (4)... à l'infini (ce sont des (5)... de (6)... en moins dans la nature !). On n'a pas (7)... de (8)... mon (9)... de radio à une (10)..., il fonctionne avec l'énergie du soleil. C'est l'énergie (11)... !

(12)... cette (13)..., j'ai aussi un (14)... magique, il (15)... uniquement les erreurs. Et pour (16)..., mon (17)... peut travailler seul. Et une lampe spéciale, elle change de (18)... en fonction de votre humeur. Pas mal non ? Ces objets ne m' (19)... pas, ils sont à vous tous ! Je vous les (20)... ! Utilisez-les pour une planète plus belle !

Mon score : .... /20

7 • Communiquer

A. Les expressions de politesse

 Être poli dans des situations courantes 🎧 67

Paul (pour attirer l'attention de Marie) :
– **Excusez-moi** ! (Elle ne répond pas) **Pardon** !
Marie – Oui ?
Paul – C'est à vous ce sac ?
Marie – Ah oui, merci !
Paul – **Je vous en prie** !
(On peut dire aussi :
de rien !)

Pascal (dans la rue)
– **Excusez-moi, Madame** !
Martine – Oui.
Pascal – La rue Legendre **s'il vous plaît** ?
Martine – **Désolée** ! Je ne connais pas le quartier !
Pascal – **Ce n'est pas grave**.

Julie – **Salut** Mélanie ! C'est mon anniversaire lundi. Tu viens à la fête ?
Mélanie – Oui, je veux bien !

Marc – Salut Liliane, on va cinéma ce week-end ?
Liliane – Non, je suis **désolée**, je ne suis pas libre.

(Deux personnes devant une porte d'ascenseur)
Michelle
– **Je vous en prie** !
Jules – **Après vous**.

206. S'EXERCER Reliez les phrases aux mots qui conviennent.

Exemple : Pour refuser → Non, merci !

a. Pour répondre à « merci ! » ou « désolé » •   • 1. Pardon ! ou Excusez-moi !
b. Pour demander quelque chose   •   • 2. Désolé !
c. Si je dérange quelqu'un   •   • 3. Volontiers !
d. Pour accepter   •   • 4. Je vous en prie !
e. Pour attirer l'attention   •   • 5. S'il vous plaît !

> On peut dire aussi : **désolé** au masculin et **désolée** au féminin, **excusez-moi** si on dit « vous » et **excuse-moi** si on dit « tu ».

207. S'EXERCER Que répondre ? Cochez la bonne réponse.

Exemple : Merci !	☒ Je vous en prie !	☐ Pardon !
a. Je peux entrer ?	☐ Je vous en prie	☐ Merci !
b. Désolé !	☐ Ce n'est pas grave !	☐ De rien !
c. Excusez-moi !	☐ Merci !	☐ Ce n'est pas grave !
d. Pardon !	☐ Ce n'est rien !	☐ Volontiers !

7 • Communiquer

208. S'EXERCER Complétez les phrases avec les mots : *Pardon, ce n'est pas grave, désolé, je vous en prie, avec plaisir.*

Exemple : → ...Pardon... Madame, où sont les toilettes ?

a. Je peux m'asseoir ici ? → ....

b. On fait un jeu ? → ....

c. → ...., je ne suis pas libre à cette date.

d. Je n'ai pas mon livre. → ...., on n'en a pas besoin.

209. S'EXERCER Qui dit quoi ? Soulignez la bonne réplique.

a. Le joueur rouge dit au joueur blanc : Désolé !/Merci beaucoup !

b. Le joueur blanc répond : De rien !/Ce n'est pas grave !

c. Que dit l'homme ? Volontiers !/Je vous en prie !

d. Que répond la femme ? Ce n'est pas grave !/Merci !

210. RÉVISER Complétez les phrases du dialogue avec les mots : *Merci, Je vous en prie, Volontiers !, ce n'est pas grave, désolé.*

Exemple : – Oh ! vous avez du café sur votre robe, c'est ma faute ! Je suis ... *désolé* ... !
– *Ce n'est pas grave.* C'est une vieille robe...

a. – Tu as la raquette de tennis ?

– Ah non, ..., j'ai complètement oublié !

– Bon, ... on peut jouer demain...

b. – On va boire un verre ?

– .... j'ai très soif.

c. – .... Monsieur Durand, pour votre accueil.

– ...., nous sommes toujours contents de vous voir.

211. SE TESTER Complétez la réponse.

Exemple : Merci ! Je ... vous en prie !

a. – La lampe est cassée ! – Je suis ....

b. – Je n'ai pas mon livre, excusez-moi ! – Ce ....

c. – Merci pour le parfum ! – De ....

d. – Je peux prendre le journal ? – Je ....

B. Demander, refuser, exprimer son accord

 Exprimer des souhaits et des opinions (1)

– C'est mon dernier jour, je pars en vacances.
– Tu as de la chance, **bonnes vacances** !
Tu pars où ?
– J'aime bien aller sur la côte.
– Je suis **d'accord** avec toi. Alors, **bon séjour** !
– Et toi, **bon courage** !
– Je vais peut-être devenir très riche…
Je joue au Loto !
– Alors, **bonne chance** !

 Exprimer des souhaits et des opinions (2)

– On peut commencer à manger. **Bon appétit,** mon chéri !
– Bon appétit, mamie.
L'enfant éternue.
– **À tes souhaits** ! Tu n'as pas froid ?
– Non, ça va. Tu sais, je suis le premier
de ma classe !
– C'est bien ça ! **Bravo** ! **Félicitations** ! Allez, mon grand,
c'est l'heure de dormir. **Bonne nuit** ! **Dors bien** !

212. s'exercer Cochez la bonne réponse.

Exemple : Pour des félicitations ☐ Salut ! ☒ Bravo !

a. Une personne arrive, elle va rester une semaine. ☐ Bon séjour ! ☐ Bonne journée !

b. Une amie va faire un jeu vidéo. ☐ Bonne chance ! ☐ Bon séjour !

c. Une personne va faire un travail difficile. ☐ Bonne chance ! ☐ Bon courage !

d. Mon neveu a le bac. ☐ D'accord ! ☐ Félicitations !

e. Quand quelqu'un va dormir. ☐ Bonne soirée ! ☐ Bonne nuit !

f. Quand on va commencer à manger. ☐ D'accord ! ☐ Bon appétit !

g. Quand j'ai la même opinion qu'une autre personne. ☐ D'accord ! ☐ Salut !

h. Si un ami part faire du tourisme. ☐ Bonnes vacances ! ☐ Bonne journée.

7 • Communiquer

213. S'EXERCER Reliez les phrases aux mots qui conviennent.

Exemple : J'ai un examen demain. → .Bonne chance !

a. On commence à manger.   • 1. Bravo !
b. Il faut terminer le travail.   • 2. Bon séjour !
c. On va dormir.   • 3. Bonnes vacances !
d. J'ai une bonne note à mon test.   • 4. Bon courage !
e. Je vais rester une semaine dans cet hôtel.   • 5. Bonne nuit !
f. Je pars au Maroc pour visiter les villes impériales.   • 6. Félicitations !
g. Je vais me marier !   • 7. Bon appétit !

214. RÉVISER Complétez les phrases avec les réponses qui conviennent : *Bon séjour !*

Dors bien ! Bonne chance ! Bon appétit ! Bon courage !

Exemple : Je me marie avec l'homme de ma vie ! → *Félicitations !*

a. Je dois rentrer à l'hôpital demain pour une opération. → ....
b. J'ai un rendez-vous pour un nouveau travail. → ....
c. Je reste 15 jours à New-York. → ....
d. Je vais me coucher. → ....
e. On peut commencer à manger. → ....

215. SE TESTER Complétez l'expression de politesse.

Exemple : Elle est première à l'examen ! → *Bravo !*

a. On part sur la côte d'Azur. → ....
b. Ils vont se marier ! → ....
c. Je vais jouer au Loto. → ....
d. Le dîner est prêt. → ....
e. Nous sommes à Rome pour 10 jours. → ....
f. Il rentre à l'hôpital demain. → ....

 Les jours spéciaux dans une année

Les jours spéciaux dans une année

À la fin de l'année, entre Noël (le 25 décembre) et le Jour de l'An (le 1er janvier), on se souhaite : « Joyeuses fêtes, Joyeux Noël, Bonnes fêtes de fin d'année, Bonne année ! Meilleurs vœux ! »
Le jour de ma naissance, le 5 mai, mes amis et ma famille me souhaitent un « Joyeux anniversaire ! »
Pour souhaiter la fête à quelqu'un, on lui dit : « Bonne fête ! »

B. Demander, refuser, exprimer son accord

216. S'EXERCER Reliez avec la phrase correcte.

Exemple : On est le 25 décembre. → Joyeux Noël !

a. On est le 1ᵉʳ janvier.
b. On est le 12 septembre et je suis né le 12 septembre 1998.
c. On est le 3 décembre, le saint du jour est Xavier, et je m'appelle Xavier.
d. On est le 27 décembre.

1. Bonnes fêtes !
2. Bonne fête !
3. Joyeux Anniversaire !
4. Bonne Année !

217. RÉVISER Remettez les mots de ces phrases dans l'ordre.

Exemple : souhaite – vœux – cette – meilleurs – nouvelle – année. – Je – vous – mes – pour

→ Je vous souhaite mes meilleurs vœux pour cette nouvelle année.

a. souhaite – bonne année ! – vous – Je – une → ....
b. avec – passes – Tu – famille ? – Noël – ta ....
c. Julie. – surprise – une – l'anniversaire – C'est – pour – de ....
d. prochaine ! – et – Passez – l'année – de – bonnes – fêtes – à ....

218. SE TESTER Complétez les phrases.

a. Mes meilleurs .... pour la nouvelle année !
b. Atchoum ! (il éternue) À tes .... !
c. C'est la Saint Valérie, aujourd'hui. Bonne .... Valérie !
d. C'est son anniversaire ! .... anniversaire !

C. Exprimer un sentiment

Les sentiments 🔊

– – je n'aime pas beaucoup < je n'aime pas <  – – – je déteste	+ ++ +++ j'aime assez < j'aime <  j'aime bien < ++++ +++++ j'aime beaucoup <  j'adore
😢 je regrette, 😔 je suis triste, 😖 c'est désagréable, c'est nul, c'est dommage, c'est bizarre	😃 je suis content, ça me plaît, je préfère, c'est pas mal < je trouve ça très bien < c'est super  c'est agréable, c'est original

7 • Communiquer

219. S'EXERCER Reliez avec le contraire.

Exemple : Ça me plaît. → Je n'aime pas.

a. je suis content • • **1.** c'est nul
b. c'est super • • **2.** je déteste
c. c'est agréable • • **3.** je suis triste
d. j'adore • • **4.** c'est désagréable

220. S'EXERCER Complétez les dialogues avec les mots suivants : *j'adore, intéressante, plaisent, je déteste, d'accord, super, trouve.*

Exemple : – Tu connais cette série ? – Oui, *j'adore* !

a. – Vraiment ? Moi .... !
b. – Non, moi je .... ça très bien, je regarde tous les épisodes.
c. – Les acteurs te .... ?
d. – Oui, la femme est ....
e. – Mais l'histoire n'est pas ....
f. – Si, elle est vraiment originale ! On n'est pas .... Ce n'est pas très grave, il y a d'autres séries à voir.ensemble.

221. RÉVISER Classez du moins bien au mieux (1 est le moins fort et 5 le plus fort).

Exemple : Je n'aime pas trop. ... 1 ...

a. J'aime bien : .... **c.** J'aime beaucoup : ....
b. J'adore : .... **d.** J'aime : ....

222. SE TESTER Complétez les phrases du dialogue.

Exemple : Il va vivre dans le sud, sur la côte. Il a de la *chance* !

a. Tu trouves ? Moi, je *pr*... ici.
b. Tu *ai*.. la neige, le froid ?
c. J'ai l'habitude. Je *dé*... avoir trop chaud.
d. Mais là-bas, il y a la mer, c'est *ag*...
e. J'ai une amie, elle habite là-bas, elle *reg*... sa vie ici, son appartement, ses amis.
f. Il en faut pour tous les goûts. Personnellement, j'aimerais *be*... vivre dans le sud.

D. Écrire un e-mail

Rédiger une lettre ou un e-mail 72

J'ai un nouveau **message** de Martine sur mon téléphone.
Elle **envoie** aussi un e-mail. Je peux voir l'**objet** (le sujet) avec le nom de
l'**expéditeur/expéditrice** et le ou la **destinataire** (la personne qui **reçoit**).
On peut **joindre** un document (par exemple, mettre une photo).

← Retour   Archiver   Déplacer   Supprimer   Spam ...

Madame, Monsieur

Je me permets de vous contacter pour savoir si vous recherchez des stagiaires cet été dans votre société. En effet, je suis diplômé d'une école de commerce et je dois faire un stage. N'hésitez pas à me joindre pour des informations complémentaires.

Cordialement,

Jules Rémy

223. S'EXERCER Reliez le mot et son explication.

Exemple : recevoir un mail → avoir un nouveau mail

a. envoyer   **1.** la personne qui reçoit

b. l'objet   **2.** le sujet du message

c. l'expéditeur   **3.** mettre un document avec le message

d. le destinataire   **4.** expédier

e. joindre   **5.** l'auteur

224. RÉVISER Remettez les mots de ces phrases dans l'ordre.

Exemple : message. – Je – un – reçois – nouveau → Je reçois un nouveau message.

a. e-mail ? – son – adresse – Quelle – est → ....

b. message. – l'objet – N'oublie – d'écrire – pas – du → ....

c. l'expéditeur – de – connais – Je – courriel. – ne – pas – ce → ....

d. joindre – Tu – tes – les – photos – peux – vacances ? – de → ....

e. taper – Il – nom – faut – le – du – ici – destinataire. → ....

225. RÉVISER Les lettres des mots sont mélangées. Écrivez les mots correctement.

Exemple : samesge → message

a. bejot → ....   **d.** endomcrialte → ....

b. roucirel → ....   **e.** voyener → ....

c. direjon → ....   **f.** ricoreve → ....

7 • Communiquer

226. S'EXERCER Cochez la bonne réponse.

Exemple : Bisous ! ☐ formel ☒ familier

a. Bises !   ☐ seulement pour finir   ☐ pour commencer ou finir
b. Salut !   ☐ pour commencer ou finir   ☐ seulement pour finir
c. Bien à vous !   ☐ veut dire « comment ça va ? » ☐ pour finir un message formel
d. L'expéditeur   ☐ envoie   ☐ reçoit le message.
e. Cordialement   ☐ très neutre   ☐ familier

227. RÉVISER Complétez ces deux courriels (un est familier, l'autre formel) avec les mots suivants :

a. *Salut, bise, inviter, contents*

………………………………… Mumu,

Tout va.bien ? Avec tata, on voudrait t'……………………………… pour le week-end prochain.
On fête l'anniversaire de Julien et on serait tous ……………………………………… de te voir.

J'espère que tu pourras venir.

Tata se joint à moi pour te faire une grosse …………………………………… !

Tonton Marcel

b. *cordialement, Cher, joins*

………………………………… Monsieur,

Dans le cadre de mes études, je dois faire un stage dans une entreprise. Je peux par exemple assister le chef du marketing. Je n'ai pas encore d'expérience mais je suis très motivé.
Je …………………………………… mon CV.

Bien ……………………………………,

Justin Legendre

228. SE TESTER Complétez les mots.

Exemple : Bien *co*……………………… → Bien cordialement

a. *Ch*………………………………………… amie,   c. *Sa*………… mon petit Jacques, je te fais des *b*………es !
b. Ma *chère* Martine, je t'e……………………………… d. *B*……………………………………………………… à vous.

E. Le téléphone

 Téléphoner 73

Quand mon téléphone **portable sonne** (il fait un bruit), je **décroche** (je prends l'appel). Sur **l'écran**, je peux voir le **numéro** de la personne qui appelle. Quand la conversation est finie, je **raccroche**.
On peut me demander d'appuyer sur des **touches** spéciales :
* (étoile), # (dièse)

E. Le téléphone

229. S'EXERCER Cochez la bonne réponse.

Exemple : Le téléphone sonne pour montrer qu'il y a   ☒ un appel.   ☐ un écran.

a. C'est mon   ☐ numéro.   ☐ nombre   de téléphone.
b. Je décroche est le contraire de   ☐ j'appelle.   ☐ je raccroche
c. Je prends un appel est la même chose que   ☐ je décroche.   ☐ raccroche.
d. Quand je prends un appel, en général, je dis   ☐ « salut ! »   ☐ « allô ? »
e. Pour demander à quelqu'un de rester en ligne, on dit ☐ ne partez pas ! ☐ ne quittez pas !
f. Il faut appuyer sur   ☐ la touche   ☐ le numéro   étoile.
g. Tu as un téléphone   ☐ posable ?   ☐ portable ?
h. Écrivez ici votre   ☐ n°   ☐ # de téléphone mobile.

230. S'EXERCER Reliez chaque expression typique du téléphone à l'explication qui correspond.

Exemple : Allô → Pour commencer une conversation au téléphone.

a. Qui est à l'appareil ?   •   **1.** Pour savoir qui appelle.
b. Ne quittez pas.   •   **2.** Pour téléphoner à quelqu'un.
c. Je vous passe la personne.   •   **3.** Pour reposer le combiné quand l'appel est terminé.
d. Décrocher.   •   **4.** Pour demander d'attendre.
e. Raccrocher.   •   **5.** Pour appeler une 2ᵉ fois ou appeler une personne qui a appelé.
f. Rappeler.   •   **6.** Pour transmettre l'appel à une autre personne.
g. Appeler.   •   **7.** Pour répondre à l'appel.

231. RÉVISER Complétez les phrases avec les mots : *message, portable, répondeur, touche, compose, raccroche, décroche, rappeler, sans fil.*

Exemple : Il n'est pas là, je laisse un message.

a. J'appelle mon ami, je .... son numéro.
b. Le téléphone sonne, je ....
c. Ce téléphone n'a pas de fil, c'est un téléphone ....
d. Pour accéder à ce service, il faut appuyer sur la .... étoile.
e. Il est absent, je suis tombé sur son ....
f. Il n'est pas chez lui, tu as son numéro de .... ?
g. Je n'entends rien, je ....
h. Il n'est pas encore rentré, pouvez-vous .... un peu plus tard ?

232. SE TESTER Complétez les phrases.

Exemple : Tu dois toucher l'... écran ... du portable.

a. Quel est ton n .... de téléphone ?   **e.** Écoute, le téléphone s.............................
b. Merci d'appuyer sur la t .... 2.   **f.** Je décroche : A .... ?
c. Ici, c'est la touche é .... ?   **g.** Ne q .... pas, il va vous parler.
d. Pour écouter votre m ...., tapez 1.   **h.** – C'est de la p .... de qui ?

Bilan 1

Complétez les phrases suivantes avec le mot qui convient.

1. – Merci pour cette invitation ! – Je ....
2. – Tu peux fermer la porte, s'il ....
3. – Excusez-moi pour le bruit ! – Ce n'est pas ....
4. – On peut faire un tennis demain ? – Non, ... je ne suis pas libre.
5. – Mon fils se marie ! – ....
6. – On va travailler toute la nuit ! – Bon ....
7. – Je vais faire une partie de poker. – Bonne ....
8. – J'éternue ! – À tes ....
9. – C'est le 1er janvier ! – Bonne ....
10. – Je vous souhaite un .... Noël !
11. – La Saint-Valentin, le 14 février, c'est la .... des amoureux.
12. J'aime ce livre, il me ....
13. Moi, j'aime bien ce film, je ne suis pas .... avec toi.
14. Vous pouvez .... un e-mail de confirmation ?
15. Vous allez bientôt .... un message de notre direction.
16. .... Monsieur, je vous remercie pour votre message.
17. B.. à vous,
18. Pouvez-vous .... le document à votre prochain e-mail ?
19. Pour finir, je te fais une grosse ....
20. Maintenant, vous devez appuyez sur la .... #
21. Je voudrais parler à Sylvie. – C'est de la .... de qui ?
22. Ne .... pas, je vous passe Mme Bernard.
23. Écoute, c'est le téléphone, il ....
24. Je .... mon téléphone et commence à parler.
25. L'appel est fini, je ....

Mon score : .... /25

Bilan 2

74 🔊 Écoutez le texte puis complétez-le avec les mots ci-dessous :

Appuie, s'envoie, super, clavier, plaît, grave, portable, étoile, dièse, sonne, trouve, l'appareil, décroche, joint, Allô, Excusez-moi, prie, d'accord, préfère, téléphone.

Un jour, je fais une mauvaise manipulation sur le (1)... de mon téléphone (2)... J'(3)... sur la mauvaise touche, * ((4)...) ou # ((5)...), je ne sais pas. J'entends que ça (6)... et quelqu'un (7)... Je dis.

– (8)... !

– Oui, j'écoute.
– (9)... de vous déranger, je voulais juste essayer mon (10)... C'est une erreur.

– Je vous en (11)... Ce n'est pas (12)... Qui est à (13)... ?

– Je m'appelle François.

– Vous êtes en France ?

– Non, pourquoi. Je suis au Québec !

– Ah c'est (14)... !

– Je suis (15)... !

– Vous parlez français, avec un accent qui me (16)... !

Maintenant, nous sommes amis. On (17)... des e-mails. Il (18)... des photos de sa ville. Je (19)... ça très intéressant des photos de l'hiver, moi je (20)... la chaleur mais je suis sûr qu'un jour je vais aller là-bas .

Mon score : .... /20

8 • Boire et manger

A. Les fruits

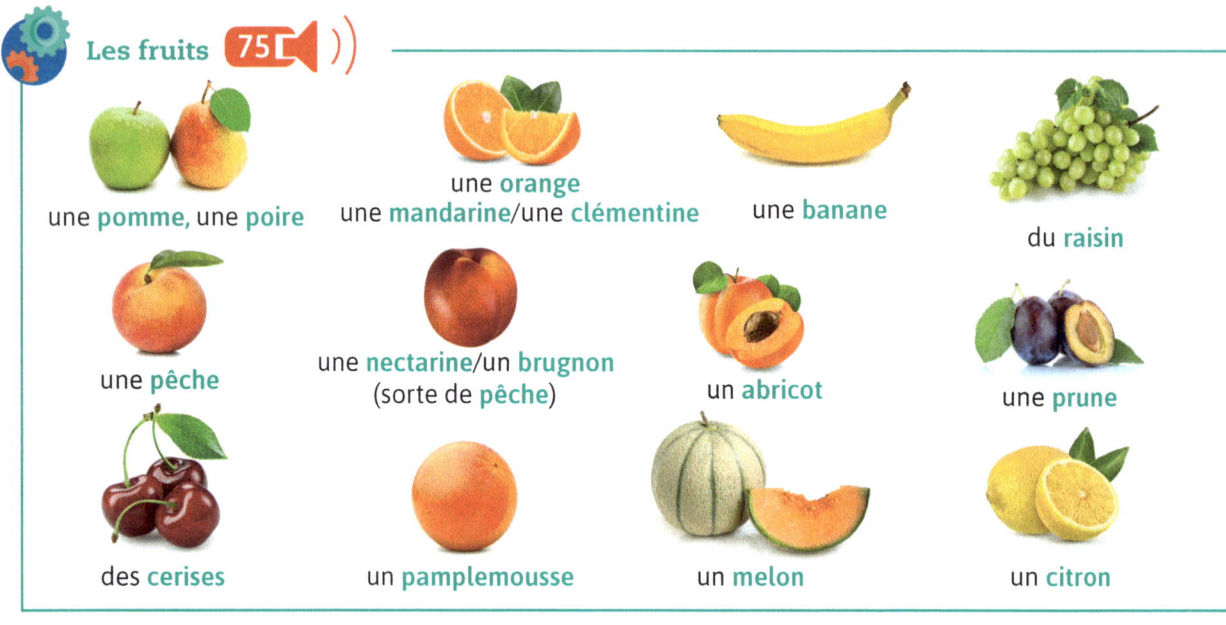

233. S'EXERCER **Cochez la bonne réponse.**

	Vrai	Faux
Exemple : Une cerise est en général rouge :	☒	☐
a. Une pomme peut être jaune :	☐	☐
b. Il y a un noyau dans une prune :	☐	☐
c. Une nectarine est une sorte de prune :	☐	☐
d. Je dois peler la banane pour la manger :	☐	☐
e. Un pruneau est une prune sèche :	☐	☐
f. Une orange, une mandarine ou une clémentine ont la même couleur :	☐	☐
g. Il y a des pépins dans les cerises :	☐	☐

> Il y a un **noyau** (une boule dure) dans les cerises et des **pépins** (des petits points durs) dans le raisin.

> La banane a une **peau**, il faut **peler** le fruit pour le manger.

234. RÉVISER **Complétez avec les bonnes lettres.**

Exemple : une *pomme*

a. une *p*............................*re* c. un *a*............................*cot* e. du *r*............................*sin* g. une *pru*............................*e*

b. une *or*............................*e* d. une *ban*............................ f. une *p*............................*che* h. un *pampl*............................

235. SE TESTER **Écoutez et complétez les phrases avec un nom de fruit.**

Exemple : – Tu veux une pomme ? – Non, je préfère une ...*poire*...

a. Un kilo de ...., s'il vous plaît.

b. Je prends un jus d'..

c. On fait une salade de fruits avec de la..., de la ....,

de la .... et du ....

d. En entrée, on mange un .... ou un .... ?

A. Les fruits

D'autres fruits 77

une pastèque — une fraise — une noix de coco — des framboises — un kiwi — des mûres — un ananas

236. S'EXERCER Indiquez le nom du fruit correspondant.

Exemple : Mon fruit préféré est (2) : ... la framboise ...

a. Tu aimes la (1)... ?
b. Son fruit préféré est l'(3)...............................
c. Je fais un gâteau à la (4)...............................
d. Je veux une tarte aux (5)...............................
e. On achète des (6)...

237. S'EXERCER Complétez les phrases avec les fruits suivants :

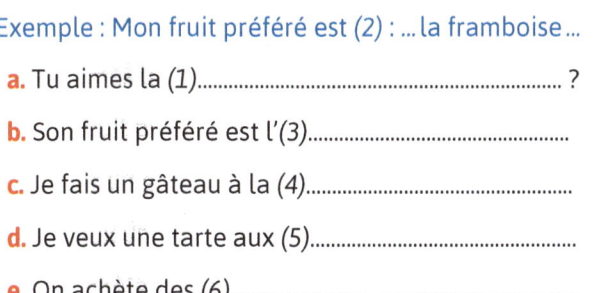

Exemple : Je bois du jus de *poire*.

a. Je n'aime pas le r..
b. Ma mère fait une salade de fruits avec des a........................., des p.................... et du m....................
c. Les c... sont très sucrées.
d. Le matin, je bois du jus d'o...

238. RÉVISER Complétez les noms des fruits.

Exemple : *une framboise*

a. une m............r...............   c. une no......... de c............   e. une mand.........................   g. Un br...........................
b. une fr............................   d. un ki..............................   f. Une p .... que   h. Un a............na...............

Des fruits utilisés en cuisine 78

un citron — un citron vert — la rhubarbe

La confiture : des fruits cuits avec beaucoup de sucre et gardée dans un pot, souvent utilisée au petit-déjeuner sur du pain.

Une compote : des fruits cuits avec un peu de sucre et mangés tout de suite.

les fruits secs :

une noisette — une amande — une noix

8 • Boire et manger

239. S'EXERCER Vrai ou faux ? Cochez la bonne réponse.

	Vrai	Faux
Exemple : La noisette est un fruit sec.	☒	☐
a. Le citron peut être vert ou jaune.	☐	☐
b. La rhubarbe est un fruit sec.	☐	☐
c. Une amande est un fruit frais.	☐	☐
d. On peut faire de la compote de noix.	☐	☐

240. RÉVISER Remettez les mots de ces phrases dans l'ordre.

Exemple : abricot – préfères – Tu – l' – ou – rhubarbe ? – la → Tu préfères l'abricot ou la rhubarbe ?

a. Il – déjeuner. – prend – au – de – confiture – la – petit- → ....

b. Mon – coco. – copain – la – déteste – noix – de → ....

c. dessert – aux – préféré – pommes. – est – la – Mon – tarte → ....

241. SE TESTER Écrivez le nom du fruit.

Exemple : Le plus gros fruit dans l'encadré « D'autres fruits » est la pastèque.

a. C'est comme une framboise mais noire, c'est : la m..

b. On fait souvent de la compote avec : les p...

c. C'est un fruit jaune à la peau épaisse : une b...

d. C'est un fruit d'été orange et qui a un noyau : un a...

e. C'est un fruit exotique vert. Il faut enlever sa peau pour le manger : le k..

f. C'est un fruit rouge avec un noyau et très sucré : la c..

B. Les légumes

242. S'EXERCER Reliez les noms de légumes.

Exemple : une pomme → de terre

a. un chou •   • 1. fleur
b. un haricot •   • 2. pois
c. des petits •   • 3. rouge
d. un chou •   • 4. vert

B. Les légumes

243. S'EXERCER Cochez la bonne couleur (plusieurs choix possibles).

	vert	blanc	rouge
Exemple : un chou	☒	☐	☒
a. un chou-fleur	☐	☐	☐
b. une tomate	☐	☐	☐
c. des petit-pois	☐	☐	☐
d. des haricots	☐	☐	☐
e. une courgette	☐	☐	☐

244. RÉVISER Les lettres des mots sont mélangées. Écrivez les mots correctement.

Exemple : coilbor → brocoli

a. houler-cuf → ....
b. peiss-opitt → ....
c. groucette → ....
d. eroupai → ....
e. naubegeri → ....

D'autres légumes 🔊 80

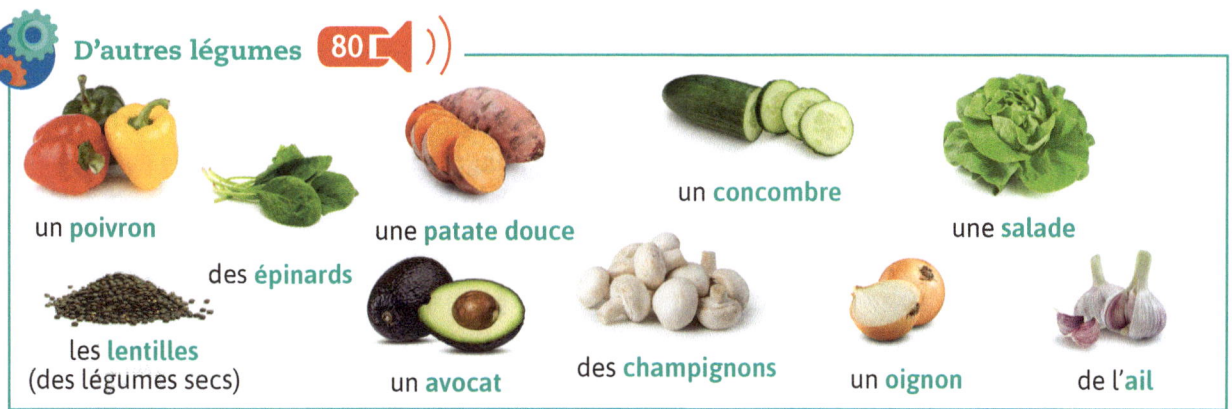

un **poivron** une **patate douce** un **concombre** une **salade**
des **épinards**
les **lentilles** (des légumes secs) un **avocat** des **champignons** un **oignon** de l'**ail**

245. S'EXERCER Reliez la description au nom du légume correspondant.

Exemple : Il peut être rouge, vert ou jaune, on peut le manger cru ou cuit → *le poivron*.

a. C'est un légume un peu sucré • • **1.** les champignons
b. C'est une sorte de salade blanche • • **2.** l'endive
c. Il est utilisé pour donner du goût, comme l'oignon • • **3.** l'ail
d. Il peut être blanc, vert ou rouge • • **4.** les épinards
e. Ce légume vert à la réputation d'être très bon pour la santé • • **5.** le chou
f. Ils viennent en général des forêts • • **6.** la patate douce

246. S'EXERCER Complétez la liste des ingrédients pour une ratatouille.

Pour 4 personnes, un demi-kilo de *tomates*, 3 p.......................... rouges, 2 a..........................,
5 c.......................... , 300g d'o.........................., de l'a.........................., du sel et du poivre, un peu d'huile d'olive.

247. RÉVISER Soulignez les bonnes réponses (1 ou 2 réponses possibles).

Exemple : Je veux manger des légumes verts : *un haricot blanc, une carotte, <u>un haricot vert.</u>*

a. Je veux manger des légumes secs : *des lentilles, des courgettes, de l'ail.*
b. Je veux manger des légumes verts : *des brocolis, du chou-fleur, des épinards.*
c. Je veux manger un légume rouge : *de la tomate, un poireau, une courgette.*
d. Je veux manger une salade de crudités : *du concombre, de l'avocat, de la patate douce.*
e. Je veux manger un légume sans produits chimiques : *organique, bio, logique.*

> Un fruit ou un légume peut être **bio** (= biologique) : cultivé sans produits chimiques.

8 • Boire et manger

248. RÉVISER Cochez pour indiquer si c'est un fruit ou un légume.

	un fruit	un légume
Exemple : La pomme	☒	☐
a. La pomme de terre	☐	☐
b. Le haricot vert	☐	☐
c. La carotte	☐	☐
d. Le chou	☐	☐
e. L'ananas	☐	☐
f. Le chou-fleur	☐	☐
g. Le poireau	☐	☐
h. La banane	☐	☐

249. SE TESTER Complétez les noms de fruits et légumes.

Exemple : une tomate

a. une ba..
b. des no..
c. de l'an..
d. une au..
e. une po........................... de t........................
f. une ca..
g. un ha..
h. des p.........................-p.........................

250. SE TESTER Cochez pour indiquer si on mange généralement cet aliment cru, cuit ou les deux.

	cru	cuit
Exemple : une tomate	☒	☒
a. La pomme de terre	☐	☐
b. des petits pois	☐	☐
c. des noisettes	☐	☐
d. de l'ail	☐	☐
e. une carotte	☐	☐
f. une salade	☐	☐
g. une pomme	☐	☐
h. une aubergine	☐	☐

C. Les boissons

 Les boissons sans alcool

Le matin, on boit une boisson chaude comme du **thé**, du **café**, ou un **chocolat chaud**. Le café peut être : noir, au lait, un expresso, décaféiné (sans caféine). Le thé peut être au lait, au citron, à la menthe. La **tisane** est une sorte de thé avec des plantes comme le tilleul ou la verveine.
Les boissons froides : on boit de **l'eau plate** (sans bulles) ou **gazeuse**, de la **limonade** c'est de l'eau gazeuse sucrée avec du citron).

251. S'EXERCER Reliez comme dans l'exemple.

Exemple : une bouteille → d'eau

a. une tasse •   • **1.** de soda
b. un litre •   • **2.** d'orange
c. un thé •   • **3.** de café
d. un jus •   • **4.** au lait
e. de l'eau   • **5.** gazeuse

C. Les boissons

252. RÉVISER Complétez les phrases avec les mots : *café, jus, plate, tisane, soda, limonade.*

Exemple : Passe-moi la *carafe* d'eau sur la table.

a. Tu préfères de l'eau .... ou gazeuse ?
b. Tu veux quel .... de fruits ?
c. L'été, j'aime bien boire de la .... bien fraîche.
d. Tu veux du thé ou du .... ?
e. Je prends un verre de ....
f. Tu as de la .... pour dormir ?

253. SE TESTER Complétez les lettres effacées.

On a du t.........é au l.........t, du c.........f......... n.........r, du chocol........., un ju..... de fruits, une bout......... de limon.........

Les boissons alcoolisées 82 🔊

On peut boire de la **bière** (blonde ou brune). Le **vin** (rouge, blanc, rosé, ou pétillant comme le champagne).
Il est fait avec du **raisin**, qui pousse sur la **vigne** cultivée par un vigneron/une vigneronne.
Le **cidre** est fait avec des pommes.

254. S'EXERCER Reliez comme l'exemple.

Exemple : une bière → blonde

a. du vin   • 1. de raisin
b. des gâteaux   • 2. rosé
c. le pépin   • 3. de cidre
d. une bouteille • 4. apéritifs

> **L'apéritif** (l'apéro) est un moment de convivialité avant le repas. La boisson est généralement alcoolisée. On mange des cacahuètes, des petits gâteaux apéritifs, des olives...

255. S'EXERCER Cochez la bonne réponse.

Exemple : Le cidre est fait avec :   ☐ du raisin   ☒ de la pomme

a. La limonade est une boisson :   ☐ alcoolisée   ☐ non-alcoolisée
b. Le raisin pousse sur :   ☐ la vigne   ☐ le vigneron
c. L'apéritif se boit :   ☐ avant   ☐ après un repas
d. La bière peut être brune ou :   ☐ blonde   ☐ rosée
e. La personne qui cultive du raisin pour faire du vin est : ☐ une vigne ☐ un vigneron
f. Le champagne est un vin :   ☐ pétillant   ☐ plat

256. RÉVISER Complétez les phrases avec les mots : *bière, apéritif, pétillant, blanc, cidre.*

Exemple : Tu veux quelle ... bière ... ? Une blonde.

a. C'est un vin .... ? – Oui, c'est du champagne.
b. Le .... est fait avec quel fruit ? – Avec de la pomme.
c. Tu veux boire quoi en .... ?
d. Tu préfères le vin rosé, ... ou rouge ?

8 • Boire et manger

257. SE TESTER Complétez les phrases du dialogue.

Francis a des amis à la maison.

Exemple : **Francis** : C'est l'heure de l'*apéritif*.

a. Francis : Vous voulez b..................... quelque chose ?

Mike : Qu'est-ce que tu as ?

b. Francis : J'ai du v.................... cuit ou des jus de fruits.

c. Mike : Oui, je veux bien des j...

d. Francis : Des g.. ?

Mike : Oui, merci.

e. Francis : Et toi, July ? Qu'est-ce que je te s.. ?

July : Du vin cuit.

f. Francis : Voilà ton verre, et moi, je prends une b.. bien fraîche.

g. Il y a des gâteaux a.. ; vous pouvez vous servir.

h. (Il lève son verre). → À votre s........................... ! (Ils trinquent et ils boivent.)

D. Les repas

 Le petit-déjeuner

Le matin, je prends mon **petit-déjeuner** avec une **boisson** (du **thé**, du **café**) et je mange du **pain** [de la **baguette**, une **tartine** = une tranche de pain (du pain coupé), je peux mettre du **beurre**, de la **confiture**, du **miel**].

Au petit-déjeuner, on mange aussi : un **croissant**, une **brioche**, des **céréales**, des **fruits**, un **yaourt**.

258. S'EXERCER Reliez les questions et les réponses.

Exemple : Tu bois quoi le matin ? → du thé

a. Tu prends ton thé nature ?   • 1. des tartines
b. Et tu manges quoi au petit-déjeuner ? • 2. de fraise
c. Avec du beurre ?   • 3. non, au lait.
d. Et quelle confiture ?   • 4. oui

Le matin : le **petit-déjeuner** ; à midi : le **déjeuner** ; le soir (vers 20h) : le **dîner**.

259. RÉVISER Complétez cette description d'un petit-déjeuner typique avec les mots :

café, tartines, orange, confiture, croissants, lait, pamplemousse, jus.

Le matin, je prends une tasse de ...*café*... au (1)...................... avec des (2).................................. de pain beurré avec de la (3)................................. . Le week-end, j'ai plus de temps, j'aime bien prendre un (4).................... de fruits frais, de (5)................................. ou d' (6)................................. avec des (7)...

260. SE TESTER Complétez les phrases suivantes.

Exemple : Je prends mon ... petit-déjeuner ... à 8 h.

a. Je bois une tasse de t... au lait.

b. Je mange des f... et un y...

c. Le dimanche, j'aime bien acheter des c............................... ou de la b...............................

D. Les repas

 Les plats

Au menu

Entrées froides

des **crudités**

de la **charcuterie**

Entrées chaudes

une **soupe**

une **quiche**

261. S'EXERCER Reliez les mots pour retrouver des entrées.

Exemple : une salade → de tomates et concombre

a. une quiche aux
b. du pâté de
c. une soupe à
d. une assiette
e. du saucisson avec

1. l'oignon
2. des cornichons
3. de charcuterie
4. poireaux
5. porc

> On mange souvent des **cornichons** avec la charcuterie (des petits « concombres » dans du vinaigre blanc).

 Le plat principal

Le plat principal peut être fait avec de la **viande** : du **bœuf** (un **steak**, un **steak haché**), du **veau** (un jeune bœuf), de l'**agneau** (un jeune mouton) ou du **porc**.

Si on préfère la **volaille** : du **poulet** (une **cuisse**) ou de la **dinde**, du **canard** ou du **lapin**.

On peut aussi prendre du **poisson** : le **cabillaud**, le **saumon**, le **thon**, le **lieu**, la **sole** ou la **truite**. D'autres personnes veulent des **fruits de mer** : des **huîtres**, du **crabe**, des **crevettes**, des **moules**, des **coquilles Saint-Jacques**.

262. S'EXERCER Reliez les mots qui conviennent.

Exemple : une escalope → de veau

a. Des coquilles
b. une cuisse
c. des arêtes
d. un steak
e. des fruits

1. haché
2. de mer
3. Saint-Jacques
4. de poulet
5. de poisson

> Attention, il faut enlever les **arêtes** du poisson avant de le manger…

> Avec la viande, on peut manger de la **moutarde** (une sauce jaune assez piquante).

263. RÉVISER Complétez le nom des poissons.

Exemple : du *cabillaud*

a. du t……………………………………………on
b. le li……………………………………………

c. la s……………………………………………le
d. la coq……………e s……………t-Ja……………

8 • Boire et manger

264. RÉVISER Cochez la bonne réponse.

Exemple : Le veau est : ☒ de la viande. ☐ du poisson.
a. Le steak haché est : ☐ de la viande. ☐ du poisson.
b. Les moules sont : ☐ de la viande. ☐ des fruits de mer.
c. Le lapin est : ☐ de la volaille. ☐ du poisson.
d. Les Saint-Jacques sont : ☐ de la viande. ☐ des fruits de mer.
e. L'agneau est : ☐ de la viande. ☐ des fruits de mer.
f. La sole est : ☐ du poisson. ☐ des fruits de mer.
g. Il y a des arêtes dans : ☐ la viande. ☐ le poisson.

D'autres plats

On peut manger des œufs en omelette ou sur le plat, avec des **légumes**, du **riz**, des **pâtes**, comme des **spaghettis** par exemple. Je préfère les **frites** à la **purée** de pommes de terre.
Il y a des légumes dans ces plats : la **ratatouille**, la **choucroute**, le **cassoulet**, le **couscous**.

265. S'EXERCER Soulignez la bonne réponse.

Exemple : Les crudités sont une entrée : chaude/<u>froide</u>
a. Le pâté est une sorte de : *légume/charcuterie.*
b. Le saucisson est : *une entrée/un plat principal.*
c. Le lapin, c'est : *de la viande/du poisson.*
d. On mange *souvent/peu souvent* des escargots en France.
e. On fait le foie gras avec : *du canard/du porc.*

> Il ne faut pas confondre la **pâte** (pour une tarte), les **pâtes** (comme les spaghettis), le **pâté** (de la charcuterie en général de porc).

266. RÉVISER Reliez les noms de plats.

Exemple : un œuf → dur
a. le foie • • 1. frites
b. le pâté • • 2. de mer
c. des fruits • • 3. gras
d. des pommes de terre • • 4. de porc

> Des plats comme les escargots, le **foie gras** (de canard ou d'oie), souvent associés à la cuisine française, sont mangés à l'occasion de repas de fête.

Les principaux fromages

du comté

Au lait de vache : le **camembert**, le **brie**, le **cantal**, le **bleu**, le **comté**, l'**emmental** (= le gruyère)
Au lait de **chèvre** , au lait de **brebis** (la femelle du mouton) : le **roquefort**
Les **laitages** : un fromage frais, un **yaourt**
Le fromage **traditionnel** est fait au **lait cru** (non chauffé = non **pasteurisé**).

du chèvre

D. Les repas

267. S'EXERCER Cochez la bonne réponse.

Exemple : Le roquefort est un fromage au lait :   ☐ de vache.   ☒ de brebis.
a. Un fromage traditionnel est :   ☐ au lait cru.   ☐ pasteurisé.
b. Un yaourt est :   ☐ une entrée.   ☐ un laitage.
c. Le camembert est fait à base de lait :   ☐ de vache.   ☐ de brebis.
d. Le roquefort est :   ☐ doux.   ☐ fort.

268. RÉVISER Reliez les nationalités et les aliments typiques.

Exemple : les sandwiches → les Anglais

a. les pâtes   • 1. les Japonais
b. le poisson cru   • 2. les Chinois
c. les hamburgers   • 3. les Allemands
d. la choucroute   • 4. les Italiens
e. le couscous   • 5. les Arabes
f. le riz   • 6. les Américains

269. SE TESTER Complétez les phrases.

Exemple : Le goût de ce fromage n'est pas fort, il est *doux*.
a. Un fromage traditionnel est fait avec du lait c.. (non-cuit)
b. Sur le fromage, il y a une c..............................., plus ou moins dure et épaisse.
c. On fait du fromage avec le lait de la femelle du mouton, la b..............................
d. C'est une préparation avec du lait mais ce n'est pas du fromage, c'est du y..................................

> La **croûte** (la partie plus ou moins dure à l'extérieur) se mange sauf si elle est très épaisse et dure comme pour le comté.

Les desserts 88 🔊

- une **tarte aux pommes**
- une **tartelette** aux fruits rouges
- un **éclair**
- un **flan**
- une **crème brûlée**
- un **gâteau au chocolat**
- la **mousse au chocolat**
- une **crêpe**
- une **glace**

La **chantilly** (de la crème fraîche sucrée fouettée) peut accompagner des desserts.

270. S'EXERCER Les lettres des noms de dessert sont dans le désordre. Remettez-les dans l'ordre.

Exemple : Je voudrais une *tatreltete* aux fraises → tartelette

a. Voici une *emcrê bûrlée* → c............................ b............................
b. Je préfère une *teart* aux poires → t............................
c. Donnez-moi une *gleac* à la vanille → g............................
d. Et pour moi, une *musseo au cocholat* → m............................ au c............................
e. Désolé, nous n'avons plus de *faln* → f............................
f. Je vais prendre une *cêrep* au sucre → c............................
g. J'aime les *élacirs* au *cahooltc* → é............................ au c............................

> Certains desserts (l'éclair, la glace) peuvent avoir un parfum : le chocolat, la vanille, le café, le praliné, la fraise, la coco…

8 • Boire et manger

271. RÉVISER Complétez avec les mots suivants, l'aliment qui correspond à l'explication :

frites, cornichon, abricot, sandwich, pâtes, concombre, pomme, tartine, moutarde.

Exemple : Ce sont des pommes de terre coupées et cuites dans l'huile → les … frites …

a. C'est un dessert très froid avec plusieurs parfums possibles. → de la ……………………
b. C'est un plat italien à l'origine, avec des formes et des sauces très variées. → des ……………………
c. C'est un morceau de pain coupé, avec du beurre et/ou de la confiture. → une ……………………
d. C'est un dessert avec de la pâte et des fruits. → une ……………………
e. C'est un légume vert et long, utilisé souvent en crudité pour faire des salades. → un ……………………
f. C'est une sorte de sauce jaune piquante, consommée avec de la viande froide. → la ……………………
g. C'est un fruit rond, jaune, vert ou rouge. → une ……………………
h. C'est un petit fruit orange avec un noyau. → un ……………………

272. SE TESTER Complétez le dialogue avec les mots suivants : *moules, spaghettis, frites, champignons, patates, bière, mousse au chocolat, mange.*

Julien parle avec son ami italien Giorgio.

Exemple : **J.** : J'ai faim. **G.** : Oui, on va préparer le *déjeuner.*

a. J. : Qu'est-ce que tu veux manger ? **G.** : Je ne sais pas, peut-être des ……………………
b. J. : Encore des pâtes ! **G.** : Je peux les préparer avec des ……………………
c. J. : Moi, j'ai envie de manger des ……………………
   G. : Qu'est-ce que c'est, ça ?
   J. : Des pommes de terre, c'est un mot familier.
d. G. : Et comment tu les veux ? **J.** : On peut faire des ……………………
e. G. : Tu veux quoi, avec ? **J.** : Pourquoi pas des …………………… ?
f. J. : Et une bonne …………………… Comme en Belgique ! **G.** : Ça ne me plaît pas, je fais des pâtes !
g. J. : Comme d'habitude, ce soir on …………………… des pâtes !
h. G. : Et en dessert ? Une bonne …………………… ?

E. Au café, au restaurant

 Au café

On regarde la **carte** et on **choisit** les plats et les boissons.
Pour **commander** son plat, on **appelle** le **garçon**, le **serveur**/la **serveuse**. Il ou elle prend la **commande** et **apporte**/**sert** les plats une fois préparés.

E. Au café, au restaurant

Au restaurant 90

Je **réserve** une table pour 2 personnes.
Le **serveur** m'apporte **la carte**. Je choisis le **menu**, une **formule**, un **plat du jour** (différent chaque jour) ou un menu **végétarien** (sans viande).
On me propose du vin. Je prends ma **serviette** et je la pose sur mes genoux.

Pour **payer**, je dis : « Je peux avoir l'**addition** ? c'est combien ? ça fait combien ? »

Je paie par carte, en espèces (liquide), par chèque.

273. S'EXERCER Reliez le mot et la définition.

Exemple : un croque-monsieur → deux tranches de pain, du jambon, du fromage, chauffé dans un appareil

a. le serveur
b. l'addition
c. un sandwich
d. bistrot
e. la carte

1. la personne qui apporte les boissons ou les plats
2. la liste des boissons ou plats et les prix
3. deux tranches de pain et par exemple du jambon, du fromage
4. un papier avec le prix du repas
5. le mot familier pour un café

« **café** » : c'est le même mot pour l'endroit et la boisson.
Pour le lieu on peut dire familièrement un **bistrot**.

274. SE TESTER Retrouvez l'ordre des actions et indiquez un nombre de (1) pour la première action à (12), pour la dernière.

Exemple : J'entre dans le restaurant ... 1 ...

a. Je prends un café. ....
b. Je choisis. ....
c. Je m'installe à une table. ....
d. Je regarde la carte. ....
e. Le serveur m'apporte les plats. ....
f. Je commande au garçon. ....
g. Je mange un plat du jour. ....
h. Je mange une entrée. ....
i. Je paie. ....
j. Le garçon m'apporte l'addition. ....
k. Je demande l'addition. ....

Souvent, les cafés proposent des plats simples comme : un sandwich, un croque-monsieur, une coupe de glace.

Bilan 1

Complétez les phrases suivantes avec le mot qui convient.

1. On veut du poulet avec des pommes de terre f...
2. Moi, je prends un steak h..
3. Il y a des petits p..
4. Je préfère des h... blancs.
5. Tu aimes la charcuterie ? Oui, j'adore le p............................., le s............................, le j............................, et surtout avec des c............................
6. Il est végétarien, il ne mange pas de v..
7. C'est sans produits chimiques, c'est b..
8. En Italie, on mange d'excellentes p..
9. C'est une quiche avec des légumes verts, des é..
10. Je prends une soupe aux p............................ et p............................ de terre.
11. Tu aimes les p.. douces ?
12. Tu préfères la bière brune ou b.. ?
13. En fait, je préfère boire du c.. de pomme.
14. En entrée, du f.. gras.
15. Vous avez du poisson ? Oui, du c..
16. On fait des coquilles S............................ – J............................
17. Je prends de la viande, du v..
18. On a des poivrons, des courgettes, des aubergines, des tomates, des oignons, on peut faire une r..
19. Du camembert ? Non, c'est un peu f... . Je préfère du brie.
20. C'est du fromage au lait de vache ? Non, de c..
21. On boit un a............................ avant de manger ? Oui, un verre de vin blanc, s'il te plaît.
22. Vous prenez un dessert ? Oui, une g... à la vanille.
23. On va r.. une table au restaurant.
24. Garçon ! on peut c.. s'il vous plaît ?
25. On va vous payer. L'a.. s'il vous plaît !

Mon score : .... /25

Bilan 2

91 🔊 Écoutez le texte puis complétez-le avec les mots suivants.

Agneau, pommes de terre, commande, mousse, baguette, entrée, cornichons, tasse, œufs, chèvre, poulet, principal, vin, fromage, carottes, thon, pâtes, légumes, pois, pâté.

Le restaurant « Chez grand-mère » a une spécialité : le plat surprise. Personne ne sait comment c'est possible mais ça marche ! Quand un client arrive et qu'il (1)................................ le menu surprise, quelques minutes après le serveur apporte l' (2)................................ . Par exemple, une salade de (3)................................ un peu chaude, avec des (4)................................ durs et du (5)................................ Ou, si vous préférez, votre (6)................................ favori, avec des (7)................................ C' est fait exactement comme par votre grand-mère. Il a le même goût. Ensuite, c'est le plat (8)................................, par exemple du (9)................................ avec des (10)................................ frais, des petits (11)................................, des (12)................................ Pour d'autres personnes, c'est un gigot d' (13)................................ avec des (14)................................ Ensuite, votre (15)................................ préféré, par exemple le (16)................................ choisi par votre grand-mère, pas trop fort, avec une (17)................................ de pain bien fraîche. On peut aussi vous apporter une bouteille de votre (18)................................ préféré, par exemple un bordeaux rouge. Et bien sûr, votre dessert, par exemple une (19)................................ au chocolat comme chez votre grand-mère. Et une (20)................................ de votre café favori. Personne ne connaît le secret du restaurant pour faire ça. Mais c'est une expérience unique !

Mon score : .... /20

9 • Faire des courses

A. Les magasins

 Les types de magasins 92

une **boulangerie - pâtisserie**   une **boucherie-charcuterie**   une **poissonnerie**   une **épicerie**

un **traiteur**   une **librairie**   une **pharmacie**

275. S'EXERCER Reliez pour chaque produit le magasin qui correspond.

Exemple : de la viande → une boucherie

a. du pain • • 1. une boulangerie
b. des médicaments • • 2. une boucherie-charcuterie
c. des livres • • 3. une poissonnerie
d. du jambon, du saucisson… • • 4. un marchand de fruits et légumes
e. des plats préparés • • 5. un traiteur
f. des fruits et légumes • • 6. une librairie
g. tous les produits courants • • 7. une pâtisserie
h. des gâteaux • • 8. une épicerie
i. du poisson • • 9. une pharmacie

 La taille des magasins

On peut préparer une **liste de courses** et faire ses achats dans une une **boutique** ou un **magasin** (spécialisé dans un type d'**articles** ou des **marques** spécifiques), un **grand magasin** (il vend un peu de tout), un **supermarché** (tous les produits d'alimentation, d' entretien…). Les magasins peuvent être dans un **centre commercial**. Dans une **épicerie**, c'est petit mais c'est un mini-supermarché.
Le vendeur (la vendeuse) sert **le client (la cliente)**.

Faire du **shopping** (mot anglais), c'est acheter des vêtements, des cadeaux, ou se promener dans un magasin pour le plaisir.

A. Les magasins

276. S'EXERCER Reliez le début et la fin des phrases.

Exemple : Avant de partir, je fais une liste → de courses.

a. À peu près tous les jours, je fais
b. Quand je suis libre, j'aime bien faire
c. Pour acheter du parfum, des cadeaux, je vais dans
d. Je trouve tout au centre
e. J'achète des produits
f. Près de chez moi, pour les courses courantes, il y a
g. Un supermarché vend

1. du shopping.
2. surtout de l'alimentation et entretien.
3. une épicerie.
4. les courses.
5. de marque.
6. les grands magasins.
7. commercial.

277. S'EXERCER Complétez les phrases avec les mots suivants : *vend, boutiques, achète, vendeuse, article, centre-commercial, marque.*

Exemple : Ce magasin ...vend... des fruits très frais.

a. C'est une nouvelle ....
b. J' .... mon pain là.
c. Tu préfères le .... ou les petites .... du centre-ville ?
d. On va demander à la ....
e. Je cherche un .... très précis.

278. RÉVISER Cochez la bonne réponse.

Exemple : Un grand magasin :   ☒ vend de tout.   ☐ est une sorte d'épicerie.

a. Le nom du fabricant d'un produit est :   ☐ la marque.   ☐ le commerçant.
b. Acheter est le contraire de :   ☐ achat.   ☐ vendre.
c. Le client ou la cliente est la personne qui :   ☐ vend.   ☐ achète un article.
d. Une épicerie :   ☐ vend seulement des épices.   ☐ vend de l'alimentation et de l'entretien.

Le pain et les viennoiseries 94

Dans une boulangerie, on peut acheter une **baguette**, un **pain** (= une grosse baguette), un pain **complet** (avec de la farine complète), un **sandwich** (au jambon...).
Il y a aussi des **viennoiseries** :

un **croissant**

une **brioche**

un **pain au chocolat**
(ou chocolatine)

un **pain aux raisins**

un **chausson aux pommes**

279. S'EXERCER Reliez les définitions aux mots qui conviennent.

Exemple : une viennoiserie avec deux barres de chocolat → un pain au chocolat

a. du pain avec du beurre, du fromage, du jambon
b. du pain avec une farine complète
c. une viennoiserie avec de la compote de pommes à l'intérieur
d. une grosse baguette
e. une viennoiserie avec des raisins

1. un chausson aux pommes
2. un pain aux raisins
3. un sandwich
4. du pain complet
5. un pain

9 • Faire des courses

280. S'EXERCER Remettez les mots des phrases dans l'ordre.

Exemple : boulangerie – de – viennoiseries. – vend – bonnes – La → La boulangerie vend de bonnes viennoiseries.

a. ou – Tu – un – une – veux – croissant – brioche ? → ....

b. Je – un – pommes – chausson – prends – amie – chocolat. – aux – et – mon – un – pain – au
→ ....

c. raisins. – Je – aux – vais – un – pain – essayer → ....

d. J'achète – ma – boulangerie. – baguette – à – la → ....

e. Je – le – n'aime – complet. – pas – pain → ....

281. RÉVISER Complétez les noms.

Exemple : un *chausson* aux pommes

a. un *pa*..
b. un *cro*..
c. une *vie*..
d. un *p*.................... au *c*....................
e. une *br*..
f. une *bou*..
g. un *p*.................... aux *r*....................
h. une *ba*..

Des pâtisseries 95 🔊

On peut acheter : un **flan**,
une **tarte** au citron,
une **tartelette**,
de la **meringue**, un **éclair**.

un macaron

une religieuse
(au chocolat, café…)

On trouve aussi des **bonbons** (faits avec du sucre et divers parfums)

---

282. S'EXERCER Vrai ou faux ? Cochez la bonne réponse.

	Vrai	Faux
Exemple : Une tartelette est une petite tarte.	☒	☐
a. Un éclair et une religieuse ont les mêmes ingrédients.	☐	☐
b. Un éclair et une religieuse ont une forme différente.	☐	☐
c. On peut faire une tarte au citron.	☐	☐
d. La meringue est une sorte de flan.	☐	☐

283. S'EXERCER Reliez les deux produits et le magasin.

j'achète	et	dans / chez
Exemple : une brioche →	un chausson aux pommes →	une boulangerie
a. des macarons •	• du poulet •	• une boucherie
b. un médicament •	• du saucisson •	• une charcuterie
c. du lard •	• une B.D. •	• une pharmacie
d. du bœuf •	• un flan •	• une pâtisserie
e. un plat préparé •	• un bracelet •	• une librairie
f. un livre •	• une quiche •	• une bijouterie
g. une bague en or •	• de la crème pour la peau •	• un traiteur

A. Les magasins

284. RÉVISER Cochez pour indiquer dans quel magasin se passe chaque petite conversation.

Exemple : Une demi-livre de beurre. ☐ à la laverie ☒ à l'épicerie

a. Vous avez des allumettes ? ☐ au bureau de tabac ☐ au bureau de poste
b. Il y a un kilo de courgettes. ☐ à la pharmacie ☐ chez le marchand de fruits et légumes
c. Vous voulez des tranches de jambon fines ou épaisses ? ☐ à la charcuterie ☐ chez le bijoutier
d. Vous connaissez le titre de l'ouvrage ? ☐ à la librairie ☐ à la parfumerie
e. Vous préférez en or ou en argent ? ☐ à la boulangerie ☐ à la bijouterie
f. Vous avez besoin de médicaments ? ☐ à la pharmacie ☐ à la boulangerie
g. Le rayon des surgelés, s'il vous plaît ? ☐ au supermarché ☐ au café

Le supermarché

Le client entre dans le supermarché, il peut prendre un **chariot** (on dit aussi : un **caddie**), ou un **panier** (plus petit). Il va dans les **rayons** (les parties du magasin). Il y a des **promotions** (des prix plus bas).

En général, les produits sont dans un **emballage** et les bouteilles dans des **packs** (de 6 par exemple).

Le client **fait la queue** (il attend) à la **caisse** (parfois automatique), il paie au **caissier**/à la **caissière**.

Il peut demander la **livraison** de ses courses, les produits sont livrés (apportés) chez lui.

285. S'EXERCER Écrivez un numéro pour indiquer l'ordre des actions.

Exemple : J'entre dans le supermarché. ... 1 ...

a. Je prends mes articles. .... d. Je prends un caddie ou un panier. ....
b. Je vais dans les rayons. .... e. Je passe à la caisse. ....
c. Je paie. .... f. Je mets mes articles dans le caddie.

286. S'EXERCER Complétez les phrases avec les mots : *caddie, emballages, livraison, rayon, packs.*

Exemple : On prend un ... caddie ... ? Non, un panier est suffisant.

a. Pardon madame, je ne trouve pas le .... des boissons.
b. L'eau est vendue par .... de 6 bouteilles.
c. La .... est possible pour un total de plus de 50 €.
d. Je viens avec des boîtes pour utiliser moins d'...

9 • Faire des courses

Les principaux rayons d'un supermarché

Pour l'**alimentation**, on peut acheter : du **pain de mie** (pain tranché en sachet), des **biscottes**, des **biscuits**, une tablette de **chocolat** (noir, au lait, aux noisettes), des **chips** (des pommes de terre frites, dans des sachets).

Pour l'**entretien** de la maison, on peut acheter : une **éponge**, un **balai**, de la **lessive**, du produit nettoyant, du **liquide vaisselle**, de l'**eau de Javel**, du cirage (pour les chaussures).

Pour l'**hygiène** : du **savon**, du **gel douche**, du **dentifrice**, du **shampoing**, des **mouchoirs en papier**, du **papier toilette** ; pour les bébés : des **couches**, du lait.

Au rayon des **jeux** : une **balle**, un **ballon**

On vend des **surgelés** : des produits à très basse température.

Il y a des produits **laitiers** : un **yaourt**, du **fromage blanc**, de la **crème fraîche**, une brique de lait, entier, demi-écrémé, écrémé, du beurre.

Au rayon **épicerie** : les **sauces** (mayonnaise, tomate, provençale), les **herbes** aromatiques (les herbes de Provence, le thym, le laurier), une **brique** de soupe, du **riz**, des **pâtes**, des **légumes secs**, la purée instantanée (en flocons), les **cacahuètes** (pour l'apéritif).

287. S'EXERCER Reliez les éléments qui correspondent.

Exemple : du cirage → les chaussures

a. les herbes • • 1. bébé
b. des cacahuètes • • 2. donner du goût
c. les couches • • 3. l'apéro
d. une éponge • • 4. les jeux
e. un yaourt • • 5. l'entretien
f. la sauce mayonnaise • • 6. les produits laitiers
g. un ballon • • 7. l'épicerie

288. RÉVISER Complétez avec le mot qui convient.

Exemple : Tu aimes les produits laitiers ? → Oui, je mange tous les jours un … yaourt …

a. Tu fais tes courses où? – Quand je peux, je vais au m... dans ma rue.
b. On va payer nos achats ? – Oui, allons à la c...
c. On prend un panier ? – Non, c'est trop petit, on prend un c...
d. Je ne trouve pas les cacahuètes ! – C'est au r... apéro.
e. Ma veste est sale ! – Tu peux acheter de la l.. ?

A. Les magasins

289. RÉVISER Rayez le produit intrus pour chaque rayon.

Le rayon	Les produits
Exemple : fruits et légumes	des carottes – ~~du beurre~~ – des poires
a. Viandes et Poissons	du bœuf – du saumon – des pommes de terre
b. Pains et Pâtisseries	du jambon – du pain de campagne – une tartelette
c. Crèmerie	des yaourts – de la crème fraîche – des petits pois
d. Charcuterie	du pâté – du saucisson – de la brioche
e. Surgelés	une glace – des haricots surgelés – des yaourts
f. Épicerie Salée	des chips – des cacahuètes – des patates douces
g. Épicerie Sucrée	des biscuits – des bonbons – du cidre
h. Boissons	du fromage – du jus d'orange – de la bière
i. Bio	de l'eau de Javel – du pain – des céréales
j. Hygiène pour les bébés	des couches – du lait en poudre – des cigarettes
k. Hygiène et Beauté	du gel douche – de la crème fraîche – du shampoing
l. Entretien et nettoyage	de la lessive – du dentifrice – une éponge
m. Maison, Loisir, Textile	un T-shirt – un ballon – un biberon
n. Traiteur	une quiche – une prune – du foie gras

290. RÉVISER Rayez l'intrus.

Exemple : Mon amie est végétarienne, je propose : ~~du veau~~, *des fruits, des champignons*.

a. Il déteste le lait, je propose : *un café noir, un yaourt, du chocolat noir.*

b. Elle n'aime pas la charcuterie, je propose : *des tomates, des pâtes, du saucisson.*

c. Il est au régime, il ne veut pas grossir, je propose : *des frites, des framboises, des haricots verts.*

d. Elle déteste le poisson, je propose : *du poulet, du saumon, des saucisses.*

e. Il déteste les légumes, je propose : *du riz, des épinards, des pâtes.*

f. J'achète *un éclair, du veau et une tarte aux pommes* à la pâtisserie.

g. J'achète *un briquet, un steak et de l'agneau* à la boucherie.

h. J'achète *des haricots, une laitue et des saucisses* chez le marchand de fruits et légumes.

i. J'achète *une montre, du jambon et un bracelet* à la bijouterie.

j. J'achète *des cigarettes, des glaces et un briquet* au bureau de tabac.

291. RÉVISER Remettez les mots de ces phrases dans l'ordre.

Exemple : le – ouvert – Le – supermarché – est – soir. → Le supermarché est ouvert le soir.

a. Je – acheter – deux – charcuterie. – à – passe – tranches – la – de – jambon

→ ....

b. éclairs – à – Il – prendre – la – chocolat. – arrête – trois – s' – au – pour – beaux – pâtisserie

→ ....

9 • Faire des courses

c. cantal – prends – un – fromagerie. – Je – la – de – morceau – à
→ ....

d. par – Il – près – a – un – y – deux – marché – de – chez – semaine – moi. – fois
→ ....

e. dans – fais – commerçante. – mes – Je – courses – dans – mon – une – quartier – rue
→ ....

f. poisson – vend – très – du – cette – bon – poissonnerie. – On – dans
→ ....

g. qualité. – Ce – primeurs – marchand – de – produits – ne – très – vend – pas – des – de – bonne
→ ....

h. tout – mon – Je – prends – épicier. – chez – vin – l'
→ ....

292. SE TESTER Complétez les phrases avec les mots suivants : *biberon, promotion, livraison, chips, couches, croissants, surgelés, flan, supermarché, tomates, Javel, briquet.*

Exemple : Le bébé boit avec un ... biberon ...

a. Le bébé ne va pas encore aux toilettes, il porte des ....
b. Les produits à -18° sont des ....
c. Pour l'entretien de la maison, j'ai besoin d'eau de ....
d. J'allume ma cigarette avec un ....
e. Je fais mes courses au ....
f. J'achète des .... à la boulangerie.
g. Le .... de cette pâtisserie est excellent !
h. Il y a une .... sur le poulet aujourd'hui.
i. Prends des .... pour faire une ratatouille ce soir !
j. Il manque des .... pour l'apéro de ce soir.
k. On n'a pas de voiture, on demande la .... des produits chez nous.

293. 98 **SE TESTER** Écoutez et complétez les produits de la liste de courses.

liste de courses

– Exemple : *du riz*
– ....
– ....
– ....
– ....
– ....
– ....
– ....
– ....
– ....
– ....
– ....
– ....
– ....
– ....

B. Les quantités

Dire la quantité 🔊 99

J'achète **un** (petit) **peu** de pain, je veux **plus** (+) ou **moins** (-) de fruits. C'est **assez** (= la bonne quantité), c'est **trop** (= une quantité excessive).

Je prends un **morceau** de fromage, une **tranche** de jambon, une **douzaine** (12) d'œufs, un **litre** d'eau (ou un **demi-litre** (½ l.), un litre et demi (1,5 l.), un **kilo** (1 kg) de poires. Je peux **peser** les tomates pour connaître le **poids**.

J'ai besoin d'un **paquet** (en carton ou papier) de sucre, un paquet (en plastique) de café moulu, un **pot** (en verre) de moutarde, une **boîte** (en métal = une conserve de petits pois, ou plastique, de biscuits), un **bocal** (en verre ou plastique) de café en poudre, un **tube** (avec un produit mou comme le dentifrice).

Je mets mes courses dans un **sac** en papier ou en plastique (**réutilisable** de préférence).

une boîte,   un paquet   un tube   un pot   un sac

294. S'EXERCER **Reliez les mots et l'explication.**

Exemple : une tranche → un produit coupé

a. une douzaine • • 1. 1,5 l
b. un litre • • 2. 50 centilitres
c. un demi-litre • • 3. 100 centilitres
d. un litre et demi • • 4. 12

295. S'EXERCER **Reliez le contenant, la matière et le produit qui convient.**

Exemple : un bocal →	en métal →	de légumes en conserve
a. une boîte •	• en plastique •	• de café instantané
b. un pot •	• en verre •	• de biscuits
c. un paquet •	• en carton •	• de confiture

296. RÉVISER **Cochez la bonne réponse.**

Exemple :   ☒ *une tranche* ☐ *une boîte* de jambon

a. ☐ une tranche ☐ une boîte   de haricots
b. ☐ un pot ☐ une bouteille de moutarde
c. ☐ un pot ☐ une bouteille d'huile
d. ☐ un paquet ☐ un pot de biscuits
e. ☐ un paquet ☐ un pot de cornichons
f. ☐ une boîte ☐ une tranche de sauce tomate

297. RÉVISER **Reliez le conditionnement et l'aliment ou le produit qui correspond.**

Exemple : un tube → de dentifrice

a. un bouquet • • 1. de mouchoirs
b. un pot • • 2. de fleurs
c. un flacon • • 3. de moutarde
d. un paquet • • 4. de bières
e. un pack • • 5. de parfum

9 • Faire des courses

298. SE TESTER Complétez ces éléments de dialogue au supermarché avec : *fond, biscuits, peser, recevoir, rayon, ticket, fait, morceau, tout.*

Exemple : – Où sont les œufs, s'il vous plaît ? – Au … fond … à droite, à côté du fromage.

a. – Pardon monsieur, je cherche les biscottes.
– Vous avez regardé au .... petit-déjeuner ?
b. – Ah non, j'ai regardé avec les ....
– Non, les biscottes sont avec le petit-déjeuner.
c. – Excusez-moi, vous n'avez plus de cidre ?
– Non, nous allons en .... demain.
d. – Bonjour, je voudrais un .... de brie, s'il vous plaît.

e. – Et avec ça ?
– C'est ....
f. (à la caisse)
– Il faut .... les fruits !
– Ah, excusez-moi. J'ai oublié.
g. – Ça .... 32 euros.
h. – N'oubliez pas votre .... !
– Merci !

C. L'argent

 Comment payer ?

Dans mon **portefeuille**, j'ai de l'**argent** des **billets** (en papier) et des **pièces** (en métal), ce sont les **espèces** (ou plus familier, du liquide). Je peux avoir aussi un porte-monnaie pour les pièces. Je peux aussi payer par **carte** de crédit, paiement généralement appelé Carte Bleue ou par chèque. Je peux prendre de l'argent à un **distributeur** automatique de billets. Si j'ai besoin d'argent, la banque peut me **prêter**.
La **monnaie** européenne est l'euro. Si le **prix** est 12 €, je paie avec un billet de 20 €, on me rend la **monnaie** (8 € = la différence). Un caissier peut demander de faire **l'appoint** (donner exactement le **montant**, la **somme**).
Pour un **achat en ligne**, je me connecte sur un site, je **saisis** mon code de carte, je **valide**.
Je trouve que ce magasin est **cher**, ou au contraire pas cher, bon marché.
Je laisse un **pourboire** au serveur (un peu d'argent en plus).

299. S'EXERCER Rayez ce qui ne convient pas.

Exemple : Je n'ai pas assez d'argent, je peux faire ~~un billet~~/*un chèque* ?
a. Un billet de banque est *en métal/en papier*.
b. Une pièce est *en métal/en papier*.
c. Je paie à la caisse, on me rend *la monnaie/l'argent*.
d. Ça coûte 15 €, j'ai seulement 13 €, je n'ai pas assez *d'argent/de monnaie*.
e. Ça coûte 14 €, j'ai un billet de 20 €, je n'ai pas *d'argent/de monnaie*.
f. Le distributeur n'a plus de monnaie, je dois *faire l'appoint/taper sur la machine*.
g. Il me faut des pièces et j'ai seulement un billet de 20 €. Je vais dans un magasin pour *faire l'appoint/faire de la monnaie*.
h. J'ai trouvé *une pièce/une monnaie* d'un centime d'euro.

C. L'argent

300. RÉVISER Reliez les mots qui correspondent à l'explication.

Exemple : C'est un mot familier pour dire : *en espèces.* → en liquide

- **a.** C'est un carnet de chèques.
- **b.** Ça veut dire *payer*.
- **c.** Ça veut dire *une somme*.
- **d.** Une sorte de pochette pour mettre les billets
- **e.** Une sorte de petit sac pour les pièces

- **1.** un portefeuille
- **2.** un chéquier
- **3.** régler
- **4.** un porte-monnaie
- **5.** un montant

301. RÉVISER Complétez les phrases avec les mots : *argent, espèces, prêter, appoint, billets, monnaie, pièce, chèques.*

Exemple : C'est la fin des vacances, je n'ai plus d'… argent …

- **a.** J'ai oublié mon chéquier, je paie en ....
- **b.** Avez-vous la .... sur 20 € ?
- **c.** Vous avez une petite .... pour un pauvre homme ?
- **d.** Je dois aller au distributeur de ....
- **e.** La machine n'a plus de monnaie, je dois faire l'..
- **f.** Je n'ai plus assez de liquide, vous acceptez les .... ?
- **g.** Je n'ai pas assez d'argent, tu peux me .... 15 € ?

302. SE TESTER Complétez avec le mot qui correspond à l'explication.

Exemple : Il paie avec des billets et des pièces, il paie en *espèces* ou en *liquide*.

- **a.** Je paie la somme exacte en billets et en pièces, je fais l' ....
- **b.** Ça coûte 7 €, je donne un billet de 10 €, le caissier me rend la ....
- **c.** Je prends de l'argent au distributeur, j'obtiens des ....
- **d.** Je n'ai plus de liquide sur moi, je paie avec ma ....
- **e.** J'ai mon chéquier, je vais faire un ....
- **f.** Je n'ai pas assez d'argent pour tout payer. Tu peux me .... 10 € jusqu'à demain ?
- **g.** Je n'ai plus d'argent, on m'a volé mon .... dans le métro.

303. 101 SE TESTER Écoutez les dialogues et complétez.

- **a.** Le client règle en ....
- **b.** La cliente doit taper son ....
- **c.** Le prix est de ....
- **d.** La vendeuse rend la ....
- **e.** L'homme a une .... de 1 €.
- **f.** L'homme achète ses vêtements sur ....
- **g.** La femme demande à son amie de lui .... de l'argent.

Bilan 1

Complétez avec le mot qui convient.

1. J'achète de la viande à la ....
2. On prend le saumon à la ....
3. Et avec ça ? une .... de jambon.
4. Tu veux un .... de fromage ?
5. On fait nos .... au supermarché.
6. Tu préfères le pain blanc ou .... ?
7. Ça fait un kilo et .... (½)
8. Une .... (12) d'œufs, s'il vous plaît !
9. J'ai une petite .... dans ma rue, je peux acheter un peu de tout.
10. On prend une .... de haricots verts en conserve.
11. Autre chose ? Oui, un .... de confiture.
12. Je dois prendre de l'argent au .... automatique.
13. Nous faisons nos courses sur un site de .... en ligne.
14. – La bière, c'est dans quel .... ? – Les boissons, à droite.
15. Tu dois .... tes fruits pour connaître le poids.
16. On n'a pas de voiture, on demande la .... des produits chez nous.
17. On peut payer par carte ? Non, je préfère en ....
18. J'ai un .... de 20 €.
19. Désolé, je n'ai plus de ...., il faut faire l'appoint.
20. Tu as un congélateur ? Oui, je peux prendre des produits ....
21. On prend des .... pour l'apéro ?
22. J'achète un .... au bureau de tabac.
23. Il faut un .... pour donner à boire au bébé.
24. On a besoin d'un ...., on va à la pharmacie.
25. C'est 120 €. On peut trouver moins .... sur Internet.

Mon score : .... /25

Bilan 2

102 Écoutez le texte et complétez-le avec les mots ci-dessous.

Billets, occasion, pièces, magazines, fours, emballages, cacahuètes, brioche, librairie, boîtes, fruits, fromage, sacs, tranche, stylos, cidre, briques, pâté, site, bio.

Un jour, je passe devant une boutique. Je remarque son nom : « Vis tes rêves ! » Curieux, j'entre. Et c'est une immense (1).., avec bien sûr des livres neufs ou d'(2).., des (3).., des journaux, des (4).., mais aussi un salon pour boire un verre, on propose du (5).., de la bière, des petits (6).., de la (7).. On peut aussi manger de la charcuterie, une (8).. de jambon ou du (9).., des sandwichs avec du (10).., des (11).. et un verre de vin pour prendre l'apéro. Il y a des (12).. sans produits chimiques, (13).. Mais la grande originalité, ce sont les artistes, ils sont présents et utilisent des (14).. en carton, des (15).. de conserve, des (16).. en plastique, des (17).. de soupe pour faire de belles installations. Je vois des (faux!) (18).. de banque d'un euro de couleur bleue, des (19).. de 10 centimes en chocolat. Les clients discutent ensemble ou avec les artistes. C'est très convivial. Ils ont un (20).. sur Internet avec le programme des activités et on peut laisser des messages. Finalement, l'endroit porte bien son nom.

Mon score : .... /20

10 • S'habiller

A. Les vêtements

Les types de vêtements 103

Généralement les hommes portent une **chemise** (une **chemisette**), un **polo**, un **costume**.
Généralement les femmes portent une **jupe**, une **robe**, un **chemisier**, un **tailleur** (pantalon ou jupe) ou un **ensemble**.

Les hommes et les femmes portent également un **T-shirt**, une **veste**, un **blouson**, un **pantalon**, un **jean**, un **short**, un **pull**, un **manteau**, un **imper**(**méable**).

304. S'EXERCER Reliez le mot et l'explication.

Exemple : une chemise pour femme → un chemisier

a. un pantalon court • • 1. de style sportif
b. un manteau pour la pluie • • 2. un imper
c. un blouson • • 3. un tailleur
d. un pantalon et une veste d'homme • • 4. un short
e. un pantalon ou une jupe et une veste de femme • • 5. un costume

305. RÉVISER Complétez les mots.

Exemple : Il pleut, je mets mon *i*mper.

a. J'ai froid, je mets un *p* ....
b. Il a un rendez-vous important, il met un *c* ....
c. Il fait de la moto, il met un *b* ....
d. Il fait chaud, je fais du sport, je porte un *s* ....
e. Sous sa veste, elle met un *c* ....
f. Elle ne porte pas un pantalon, mais une *j* ....
g. Son T-shirt a un col, c'est un *p*..

306. SE TESTER Regardez les deux photos et complétez la description.

a. Elle porte un ....
en coton et un .... bleu.
b. Il porte un .... bleu
et un ....

A. Les vêtements

 Les sous-vêtements

Sous les vêtements, en haut, on peut porter un **T-shirt** (ou **maillot de corps**) ou un **débardeur** (sans manches). En bas, on peut mettre une **culotte**, un **slip**, un **caleçon** (pour un homme). Une femme peut porter un **soutien-gorge** (pour la poitrine) et un **collant** (pour les jambes). Aux pieds, on met en général des **chaussettes**.

307. S'EXERCER Complétez avec les mots : *slip, collant, soutien-gorge, débardeur, chaussettes.*

Exemple : Il préfère le caleçon ou le ... slip ...?

a. Elle porte un .... sous sa jupe
b. Elle s'achète un joli ....-...
c. Tu as des .... chaudes pour faire du ski ?
d. Tu mets un T-shirt sous ta chemise ? Non, juste un ....

308. RÉVISER Notez si le vêtement est d'habitude porté par un homme (H) ou une femme (F).

Exemple : un collant **(F)**

a. une chemise (.......)   **d.** un costume (.......)   **g.** un soutien-gorge (.......)
b. un chemisier (.......) **e.** un tailleur (.......)   **h.** un caleçon (.......)
c. une robe (.......)   **f.** une jupe (.......)

309. SE TESTER Complétez les mots.

Exemple : un pantalon

a. des chauss..................   **e.** un sou............-gor..........   **i.** un je..................
b. un co.................. ant,   **f.** une ch..................   **j.** un cos..................
c. un cale..................,   **g.** un ta..................   **k.** un sh..................
d. un dé.................. deur, **h.** une cul..................   **l.** un im..................

 **D'autres vêtements**

Je **mets** un vêtement ou je **m'habille** (c'est l'action), au contraire j'**enlève** mes vêtements ou je **me déshabille**. Je **porte** (c'est le résultat) un pull. J'ai un **pyjama** pour dormir, je mets une **robe de chambre** quand je me lève ou un **peignoir** dans la salle de bains. J'ai un **maillot** ou **slip de bain** pour nager. Des personnes portent une **blouse** ou un **uniforme** pour travailler. Sans vêtements, je suis **nu(e)**.

310. S'EXERCER Reliez les parties de la phrase.

Exemple : Le soir, avant de me coucher, → je me déshabille.

a. Pour mon travail,   •   • **1.** je porte une blouse blanche.
b. Je vais dormir,   •   • **2.** je mets un peignoir.
c. Je sors de la douche,   •   • **3.** je m'habille.
d. Je vais nager,   •   • **4.** je mets un maillot de bain.
e Le matin, avant de partir, • • **5.** je mets un pyjama.

10 • S'habiller

311. RÉVISER Complétez avec les mots : *Porter, maillot, uniforme, enlève, déshabille, peignoir, robe de chambre, blouse.*

Exemple : Tu veux mettre cette chemise ? Non, je vais … porter … un T-shirt.

a. Je sors du bain, tu peux me passer le .... ?

b. Tu n'es pas prêt ! Tu es encore en .... à cette heure-ci !

c. On va nager. Tu as ton .... de bain ?

d. J'ai chaud, j'... mon pull.

e. Il est tard. Je me .... et je vais au lit.

f. Elle travaille dans un laboratoire. Elle est en .... blanche.

g. Il est soldat. Il porte un ....

312. SE TESTER Complétez avec le mot qui convient.

Exemple : On va dormir, mets ton *p*yjama.

a. Quand je sors du bain, j'aime bien mettre un *p*...

b. J'ai froid, je vais *m*.. mon pull.

c. Tu n'es pas prête ! Vite, *h*..-toi !

d. Il fait trop chaud, j'enlève mon pantalon et je mets un *s*..

e. Il prend son *s*.. de .... *b*.. pour aller à la piscine.

Les parties d'un vêtement 106 🔊

le **col**
la **manche**
un **bouton**   une **fermeture éclair**
une **capuche**

313. S'EXERCER Reliez les parties de la phrase.

Exemple : C'est une chemise blanche → avec un col bleu.

a. Il faut fermer • • **1.** de ma veste.
b. Ma clé est dans la poche • • **2.** des manches courtes.
c. Tu préfères un jean avec des boutons ou • • **3.** ma capuche.
d. Ma chemisette a • • **4.** une fermeture éclair ?
e. Il pleut, je mets • • **5.** les boutons de ton manteau.

314. RÉVISER Cochez la bonne réponse.

Exemple : Une chemise a   ☒ un col.   ☐ deux cols.

a. Une veste a   ☐ une manche.   ☐ deux manches.
b. Une fermeture éclair est faite avec   ☐ des boutons.   ☐ un mécanisme.
c. On trouve un col sur   ☐ un pantalon.   ☐ une chemise.
d. Quand il pleut, c'est pratique d'avoir   ☐ une poche.   ☐ une capuche sur la tête.

A. Les vêtements

315. SE TESTER Complétez avec le mot qui convient.

Exemple : Tu fermes le col de ta chemise ?

a. Je préfère une chemise à m.. longues.

b. J'aime ce blouson, il a une c.. très pratique quand il pleut.

c. Tu fermes la f .... de ta veste ?

d. La p .... de ton pantalon est trouée.

e. Il manque un b .... sur ta chemise.

Les matières

Les différents tissus sont :
le **coton**, la **laine**,
le **velours**, la **soie**,
le **cuir**, l'**acrylique**
(synthétique)

L'aspect du tissu peut être :
uni (sans motif),
avec des **rayures**,
des **pois**,
des **motifs**

316. S'EXERCER Associez les photos et les descriptions.

Exemple : un pull en laine : .... 1 ...

a. un pantalon en velours marron : ....

b. un blouson en cuir noir : ....

c. une petite robe noire unie : ....

d. un jean : ....

e. une chemise blanche : ....

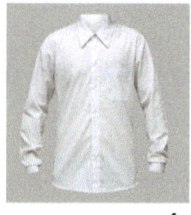

317. RÉVISER Remettez les phrases dans l'ordre.

Exemple : laine. – L'hiver, – porte – je – en – manteau – un → L'hiver, je porte un manteau en laine.

a. Elle – a – soie – une – blancs. – robe – en – à – pois – bleue → ....

b. Je – coton. – en – blanche – mets – une – chemise → ....

c. acrylique. – porte – un – de – bain – en – à – Il – motifs – slip → ....

d. Il – son – marron – pantalon – en – aime – beaucoup – velours. → ....

e. par – La – tissu – est – un – fragile – rapport – soie – au – coton. → ....

f. Cette – chère. – veste – vraiment – en – cuir – est – trop → ....

10 • S'habiller

318. SE TESTER Complétez avec la matière qui convient.

Exemple : J'ai envie d'un pantalon en *velours* marron.

a. En cadeau, on peut acheter une belle cravate en s..

b. Pour le ski, il faut un pull en l..

c. C'est un nouveau modèle de sac en c..

d. Son T-shirt est en c...

e. Elle a un nouveau pantalon de sport en a..

Acheter des vêtements 108

Dans le magasin, les vêtements ont une **étiquette** avec la **taille** (S, M, L, XL ou un numéro : 36, 38, 40…). Je peux **essayer** le vêtement pour voir si **ça me va** (c'est la bonne taille), s'il me **plaît** (j'aime ce vêtement). C'est peut-être **grand** ou ≠ **petit**, **long** ou ≠ **court**, **serré**, **étroit** ou ≠ **large**. Je trouve ça, **chic**, **élégant**. Quand il y a des **soldes** les prix sont plus bas.

319. S'EXERCER Reliez les parties des phrases qui conviennent.

Exemple : Il me faut des collants → avec cette jupe.

a. Vous faites quelle • • 1. Non, c'est trop serré.
b. Je peux essayer • • 2. taille ?
c. Ça vous va ? • • 3. Oui, c'est très chic.
d. Le tailleur vous plaît ? • • 4. avec le prix.
e. Il y a une étiquette • • 5. ce pantalon ?

320. S'EXERCER Écrivez « = » si c'est le même sens ou « ≠ » si c'est différent.

Exemple : serré/étroit → =

a. grand/petit → .... d. ça me va/ça me plaît → ....
b. long/court → .... e. essayer/acheter → ....
c. chic/élégant → .... f. les soldes/les promotions → ....

321. RÉVISER Voici un dialogue dans une boutique de vêtements. Complétez avec les mots :
faites, étiquette, cabines, foncée, serre, cuir, soie, quoi, poches.

Exemple : **Client** : Avez-vous ma taille pour ce modèle de pantalon ?

Vendeur : Vous … *faites* … du combien ?

Client : Du 44.

a. **Vendeur** : Voici un 44, je vous propose aussi un 46. Les .... d'essayage sont dans cette direction.

(un moment plus tard)

A. Les vêtements

b. Client : Il me .... trop, même le 46. Vous avez du 48 ?

Vendeur : Oui, mais seulement dans cette couleur.

Client : Du rouge ! C'est un peu trop voyant pour moi, vous n'avez pas une autre couleur ?

c. Vendeur : Non, j'ai ce modèle, qui ressemble au premier, mais il n'y a pas de ....

d. Client : C'est dommage, et il est en .... ?

Vendeur : C'est du lin.

Client : Oh, c'est un tissu délicat, non ?

e. Vendeur : Non, pas vraiment, vous pouvez le laver en machine, vous voyez, c'est indiqué sur l'.. et c'est très agréable à porter. C'est très léger. Nous l'avons en beige et en gris.

f. Client : Non, je préfère une couleur plus ...., du noir.

Vendeur : J'ai ce superbe modèle, il existe en noir et en marron, très confortable.

g. Client : C'est du .... !

Vendeur : Oui, d'excellente qualité et très souple.

h. Vendeur : Les poches sont doublées en ....

Client : Non, vraiment, je cherche quelque chose de plus classique. Un pantalon noir, en coton.

Vendeur : Je regrette, monsieur, nous n'avons pas ça.

322. SE TESTER **Complétez les mots.**

Exemple : C'est une ... *taille* ... M ou L ?

a. Regarde l'é .... pour savoir quelle est la matière.

b. C'est possible d'e .... cette jupe ?

c. Ce pantalon te v .... très bien !

d. C'est trop long ? – Non, au contraire, c'est un peu c ....

B. Les accessoires

10 • S'habiller

323. S'EXERCER Reliez l'accessoire à son usage.

Exemple : une ceinture → tenir le pantalon

a. le chapeau
b. des gants
c. une cravate
d. une écharpe
e. un parapluie
f. un sac

1. protéger les mains
2. fermer le col de chemise
3. protéger la tête
4. en bandoulière sur l'épaule
5. protéger de la pluie
6. protéger le cou du froid

324. RÉVISER Remettez les phrases dans l'ordre.

Exemple : On – un – dos. – part – avec – sac – à → On part avec un sac à dos.

a. Il – cuir. – aime – un – porter – chapeau – en → ....
b. Vous – votre – pouvez – casquette. – enlever → ....
c. C'est – toutes – une – en – laine – de – les – écharpe – jolie – couleurs. → ....
d. Vous – quelle – avec – conseillez – cravate – chemise ? – cette → ....
e. En – j' – bien – gants – en – des – hiver – porter – laine. – aime → ....

325. SE TESTER Complétez les mots.

Exemple : Je mets mes affaires dans mon sac en *bandoulière*.

a. Le soleil est très fort, je mets ma c... sur la tête.
b. Il pleut, j'ouvre mon p...
c. En hiver, on porte généralement une é... autour du cou.
d. Au ski, il se protège les mains avec des g...
e. J'ai besoin d'une c... en cuir avec ce nouveau pantalon.
f. Il déteste mettre une c... à son col de chemise.
g. Ce nouveau ch... te donne un style intéressant !
h. Quand il fait froid, les enfants ne sortent pas sans leur b... sur la tête.
i. C'est l'anniversaire de maman, on peut lui offrir un f... en soie.
j. Qu'est-ce que tu penses de mon nouveau s...à main ?

Les bijoux

des **boucles d'oreilles** (1),
une **bague** (2),
un **bracelet** (3),
un **collier** (4),
une **pierre précieuse** (5),
de **l'or** (6),
de **l'argent** (7),
une **perle** (8)

Ces bijoux sont en **argent**. Ces bijoux sont en **or**.

B. Les accessoires

326. S'EXERCER Complétez les phrases en regardant les photos de l'encadré page 122.

Exemple : C'est un cadeau magnifique : une (n° 2) bague.

a. Ton *(n° 3)* est très joli : ....
b. J'aime bien tes *(n° 1)* : ....
c. Je choisis ce *(n°4)* : ....
d. C'est en *(n° 6)* ou en *(n°7)* ? ....
e. Ce collier de *(n° 8)* est magnifique : ....
f. Sur la bague, il y a une *(n°5)* : ....

Les chaussures 🔊 111

Dans un magasin de chaussures, on trouve des **paires** avec ou sans **lacets**. Il y a des **bottes**, des **bottines** (petites bottes), des **sandales**, des **tongs** (pour la plage). Le **talon** peut être haut ou plat. Il faut la bonne **pointure** (la taille par exemple 42). On trouve aussi des **chaussons** pour mettre à la maison.

327. S'EXERCER Reliez les mots aux informations qui conviennent.

Exemple : les bottes → pour la pluie

a. des sandales	**1.** pour fermer les chaussures
b. le talon	**2.** pour la maison
c. la pointure	**3.** la taille du pied
d. les chaussons	**4.** haut ou plat
e. les lacets	**5.** avec les pieds nus

328. RÉVISER Voici un dialogue dans un magasin de chaussures. Complétez les phrases avec les mots : *renseigner, plaisent, essayer, pointure, apporter, garder, prends*.

Exemple : **Vendeuse** : Monsieur, je peux vous ... renseigner ... ?
Client : Oui, avez-vous ce modèle en noir ?

a. Vendeuse : Oui, en quelle .... ?
   Client : 43.
b. Vendeuse : Voilà monsieur, vous voulez les .... ?
   Client : Oui, je vous remercie.
   Vendeuse : Vous avez un miroir juste ici.
c. Client : Elles me .... bien, mais j'ai l'impression qu'elles sont un peu trop petites.
d. Vendeuse : Oui, je vais vous .... ce modèle en 44.
   Client : Bonne idée.
e. Client : Dans celles-ci, je suis plus à l'aise. Je les ....
   Vendeuse : Bien, monsieur.
g. Vendeuse : Vous préférez les .... aux pieds ou les emporter dans leur boîte ?
   Client : Dans la boîte, s'il vous plaît.

10 • S'habiller

329. RÉVISER Complétez avec « *avant* » ou « *après* » pour indiquer si le premier vêtement se met d'habitude avant ou après le deuxième.

Exemple : La chaussette se met *avant* la chaussure.

a. Le slip se met .... le pantalon.
b. La veste se met .... la chemise.
c. La robe se met .... le manteau.
d. Le T-shirt se met .... le pull.
e. Le polo se met .... le blouson.
f. La cravate se met .... la chemise.
g. L'imperméable se met .... la veste.
h. Les bottes se mettent .... le pantalon.

330. SE TESTER Complétez les mots.

Exemple : La ceinture de mon pantalon est en cuir.

a. Je mets des c.. à talons pour sortir.
b. J'aime les bijoux : surtout les b.. d'oreilles en a..
c. L'été, pour aller à la plage, je mets des t..
d. Il pleut, je dois penser à prendre mon p..
e. Ma c.. est trop serrée : j'ai du mal à respirer.
f. Il n'y a pas ma p.. Il ne reste que du 39.
g. Ce b.. est joli sur mon poignet: il a des p.. p..
h. L'hiver, je mets toujours une é.., un b..
et des g.. pour me protéger du froid.
i. Ce collier de p.. coûte très cher.

C. La mode

 La mode

Dans une **maison de couture**, des **créateurs de mode** imaginent des vêtements de **haute-couture** (le **luxe**) ou pour le **prêt-à-porter**. La **marque** (le nom commercial) organise des **défilés** pour montrer les nouveaux **modèles** (les articles) portés par des **mannequins**.

C. La mode

331. S'EXERCER Reliez le mot et son explication.

Exemple : il dessine des vêtements → un créateur de mode

a. les vêtements de haute qualité faits en petite quantité
b. le nom commercial
c. les modèles de la nouvelle saison
d. une personne qui porte les vêtements pour les montrer
e. pour montrer les nouveaux vêtements aux clients potentiels
f. des vêtements faits en grande quantité

1. le prêt-à-porter
2. la collection
3. la haute couture
4. un mannequin
5. un défilé
6. la marque

> Ne pas confondre :
> la mode, mot féminin ≠ le mode (= la façon, exemple : le mode de vie)

332. RÉVISER Complétez avec les mots suivants : *collection, mannequin, défilé, créateur, prêt-à-porter, luxe.*

Exemple : La … collection … printemps/été est très colorée cette année.

a. Il travaille dans le secteur du ....
b. Il y a un .... de ma marque préférée cette semaine.
c. Elle est .... pour une maison de mode.
d. Je travaille pour un .... de mode.
e. C'est un magasin de ...., les prix sont raisonnables !

333. SE TESTER Complétez les mots.

Exemple : La maison de *couture* Chanel est très connue en France.

a. C'est le nouveau co.. à la mode.
b. Ma jupe est un modèle h..-c..
c. Elle est m.. et participe à plusieurs défilés chaque année.
d. J'achète des vêtements dans le p..-à-p..
e. C'est une marque de l.. : les vêtements sont très chers.
f. Ce m.. vient de la collection automne-hiver de la saison dernière.
g. Le d.. a lieu dans un endroit magnifique.

Bilan 1

Complétez avec le mot qui convient.

1. On cherche une chemise pour un homme et un c................................ pour une femme.
2. Une veste et un pantalon de la même couleur : c'est un c................................
3. Pour une femme, la veste et le pantalon : un t................................
4. Le matin, je mets mes vêtements, je m'h................................
5. Le soir, je me d................................
6. Il fait chaud ici, je peux e................................ mon pull.
7. Le c................................ de ta chemise n'est pas fermé.
8. Au travail, il doit porter une b................................ blanche.
9. C'est un pull en l................................ bien chaud.
10. Ce blouson est pratique, il a une c................................ pour mettre sur la tête.
11. La clé est dans la p................................ de mon pantalon.
12. Elle est en robe ? Non, elle a une j................................
13. Je met des c .... en coton et ensuite mes chaussures.
14. Vous faites quelle t................................ de pantalon ?
15. Ce modèle est peu s................................, vous avez plus large ?
16. La robe te va ? Elle est un peu l................................, vous avez plus court ?
17. J'ai besoin d'une c .... pour mon tenir mon pantalon.
18. Ce sac à main est en quoi ? Il est en c................................
19. À la maison, je laisse mes chaussures dans l'entrée et je mets mes c................................
20. Attention, les l................................ de tes chaussures sont défaits !
21. Elle porte de jolies b................................ d'oreilles.
22. C'est une b .... avec une pierre magnifique.
23. C'est en argent ou en o................................ ?
24. J'adore la mode, je veux absolument voir un d................................ de cette marque.
25. Elle travaille pour une marque de haute-couture, elle est m................................

Mon score : .... /25

Bilan 2

113 Écoutez le texte puis complétez-le avec les mots ci-dessous.

Élégants, laine, magasin, prêt-à-porter, défilé, veste, poche, cuir, argent haute-couture, mode, manteaux, bottes, talons, bijoux, boucles, jupe, bague, chaussures, mannequin.

Un jour, dans un (1)..
de (2)..., j'essaie une jolie (3)...
rouge et quand je mets la main dans la (4).., je trouve un
petit papier. C'est un numéro de téléphone. Curieuse, je garde le papier, paie mes achats
(un pull en (5)..., une (6)... longue
et une paire de (7)... en (8)...), et je
sors. Dans la rue, je prends mon téléphone et j'appelle. C'est une jeune femme qui répond.
Elle comprend tout de suite quand je parle du papier avec le numéro. Elle travaille comme
(9)... pour une maison de (10)...
Elle adore les vêtements et elle fait ça pour parler de (11)...
avec quelqu'un.

J'adore aussi les vêtements, alors maintenant, on s'appelle souvent. Je vais la voir quand
elle participe à un (12).. Elle porte des vêtements incroyables,
très (13)..., des (14)... de créateur,
sans oublier les (15)... avec des (16)... très
hauts. Moi, j'aime surtout les (17)..., je ne résiste pas devant
des (18)... d'oreilles ou une (19)... en
(20)...

Un petit morceau de papier peut apporter une grande amitié !

Mon score : .... /20

11 • Les loisirs

A. Le sport, les activités extérieures

Les activités

À l'extérieur, on peut faire du sport, **s'entraîner,** faire de la **gym**(nastique), aller dans un **club** de gym.

Des gens aiment la **marche** (la **randonnée** = marche sportive), c'est à dire **marcher, se promener** pour visiter un lieu, faire une **promenade** (ou un peu familier : faire une **balade ou se balader**). On peut aussi **courir**.

Avec un **cheval**, on fait de l'**équitation**. Si on préfère l'eau, c'est la **natation**, **nager dans** une **piscine**, **plonger** ou faire de la **plongée** (sous l'eau).

À la montagne, on peut faire du **ski**, **skier**, sur une **piste**, prendre les **remontées mécaniques**. Il y a aussi le ski de **fond** (dans la nature) et l'**escalade** (monter en haut des montagnes). À la mer, il est possible de faire du **bateau** à **voile** ou à **moteur**. On peut aussi **pêcher** (= attraper des poissons).

Le **golf** est **pratiqué** sur un **terrain**. La **pétanque** est un jeu avec des boules en métal très populaire, surtout dans le sud.

À l'intérieur, on peut aussi faire du **yoga ou** de la **danse** ou pratiquer les **arts martiaux** comme le **judo** ou le **karaté**.

Si on préfère un **jeu,** par exemple le **football** (familièrement : le foot), on joue au foot.

334. S'EXERCER Reliez le verbe et le nom qui correspond.

Exemple : marcher → la marche

a. courir • • 1. un jeu
b. jouer • • 2. l'équitation
c. skier • • 3. la course
d. faire du cheval • • 4. la danse
e. nager • • 5. la plongée
f. plonger • • 6. le ski
g. danser • • 7. la natation

A. Le sport, les activités extérieures

335. S'EXERCER Cochez la bonne réponse.

Exemple : Il fait du bateau : il fait ☐ du vélo ☒ de la voile

a. Elle fait une course : elle ☐ marche ☐ court
b. Le rugby est un sport ☐ individuel ☐ d'équipe
c. On va nager ☐ à la piscine ☐ au stade
d. Je fais de la gym, ☐ je m'entraîne ☐ je me balade
e. L'équipe de basket gagne le match, ☐ elle est n°1 ☐ l'autre équipe est n°1
f. Un jeu avec des boules en métal est ☐ le golf ☐ la pétanque

336. RÉVISER Remettez les phrases dans l'ordre.

Exemple : part – Il – Alpes. – les – dans – faire – l' – escalade – de → Il part faire de l'escalade dans les Alpes.

a. judo. – Il – noire – de – ceinture – est
→ ....

b. j' – de – En – la – faire – vacances – randonnée. – adore
→ ....

c. faire – voile. – petite – en – Je – à – bateau – pars – une – croisière
→ ....

d. vais – le – dans – Je – randonnée – vélo – Limousin. – à – de – la – faire
→ ....

e. ton – Prends – maillot – à – on – la – piscine. – va
→ ....

g. le – match – lycée. – Nous – avons – du – l' – gagné – équipe – contre
→ ....

h. est – champion – course – de – pied. – à – Il
→ ....

337. SE TESTER Complétez les mots suivants.

Exemple : un sport collectif en équipe.

a. le bateau → la v............................   **c.** courir → la c............................   **e.** jouer → un j............................
b. la bicyclette → le v............................   **d.** se balader → une b............................   **f.** le cheval → l'é............................

Le matériel de sport 115

Aux pieds, il faut des chaussures de sport (familièrement : des **baskets**), une **casquette** sur la tête et des **gants** pour les mains. On porte un **short** ou un **survêtement** (pantalon et veste).
Pour protéger la tête, on a un **casque**.
Si on nage, il faut un **maillot de bain** et un **bonnet** (pour la piscine). Au tennis, on envoie la **balle** au-dessus du **filet** avec la **raquette**. On joue au rugby ou au foot avec un **ballon**. Au golf, on utilise un **club** pour mettre la balle dans le **trou**. Et pour la pêche, on a besoin d'une **canne à pêche**.

un ballon de rugby

une raquette

une balle de tennis

129

11 • Les loisirs

338. s'exercer Cochez la bonne réponse.

Exemple : Tu vas à la piscine ? Prends ☐ ta casquette. ☒ ton bonnet.

a. On va pêcher ! Il faut ☐ une canne. ☐ une raquette.
b. Il fait du vélo. Il a ☐ un casque ☐ un maillot sur la tête.
c. J'ai besoin d'une nouvelle ☐ canne ☐ raquette de tennis.
d. Ces ☐ balles ☐ ballons de tennis sont neuves.
e. Pour le golf, tu prends quelle ☐ ballon ? ☐ club ?
f. C'est un terrain de golf avec 18 ☐ trous. ☐ balles.

339. s'exercer Reliez l'objet et le sport qui correspond.

Exemple : un vélo de → course

a. un ballon de • • 1. pétanque
b. une balle de • • 2. voile
c. une raquette de • • 3. rugby
d. un bateau à • • 4. golf
e. des boules de • • 5. tennis

340. réviser Complétez les phrases avec les mots : *football, handball, cyclisme, judo, tennis, rugby, golf, basket*.

Exemple : 2 équipes de 11 joueurs, un ballon rond, un gardien de but → le *football*

a. un court, une balle, un filet → le ....
b. un terrain, des trous, un club → le ....
c. 2 équipes de 15 joueurs, un ballon ovale, la mêlée → le ....
d. 2 mi-temps de 20 minutes, un panier, un ballon → le ....
e. un vélo, une course, le Tour de France → le ....
f. 7 joueurs, 2 arbitres, 2 fois 30 minutes → le ....

341. se tester Complétez les mots.

Exemple : Il fait de la moto, il a un … casque … sur la tête.

a. En randonnée, je mets une c.. pour me protéger la tête du soleil.
b. À la piscine, il faut avoir un b.. sur la tête.
c. Prends ta raquette et des b.., on va jouer au tennis.
d. On a un b.., on peut faire une partie de foot.
e. Il porte un s.. pour son entraînement de gymnastique.
f. Il y a un f.. au milieu du terrain de tennis.
g. Prends ta c.., on va pêcher.
h. Vous jouez avec quel c.. de golf ?
i. C'est un terrain de golf avec 18 t.. ?

B- Les activités intérieures

Les activités à l'intérieur 116

Si on aime la **lecture** (= l'action de lire), on peut **lire** un **livre** ou une bande-dessinée (**BD**). Il est possible d'**emprunter** des livres dans une bibliothèque, ensuite il faut les **rendre**. On peut aussi regarder une **émission** à la **télé**(vision), écouter la **radio** ou de la musique sur un CD, **se connecter** à un **site** de streaming sur Internet, aller sur les **réseaux sociaux**, jouer à des **jeux vidéo** avec une **console** de jeux ou **en ligne**.

On peut jouer d'un **instrument de musique**, faire du **piano**, de la **guitare**. On peut **chanter** des **chansons** dans une **chorale** (un groupe de chanteurs/chanteuses).

D'autres personnes préfèrent faire une **collection**, **collectionner** des timbres. On peut **photographier**, prendre des **photo**(graphie)s avec un **appareil photo**, ou utiliser une **caméra** pour la vidéo ou le cinéma.

Si on aime les loisirs **créatifs**, on peut **dessiner**, faire un **dessin**, **peindre**, faire une **peinture**, **sculpter**, faire une **sculpture**, prendre des cours de peinture.

Il y a aussi les **mots-croisés** et les jeux de société, on peut jouer aux **échecs**, faire une partie de **dames** ou de **cartes**. On doit connaître les **règles** et si possible ne pas **tricher**.

342. S'EXERCER Reliez les éléments de phrase qui conviennent.

Exemple : J'aime → la lecture.

a. On peut emprunter • • 1. un livre à la bibliothèque.

b. Nous regardons • • 2. dans une chorale.

c. J'écoute • • 3. une partie de poker.

d. Mon frère joue • • 4. à un site sur Internet.

e. Tu joues • • 5. une émission de télé.

f. On fait • • 6. du piano.

g. On se connecte • • 7. une émission de radio.

h. Nous chantons • • 8. aux échecs avec moi.

11 • Les loisirs

343. S'EXERCER Complétez avec le mot qui correspond.

Exemple : Il dessine, il fait du → ... dessin ...

a. On peint, on fait de la → ....

b. Elle sculpte, elle fait de la → ....

c. Ils jouent sur leur console, ils font un → ....

d. Il photographie, il prend une → ....

e. Elles aiment chanter, elles aiment le → ....

f. Elle collectionne les timbres, elle fait une → ....

g. On pourrait jouer aux échecs, on fait un → ....

h. Vous aimez lire ? Vous aimez la → ....

344. RÉVISER Complétez avec les mots : *streaming, filet, fais, partie, appareil, cours, collectionne.*

Exemple : Tu écoutes des CD ? Non, j'écoute de la musique en ... streaming ...

a. Tu joues d'un instrument ? Oui, je .... du violon.

b. Tu fais une collection ? Oui, je .... les chaussettes originales.

c. Tu joues aux échecs ? Oui, on fait une ....

d. Tu dessines bien ! Oui, je prends des ....

e. Tu fais de belles photos ! Oui, j'ai un bon .... photo.

f. Ta balle est dans le .... !

345. RÉVISER Complétez avec les mots : *loisir, bricoler, cartes, jardiner, échecs, société, pêcheur, collectionner.*

Exemple : Une activité pratiquée pour le plaisir. → un ... loisir ...

a. Quelqu'un qui attrape des poissons. → un ....

b. Travailler dans le jardin. → ....

c. Travailler dans la maison pour réparer, modifier, etc. → ....

d. Jeu avec un roi, une reine sur des cases noires ou blanches. → les ....

e. On les utilise pour jouer au poker, au bridge, etc. → les ....

f. Garder systématiquement un certain type d'objets. → ....

g. Un jeu pratiqué à la maison, souvent avec plusieurs joueurs. → un jeu de ....

346. SE TESTER Complétez avec le mot qui correspond.

Exemple : Il *joue du piano.*

a. J'é.. de la musique en ligne.

b. Il a une c .... de jeux vidéo.

c. On se c .... à un site sur Internet.

d. Tu es sur quel r .... social ?

e. Je vais prendre des livres à la b ....

f. On fait une p .... de cartes ?

g. Sur un terrain de tennis, les deux côtés sont séparés par un f ....

C. Des activités « utiles »

Le bricolage 117

perceuse électrique

escabeau

marteau

scie

tournevis

Si on aime **bricoler**, on a besoin d'**outils** dans une **boîte** à outils. Par exemple, une **perceuse** électrique pour **percer** un **trou**, un **marteau**, pour mettre un **clou**, une **scie**. On peut **serrer** une **vis** avec un **tournevis**. Il faut monter sur un **escabeau** (plus petit) ou une **échelle** (plus grand) pour être plus haut pour accrocher un tableau au mur. Avec un **pinceau**, on peut **peindre**, faire de la **peinture**.

347. S'EXERCER Reliez les éléments de phrase qui conviennent.

Exemple : Je monte → sur l'échelle.

a. Je fais un trou
b. Je mets un clou
c. Je mets une vis
d. Je découpe une planche de bois
e. Je peins

1. avec le tournevis.
2. avec la perceuse.
3. avec un pinceau.
4. avec une scie.
5. avec le marteau.

348. S'EXERCER Rayez ce qui ne convient pas.

Exemple : Je veux bricoler, j'ai besoin de ~~mes cahiers~~ / mes outils.

a. Je veux planter un clou, j'ai besoin *d'un tournevis/d'un marteau*.
b. Je veux serrer une vis, j'ai besoin *d'un tire-bouchon/d'un tournevis*.
c. Je veux mettre un tableau au mur, j'ai besoin *d'un clou/d'un pinceau*.
d. Je veux faire un trou, j'ai besoin *d'une scie/d'une perceuse*.
e. Je veux couper un morceau de bois, j'ai besoin *d'une scie/d'une vis*.
f. Je veux travailler en hauteur, j'ai besoin *d'un escabeau/d'un marteau*.
g. Je veux peindre, j'ai besoin *d'un marteau/d'un pinceau*.

11 • Les loisirs

349. RÉVISER Êtes-vous un bon bricoleur ? Complétez avec les mots : *outils, tournevis, escabeau, marteau, clou, boîte, perceuse, accrocher, vis.*

Exemple : Pour bien bricoler, il faut avoir de bons … outils …

a. Je veux mettre un tableau au mur. Je dois planter un ....

b. Pour ça, j'ai besoin d'un ....

c. Je vais le chercher dans ma .... à outils.

d. Ensuite, je veux monter sur mon .... mais je remarque qu'il est cassé.

e. Pour le réparer, j'ai besoin d'une .... ou deux.

f. Mais, pour les mettre, je ne trouve pas mon ....

g. Finalement, je change d'idée et je prends ma .... pour faire un trou dans le mur.

h. J'essaie d'... le tableau, mais le trou est trop grand.

350. RÉVISER Les lettres du mot en italique sont mélangées. Écrivez le mot correctement.

Exemple : Il faut percer un *rotu*. → trou

a. Vous aimez le *cogarible* ? → ....

b. Je vais refaire la *tepinure*. → ....

c. Je monte sur un *becaseau*. → ....

d. J'ai une boîte à *sotuil*. → ....

e. Il prend un *capuine* pour peindre. → ....

f. On a une *scerpeue* électrique. → ....

g. Tu dois *rerers* cette vis. → ....

351. SE TESTER Complétez les mots.

Exemple : J'achète un tournevis dans un magasin de *bricolage*.

a. Prends le m .... pour enfoncer le clou.

b. Je mets un c .... au mur pour accrocher le nouveau tableau.

c. Tu as besoin d'une p .... électrique pour faire un trou.

d. Je mets une vis, passe-moi le t ....

e. Donne-moi ton timbre, c'est pour ma c ....

f. J'utilise une s .... pour découper une planche de bois.

g. Je monte sur un e .... pour décrocher le tableau.

h. Je ne peux pas peindre, le p .... est tout sec.

C. Des activités « utiles »

Le jardin

Pour **jardiner** (faire du **jardinage**), on **coupe** ou **tond** l'**herbe** ou le **gazon**. Il faut s'occuper des **fleurs** et des **plantes**, changer les **pots**, **arroser** (= mettre de l'eau) avec un **tuyau** d'arrosage, mettre de l'**engrais** (= pour une terre plus riche), **ramasser** les **feuilles** mortes, **cueillir** les fruits…

tuyau d'arrosage

352. S'EXERCER Reliez les éléments de phrase qui conviennent.

Exemple : Il travaille dans le jardin, → il jardine.

a. Il coupe l'herbe,　　　　　　　　　　1. il met de l'engrais.
b. Il prend les fruits,　　　　　　　　　　2. il tond.
c. Il prend les feuilles mortes,　　　　　　3. il cueille.
d. Il met de l'eau,　　　　　　　　　　　4. il arrose.
e. Il fertilise la terre d'une plante,　　　　5. il ramasse.

353. S'EXERCER Rayez le verbe qui ne convient pas.

Exemple : Il fait beau, je vais ~~coller~~/cueillir quelques fleurs dans le jardin.

a. L'herbe est haute, je vais la *couper/cueillir*.
b. Les feuilles mortes sont tombées, je vais les *couper/ramasser*.
c. Les cerises sont mûres, je vais les *couper/cueillir*.
d. Cet arbre est mort, je dois le *couper/cueillir*.
e. J'ai fait un tas de feuilles mortes, je vais les *planter/brûler*.
f. Je vais *percer/planter* de nouvelles fleurs devant la maison.
g. Je vais *ajouter/enlever* les mauvaises herbes.
h. Les rosiers sont secs, je vais les *brûler/arroser*.

354. RÉVISER Cochez pour indiquer si la personne bricole ou jardine.

	Il jardine	Il bricole
Exemple : Il coupe l'herbe.	☒	☐
a. Il fait un trou dans le mur.	☐	☐
b. Il ramasse les feuilles mortes.	☐	☐
c. Il plante un clou.	☐	☐
d. Il plante des fleurs.	☐	☐
e. Il repeint la cuisine.	☐	☐
f. Il cueille les haricots.	☐	☐
g. Il met du parquet.	☐	☐
h. Il met de l'engrais.	☐	☐

11 • Les loisirs

355. SE TESTER Complétez les mots.

Exemple : Il faut *tondre* le gazon !

a. On doit a.. les plantes, elles ont besoin d'eau.

b. En automne, les f.. mortes tombent des arbres.

c. On peut c... les cerises ?

d. N'oublie de mettre de l'e... dans les pots.

e. C'est la bonne période pour p... des fleurs dans le jardin.

f. Il faut r... les fruits tombés de l'arbre.

g. Il repeint sa chambre avec une p... jaune.

h. Prends l'é.. pour atteindre la branche de l'arbre.

La déco et la couture 119

Pour **décorer**, faire la **déco**(ration) de sa maison, on peut aller dans les **brocantes** pour **chiner** (chercher les objets anciens) par exemple un **miroir**, une **lampe**, un **tapis**. Pour **rénover** des meubles, il faut **poncer**, mettre du **vernis**. Pour la **couture**, on utilise une **aiguille**, du **fil**, ou une **machine à coudre**, pour faire un **ourlet**. On peut aussi faire du **tricot**, **tricoter**, avec de la **laine** et des **aiguilles** à tricoter.

La cuisine 120

La cuisine peut aussi être un loisir, chercher une **recette**, trouver les **ingrédients**, **faire cuire** dans un **four**, faire **bouillir** de l'eau. On peut aller dans un **atelier** de cuisine pour apprendre à cuisiner des **plats**.

356. S'EXERCER Cochez la bonne réponse.

	vrai	faux
Exemple : On peut utiliser une aiguille pour coudre et pour tricoter.	☒	☐
a. Dans un vide-grenier, on trouve surtout des objets neufs.	☐	☐
b. L'ourlet est en bas d'un pantalon.	☐	☐
c. Tricoter est une manière de cuisiner.	☐	☐
d. Pour faire bouillir, on met dans de l'eau et on chauffe jusqu'à 100°.	☐	☐
e. Une lampe est un type d'éclairage.	☐	☐
f. Les ingrédients sont les produits à utiliser dans une recette.	☐	☐

C. Des activités « utiles »

357. S'EXERCER Complétez les phrases avec les mots : *ingrédients, ourlet, poncer, tricoter, coudre, brocante, aiguilles, recette, bouillir.*

Exemple : Il me manque des … ingrédients … pour faire ta recette.

a. Je trouve des idées de déco dans une ....

b. Je vais .... la table avant de mettre du vernis.

c. Tu peux me .... un nouveau pull en laine ?

d. Je voudrais essayer une nouvelle .... de gâteau.

e. Fais .... l'eau dans la casserole.

f. Passe-moi mes .... à tricoter.

g. Ma machine à .... est en panne : je ne peux pas finir l'........................... de ton pantalon.

358. S'EXERCER Cochez la personne qui correspond à la phrase.

Exemple : Un beau poisson !	☐ un photographe	☒ un pêcheur
a. Vous avez lu mon dernier roman ?	☐ un écrivain	☐ un décorateur
b. J'ai pris ton pion	☐ un collectionneur	☐ un joueur d'échecs
c. J'ai oublié les paroles !	☐ un chanteur	☐ un écrivain
d. C'est une de mes toiles préférées !	☐ un peintre	☐ un décorateur
e. J'ai la série complète !	☐ un danseur	☐ un collectionneur
f. Les rideaux vont très bien avec le canapé !	☐ un décorateur	☐ un danseur

359. RÉVISER Reliez les personnalités et les loisirs qui correspondent.

Exemple : Mathieu adore être à l'extérieur et jouer dans une équipe. → le football

a. Sylvie a une passion pour les fleurs. • • **1.** les mots-croisés

b. Adrien s'intéresse beaucoup à la littérature. • • **2.** la lecture

c. Michael adore les jeux avec les mots. • • **3.** un atelier de cuisine

d. Gaëtan adore jouer sur Internet. • • **4.** les jeux vidéo en ligne.

e. Sophie adore les longues promenades en mer. • • **5.** le jardinage

f. Valérie aime nager. • • **6.** la natation

g. Patrick adore essayer de nouvelles recettes. • • **7.** le bateau à voile

360. RÉVISER Les lettres du mot en italique sont mélangées. Écrivez le mot correctement.

Exemple : J'aime *véroner* des meubles. → rénover

a. Je refais la *rodicatéon* chez moi. → ....

b. Ils aiment chiner dans une *tocabren*. → ....

c. On va changer l'*agéaclire*. → ....

d. Tu sais *doucre* un ourlet ? → ....

e. Je vais *cotterir* un pull. → ....

f. Je suis inscrite dans un *laterie* de cuisine. → ....

g. C'est une nouvelle *cerette* de gâteau. → ....

h. Tu as tous les *nédiringets* pour le plat ? → ....

11 • Les loisirs

361. SE TESTER Complétez les mots.

Exemple : Tu sais faire l'*ourlet* d'un pantalon ?

a. Je ne fais pas ça à la main, j'ai une machine à c ....

b. Dans le v .... -g .... de ma cousine, j'ai acheté un tapis.

c. Il faut passer le fil dans l'a ....

d. Elle sait t .... , elle peut te faire un bonnet en laine !

e. Tu peux me dire quels sont les i .... pour faire une ratatouille ?

f. Faites b .... un litre d'eau dans une casserole.

g. Pendant les vacances, j'aime bien faire des mots c ....

h. J'ai oublié la r .... de ton gâteau au chocolat.

i. Je vais ré .... cette vieille table en bois.

j. Il est possible de chiner des objets anciens dans cette b ....

362. SE TESTER Complétez avec le nom du loisir qui convient.

Exemple : Il aime peindre. → Il aime la … peinture …

a. Il aime dessiner. → Il aime le ....

b. Il aime bricoler. → Il aime le ....

c. Il aime jardiner. → Il aime le ....

d. Il aime décorer. → Il aime la ....

e. Il aime lire. → Il aime la ....

f. Il aime photographier. → Il aime la ....

g. Il aime coudre. → Il aime la ....

h. Il aime pêcher. → Il aime la ....

Bilan 1

Complétez les phrases avec le mot qui convient.

1. On court ? D'accord, on fait une c..
2. Il aime la marche sportive, la r..
3. On fait une b.. (une promenade,) dans le centre-ville.
4. Tu aimes les chevaux ? Oui, je fais de l'é..
5. Pour faire de la moto, il est obligatoire de porter un c..
6. C'est un bateau à moteur ? Non, à v..
7. Tu prends ta voiture ? Non, j'ai mon v.. (= ma bicyclette)
8. Ton fils aime lire ? Oui, il adore la l..
9. Quelle est ton é.. de foot favorite ?
10. On j.. aux cartes ?
11. Tu as une c.. de jeux vidéo ? Oui, alors on fait une partie.
12. Il va perdre le match ? Non, il va g..
13. Ils font du ski de f.. ou de piste ?
14. C'est un terrain de golf de 18 t..
15. On voudrait jouer au rugby, où est le b.. ?
16. Mon copain fait une c.. de timbres.
17. Attends, je prends mon a.. pour prendre une photo !
18. Il c.. dans une chorale.
19. Tu peux réparer le moteur ? Non, je n'ai pas mes o..
20. Tu fais du b.. ? Oui, je peux réparer un peu tout.
21. Le gazon est haut, il faut le t..
22. On va mettre un clou au mur, passe-moi la p.. électrique !
23. On essaie cette nouvelle r.. de cuisine ?
24. J'ai une machine à c.., je peux faire des vêtements.
25. Je sais t.., je peux me faire des pulls en laine.

Mon score : .... /25

Bilan 2

121 Écoutez le texte puis complétez-le avec les mots ci-dessous.

Règles, gagne, marteau, bibliothèque, console, réseau, équitation, chanter, jeu, tuyau, aiguilles, recettes, bateaux, compétition, course, jardin, coudre, engrais, perd, outils.

Il y a un nouveau (1)... vidéo, il existe sur (2)... ou en (3)...
Le principe : on vit dans une maison virtuelle. On doit répondre à des questions, par exemple : sur les (4)... du foot, sur les chevaux (vous devez connaître l'(5)...) sur les (6)... à voile, ou sur la musique : on doit (7)... une chanson. Ou en jardinage, quel (8)... doit être donné à une plante ? Si on répond bien, on peut avoir des objets virtuels, comme des (9)... de bricolage. S'il y a une réparation à faire, on peut utiliser un (10)... On peut obtenir un (11)... d'arrosage pour le (12)..., des (13)... de cuisine pour se faire des plats. Des (14)... et du fil pour (15)...
Mais si on répond mal, on (16)... ces objets. On peut trouver des informations dans les livres de la (17)... Et on est en (18)... avec d'autres joueurs, c'est une (19)..., le plus rapide (20)...
Dans ce jeu étonnant, la réalité et la fiction se mélangent ! On prépare une nouvelle version pour jouer dans une vraie maison !

Mon score : .... /20

12 • Le corps et la santé

A. Le visage

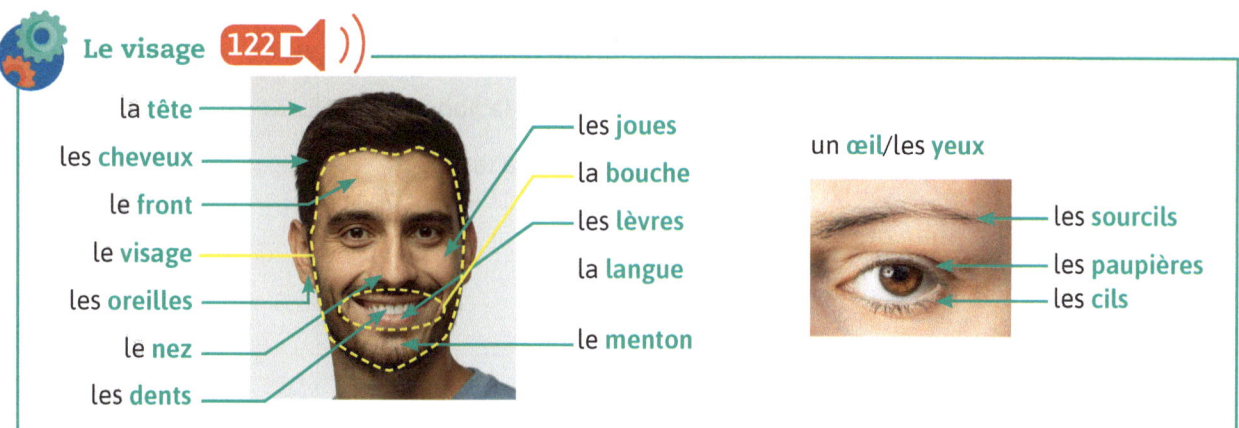

Le visage 122

- la tête
- les cheveux
- le front
- le visage
- les oreilles
- le nez
- les dents
- les joues
- la bouche
- les lèvres
- la langue
- le menton
- un œil/les yeux
- les sourcils
- les paupières
- les cils

363. S'EXERCER Cochez la bonne quantité.

	1	2	beaucoup de/d'
Exemple : cil(s)	☐	☐	☒
a. nez	☐	☐	☐
b. yeux	☐	☐	☐
c. cheveux	☐	☐	☐
d. lèvre(s)	☐	☐	☐
e. oreille(s)	☐	☐	☐
f. front(s)	☐	☐	☐
g. joue(s)	☐	☐	☐
h. visage	☐	☐	☐

364. S'EXERCER Reliez les deux parties de phrase qui correspondent.

Exemple : Pour dire bonjour à un(e) ami(e), on fait une bise sur → la joue.

a. Après manger, il faut te laver •   • 1. les oreilles.
b. La lumière est trop forte, je ferme • • 2. les dents.
c. Je vais chez le coiffeur, il me coupe • • 3. les lèvres.
d. Il aime croquer une pomme avec •   • 4. les yeux.
e. Elle se met du rouge sur •   • 5. les cheveux.
f. Je n'entends pas bien, j'ai un bruit dans • • 6. la tête.
g. La chaleur me donne mal à •   • 7. les dents.

365. RÉVISER Notez de 1 à 8 pour classer ces parties du visage du haut vers le bas.

Exemple : le front (2)

a. les lèvres (……) ;   b. les yeux (……) ;   c. les cheveux (……) ;   d. le menton (……) ;
e. les cils (……) ;   f. les joues (……) ;   g. les sourcils (……)

12 • Le corps et la santé

366. RÉVISER Les lettres du mot en italique sont mélangées. Écrivez le mot correctement.

Exemple : Elle a les *silc* très longs. → cils

a. Elle a un beau *gavies* ! → ....
b. J'ai mal aux *reiloles*. → ....
c. Il a les *roussilc* blonds. → ....
d. Elle a du rouge sur les *vèsrel*. → ....
e. Vous devez fermer les *exuy*. → ....
f. Elle se maquille les *reauppiès*. → ....
g. Ouvre la *huboce*. → ....
h. Montre ta *geluan*. → ....

367. SE TESTER Complétez les mots.

Exemple : Nous regardons avec nos *yeux*.

a. Nous écoutons avec nos o....................
b. Pour dormir, on ferme nos p....................
c. Dans la bouche, nous avons 32 d....................
d. À l'extérieur de la bouche, nous avons 2 l....................
e. Pour parler, nous utilisons beaucoup la l....................
f. Nous sentons les odeurs avec notre n....................
g. Elle a de long c....................
h. Les hommes peuvent avoir de la barbe au m....................
i. On fait une bise sur la j....................

B. Le corps

Les parties du corps

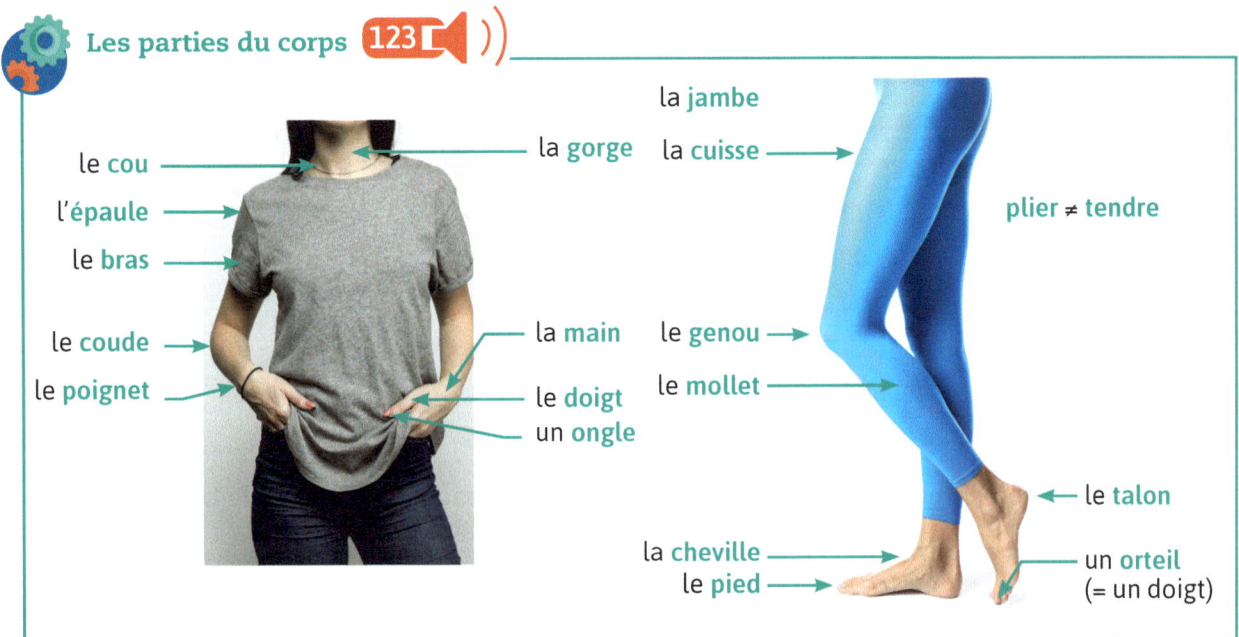

B. Le corps

368. S'EXERCER Cochez la bonne réponse.

Exemple : Le genou est sur ☐ le bras. ☒ la jambe.
a. L'orteil est un doigt ☐ de la main. ☐ du pied.
b. Entre la tête et l'épaule, il y a ☐ le cou. ☐ le coude.
c. Le poignet est entre ☐ la main et le bras. ☐ le bras et le cou.
d. Le talon est une partie ☐ du pied. ☐ de la main.
e. Quand on ouvre la bouche, au fond on voit ☐ les oreilles. ☐ la gorge.

369. S'EXERCER Reliez chaque élément à la partie du corps qui correspond.

Exemple : les doigts → les mains

a. les orteils •
b. les lèvres •
c. les cils •
d. les genoux •
e. les ongles •
f. le talon •
g. le coude •

• 1. la bouche
• 2. les yeux
• 3. les pieds
• 4. les bras
• 5. les doigts
• 6. les jambes
• 7. les pieds

370. RÉVISER Complétez avec les mots : *bras, mollet, pieds, ongles, cheville, cuisses, épaule, jambe, tendue, gorge, doigt, main, poignet.*

Exemple : Il ne peut pas écrire, il a le … bras … cassé.

a. Elle ne peut pas marcher, elle a la .... cassée.
b. Elle a du vernis sur les ....
c. Levez la .... si vous avez une question.
d. Ce n'est pas poli de montrer quelqu'un avec le .... !
e. À la fin de la journée de ski, j'ai mal aux ....
f. Avec la jambe pliée ? - Non, au contraire, ...
g. Elle ne peut plus lever le bras, son .... est cassée.
h. Il fait froid dehors, mets une écharpe sur ta ....
i. J'ai mal aux ...., mes chaussures sont trop petites.
j. Ce bracelet est trop grand pour mon ....
k. Il joue au football et il se tord la ....
l. C'est difficile de fermer la botte au niveau du ....

371. RÉVISER Les lettres du mot en italique sont mélangées. Écrivez le mot correctement.

Exemple : Le *notal* est une partie du pied. → talon

a. L'ongle est sur le *gotid*. → ....
b. Le *duoce* est au milieu du bras. → ....
c. Pour le vélo, il faut des *stollem* musclés. → ....
d. Il faut *derten* les bras. → ....
e. Le *nouge* est au milieu de la jambe. → ....
f. Après le ski, j'ai mal aux *suissce*. → ....
g. En hiver, j'ai souvent mal à la *rogge*. → ....
h. Pour le piano, le *topigne* doit rester souple. → ....

12 • Le corps et la santé

372. SE TESTER Complétez les mots.

Exemple : Chaque main a 5 doigts.

a. J'aimerais un massage du c .... et des é ....

b. Le m .... se trouve entre la cuisse et le pied.

c. L'articulation du pied est la c ....

d. Pour cette danse, ne tends pas la jambe, il faut la p ....

e. En hiver, j'ai souvent mal à la g ....

f. Ces chaussures sont trop serrées, j'ai mal aux p ....

g. Je mets du vernis rouge sur mes o ....

h. Il se blesse le t .... parce qu'il marche pieds nus.

i. Je tombe les mains en avant. Résultat, j'ai mal au p ....

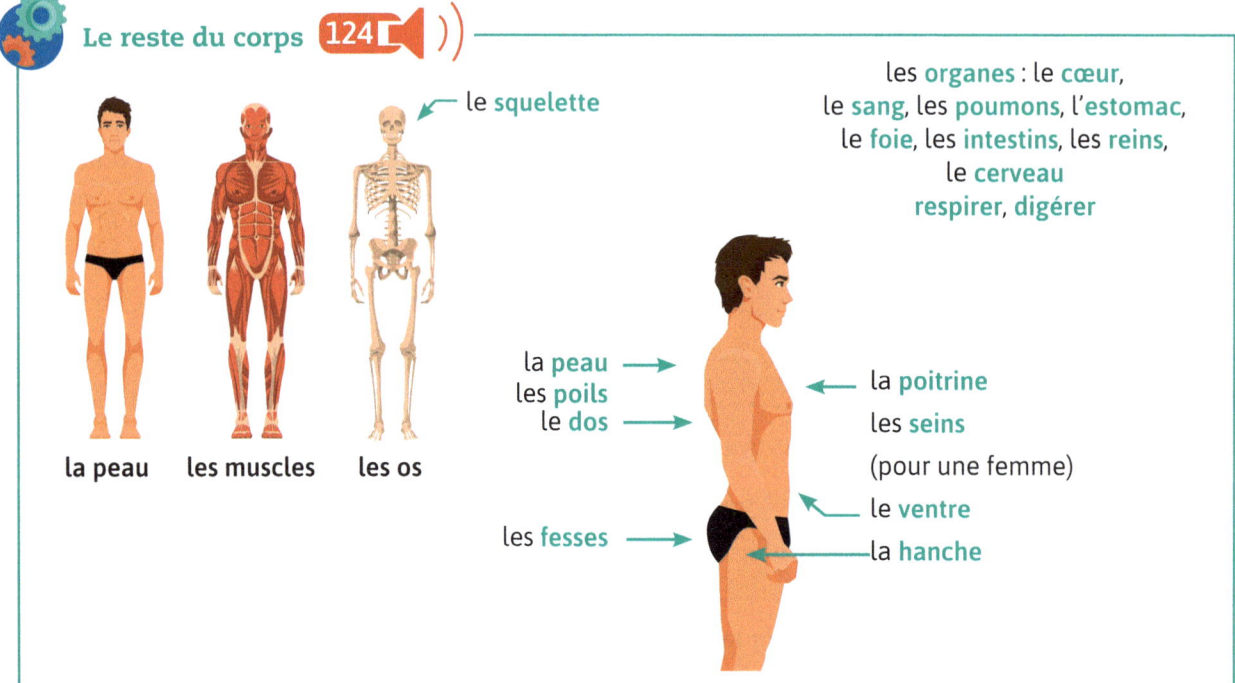

373. S'EXERCER Reliez les deux parties de phrase qui correspondent.

Exemple : La peau → recouvre tout le corps.

a. Le dos •   • **1.** sous la peau.

b. La hanche est •   • **2.** dans la poitrine.

c. Le cœur est •   • **3.** dans la tête.

d. Les fesses sont •   • **4.** est à l'opposé du ventre.

e. Les muscles sont •   • **5.** un os.

f. Le cerveau est •   • **6.** dans le bas du dos.

B. Le corps

374. S'EXERCER Complétez avec les mots : *cœur, reins, foie, intestins, poumons, muscles, estomac, seins.*

Exemple : Le ... cœur ... fait circuler le sang.

a. Les .... permettent de respirer.

b. Les aliments tombent dans l'..

c. Le .... participe à la digestion.

d. Les déchets de la digestion passent dans les ....

e. Les .... filtrent le sang.

f. Les femmes ont deux ....

g. À la gym, on peut développer ses ....

375. RÉVISER Reliez les fonctions et les parties du corps qui correspondent.

Exemple : parler → la langue

a. marcher •   • **1.** les oreilles
b. voir •   • **2.** l'estomac
c. écouter •   • **3.** les pieds
d. digérer •   • **4.** les yeux
e. respirer •   • **5.** la bouche
f. manger •   • **6.** les poumons
g. mâcher •   • **7.** les dents

376. RÉVISER Notez (E) si ces parties du corps sont à l'extérieur ou (I) pour l'intérieur.

Exemple : les dents (I)

a. le foie → .... **c.** les reins → .... **e.** les poils → .... **g.** les poumons → ....

b. le cou → .... **d.** les épaules → .... **f.** le menton → .... **h.** la langue → ....

377. RÉVISER Les lettres du mot en italique sont mélangées. Écrivez le mot correctement.

Exemple : La *apue* est sur tout le corps. → *peau*

a. Le *reuvace* est dans la tête. → ....

b. Les os constituent le *telesquet*. → ....

c. L'*aesoctm* est dans le ventre. → ....

d. Le *ofie* est un organe de la digestion. → ....

e. On peut respirer parce qu'on a des *muspoon*. → ....

f. Le cœur est l'organe qui envoie le *gnas*. → ....

g. Les hommes n'ont pas de seins mais une *itinepor*. → ....

378. SE TESTER Complétez les mots.

Exemple : Les *poumons* permettent de respirer.

a. Il ne peut pas courir beaucoup, il a le c.. fragile.

b. La peau est couverte de p ....

12 • Le corps et la santé

c. Les hommes n'ont pas de s.. au niveau de la poitrine.
d. Le squelette est constitué d'o..
e. Le f.. est à côté de l'estomac.
f. Les r.. sont dans le bas du dos.
g. L'être humain a des poumons pour r..
h. À sa mort, il veut donner ses o.. pour sauver des vies.
i. Elle perd beaucoup de s.. ; son état est grave.
j. Il ne d.. pas bien les poivrons.
k. Elle a la p.. douce.
l. Il fait beaucoup de sport : ses m.. sont très développés.
m. Il a mal au ventre : il a un problème aux i..

C. La santé

 Les principaux problèmes de santé

 On est **fatigué**, on doit **se reposer**. On a peut-être un **bobo** (mot familier = un petit problème de santé), comme une **ampoule** au pied quand on marche longtemps ou un **coup de soleil** en été. On peut **se brûler** avec un objet trop chaud (c'est une **brûlure**), **se couper** avec un couteau. Si on **se blesse**, il est possible de **saigner** (le **sang** coule). Alors, il faut **désinfecter** et mettre un **pansement**.

On peut **attraper froid**, avoir un **rhume**, alors on a le nez **bouché**, il faut **se moucher** souvent, on **tousse**, on **a mal** à la gorge. Si on a la **grippe** (= un **virus**), on a de la **température**, de la **fièvre**.

On peut aussi **se faire mal** si on **tombe** par terre. Alors, il faut **passer une radio** pour savoir si on a la jambe **cassée**. C'est une **fracture**, on doit mettre une **bande**, un **plâtre**. On peut se faire une **entorse**, avec une **douleur** très forte à la cheville qui est **gonflée**. On peut recevoir un **coup** qui provoque un **bleu** sur la peau.

En cas de **carie** à la dent, il faut vite aller chez le dentiste !

379. S'EXERCER Reliez les deux parties de phrase qui correspondent.

Exemple : Je me coupe le doigt, → je saigne.

a. Je mets ma main sur un plat chaud,   •   • **1.** j'ai un coup de soleil.
b. Je reste au soleil sans crème,   •   • **2.** j'ai une fracture.
c. J'attrape froid,   •   • **3.** j'ai peut-être une carie.
d. Je reçois un coup sur le bras,   •   • **4.** j'ai un rhume.
e. Je tombe de vélo,   •   • **5.** j'ai un bleu.
f. Je me casse la jambe,   •   • **6.** je suis blessé.
g. J'ai mal à une dent,   •   • **7.** je me brûle.

C. La santé

380. RÉVISER Complétez avec les mots : *entorse, moucher, fièvre, saigne, gorge, nez, mal, radio, tousse, rhume.*

Exemple : Il attrape froid, il a un … rhume …

a. Il a mal à la ....

b. Il a le .... bouché.

c. Il doit se .... souvent.

d. Il .... jour et nuit.

e. Il tombe dans la rue, il se fait une .... de la cheville.

f. Il a très ....

g. Il doit passer une ....

h. Il est malade, il a de la ....

i. Il s'est coupé, il .... beaucoup.

381. S'EXERCER Cochez pour indiquer si la personne est en bonne santé, est malade ou a un accident.

	est en bonne santé	est malade	a eu un accident
Exemple : Ça va très bien.	☒	☐	☐
a. Je suis en pleine forme.	☐	☐	☐
b. Je me suis cassé la jambe.	☐	☐	☐
c. J'ai mal à la gorge.	☐	☐	☐
d. Je me suis brûlé la main.	☐	☐	☐
e. Je n'ai plus mal au dos.	☐	☐	☐
f. Je me suis foulé la cheville.	☐	☐	☐
g. J'ai une grippe.	☐	☐	☐
h. Je me suis coupé le doigt.	☐	☐	☐

382. RÉVISER Reliez l'événement et le résultat qui correspond.

Exemple : Il s'est coupé. → Il saigne.

a. Il a trop marché. •   • **1.** Il a une jambe cassée.

b. Il est tombé. •   • **2.** Il a un rhume.

c. Il s'est foulé la cheville. •   • **3.** Il a un gros bouton.

d. Il a trop mangé. •   • **4.** Il a des ampoules aux pieds.

e. Il a attrapé froid. •   • **5.** Il a une entorse.

f. Il s'est fait piquer par un insecte. •   • **6.** Il est fatigué.

g. Il n'a pas beaucoup dormi. •   • **7.** Il a une indigestion.

12 • Le corps et la santé

383. SE TESTER Complétez les mots.

Exemple : J'ai attrapé f..roid..

a. J'ai un r ....
b. Je parle difficilement, j'ai mal à la g ....
c. J'ai le n .... bouché.
d. J'ai un peu de f ....
e. Je t .... assez souvent.
f. Je suis f...
g. J'ai mal à la t ....
h. J'espère que ce n'est pas une g ....

La médecine 126

Si on est **malade** (on a une **maladie**), il faut **se soigner**.
On va voir un **médecin**, un **pédiatre** (= spécialiste des enfants), qui va **ausculter** (regarder avec attention) le patient, faire une **ordonnance** (une liste) avec des **médicaments**, comme un **comprimé** (à avaler), du **sirop** (à boire), une **piqûre**, des **gouttes**, une **pommade** (pour la peau), des **antibiotiques**, un **vaccin** (contre un virus). On fait une **prise de sang** pour des **examens**, on va dans un **hôpital** pour avoir une **opération**. Et finalement, on est **guéri** (en bonne santé).

Une femme enceinte doit **accoucher** (c'est un **accouchement**) pour donner naissance à un bébé.

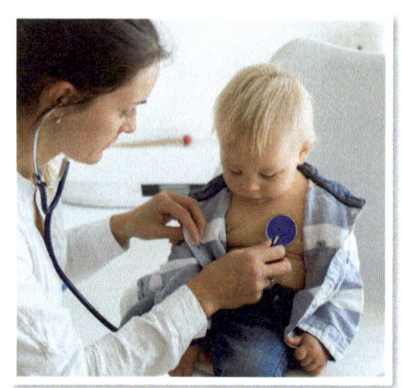

384. S'EXERCER Complétez les descriptions de médicaments avec les mots suivants :
ampoule, pansement, sirop, comprimé, pommade, piqûre, gouttes.

Exemple : Un tube de verre contenant un médicament liquide. → une ... ampoule ...
a. Une pastille faite de poudre pressée. → un ....
b. Une crème contre la douleur. → une ....
c. Un médicament liquide, souvent pour les yeux. → des ....
d. Une injection dans une partie du corps. → une ....
e. Une protection contre l'infection ou les chocs. → un ....
f. Un médicament liquide très sucré. → du ....

385. S'EXERCER Vrai ou faux ? Cochez la bonne réponse.

	Vrai	Faux
Exemple : Un comprimé est un médicament.	☒	☐
a. Un médecin peut être généraliste ou spécialiste.	☐	☐
b. Un médicament est une personne.	☐	☐
c. Une femme enceinte va avoir un enfant.	☐	☐
d. « Accoucher » veut dire « aller dormir ».	☐	☐
e. Un médecin peut ausculter son patient.	☐	☐
f. Un pédiatre est un spécialiste des accouchements.	☐	☐
g. Une recette est une liste de médicaments.	☐	☐
h. Quand la maladie est finie, on est guéri.	☐	☐
i. Des gouttes peuvent être un médicament.	☐	☐
j. Une opération se fait à l'hôpital.	☐	☐

C. La santé

386. RÉVISER Remettez les phrases dans l'ordre.

Exemple : souvent – Il – nez. – du – saigne → Il saigne souvent du nez.

a. un – eu – Il – grave – seulement – il – accident – mais – est – blessé. – a
→ ....

b. doit – Il – à – une – petite – opération. – entrer – l' – hôpital – pour
→ ....

c. et – elle – enceinte – est – bientôt – accoucher. – Elle – doit
→ ....

d. les – avez – quelque – chose – Vous – pour – brûlures ? – soigner
→ ....

e. mettre – est – un – s' – le – pansement. – vais – doigt – je – lui – coupé – Il
→ ....

387. RÉVISER Chez le médecin. Complétez les phrases avec les mots : *douleur, fait, médicaments, pommade, mal, ordonnance, comprimés, radio.*

Le patient : J'ai une ... douleur ... dans le dos.

a. Le médecin : Vous avez .... où, exactement ? Ça vous .... mal depuis quand ?
   Le patient : Une semaine, environ.
b. Le médecin : Vous avez pris des .... ?
c. Le patient : J'ai mis de la ....
d. Le médecin : On va faire une ....
e. Le médecin : Je vous prescris aussi des .... à prendre trois fois par jour, pendant deux semaines.
f. Le médecin : Voici votre .... Revenez me voir dans deux semaines.

388. SE TESTER Complétez les mots du texte suivant.

Exemple : Je suis malade, je vais chez le médecin.

Je prends l' *(1)* o.. du médecin et je vais à la pharmacie pour avoir les *(2)* m.. J'ai attrapé *(3)* f.., j'ai un gros *(4)* r.. , j'ai *(5)* m.. à la gorge. Arrivé chez moi, je prends tout de suite du *(6)* s.. parce que je commence à *(7)* t.. et je mets des *(8)* g.................. dans le nez. Ce n'est pas le *(9)* v.. de la *(10)* g.., je n'ai pas besoin d' *(11)* a..
Je prends rendez-vous chez le *(12)* p..pour ma petite fille. Elle doit refaire ses *(13)* v.. contre plusieurs maladies.

Bilan 1

Complétez les phrases avec le mot qui convient.

1. On se lave les d.. avant d'aller dormir !
2. On a combien de d.. sur les deux mains ? – 10.
3. Et d' o... aux pieds ? – 10 aussi.
4. Tu peux regarder maintenant, ouvre les p...
5. Je n'entends pas bien, j'ai une o... bouchée.
6. Pour prononcer le « r », mettez la l... en bas.
7. Il est tombé de ski et il a un bras c..
8. Hier, j'ai eu froid, et maintenant j'ai mal à la g..
9. Les hommes ont plus de p... que les femmes sur le corps.
10. Les femmes ont deux s... au niveau de la poitrine.
11. Elle s'est cassé un o... du poignet.
12. J'ai mal au v... ce matin, j'ai du mal à digérer.
13. Les m... se développent avec la pratique du sport.
14. J'ai souvent une douleur dans le bas du d..
15. J'arrête de courir, mon c... bat trop vite !
16. On passe régulièrement une radio des p..
17. Il faut que je me m... le nez.
18. Elle s'est coupé et son doigt s..
19. Ne touche pas ça, c'est chaud, tu vas te b.. !
20. Vous avez un m... contre le mal de tête ?
21. Il a 38° de température : il a de la f..
22. C'est un rhume ? – Non, vous avez le virus de la g...
23. Vous avez l'o... du médecin ?
24. Il faut lui donner du sirop s'il t..
25. Je n'ai plus aucune douleur, je suis g... !

Mon score : .... /25

Bilan 2

127 🔊 Écoutez le texte puis complétez-le avec les mots ci-dessous.

Maladies, brûlés, corps, organe, estomac, respirer, main, poumons, grippe, jambe, soigner, cœur, cerveau, reins, virus, foie, sang, peau, os, ventre.

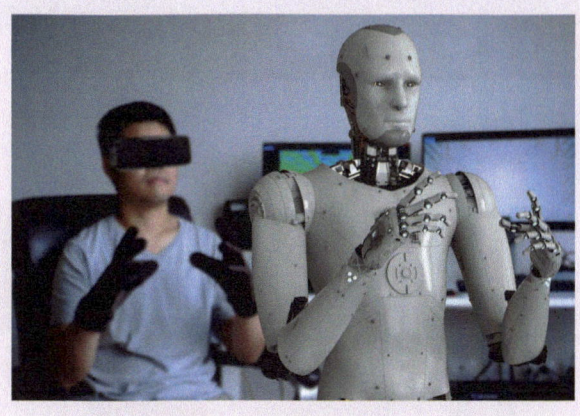

Dans le futur, on peut imaginer le (1)……………………………………… humain réparé, comme une voiture aujourd'hui. On met des prothèses à la place d'une (2)……………………………………… coupée dans un accident ou d'une (3)……………………………………… blessée. Sur le squelette, un (4)……………………………………… peut être remplacé par du métal. Ça marche aussi pour un (5)………………………………………, comme un (6)……………………………………… pour faire circuler le (7)………………………………………, des (8)……………………………………… pour (9)……………………………………… ou des (10)……………………………………… pour filtrer les déchets. Pour (11)……………………………………… les organes du (12)………………………………………, on remplace l' (13)……………………………………… pour la digestion ou le (14)……………………………………… par des machines artificielles. C'est plus difficile de changer le (15)……………………………………… On fait déjà de la (16)……………………………………… artificielle pour les (17)……………………………………… Mais peut-on être protégé des (18)………………………………………, comme le Sida, ou des (19)……………………………………… comme le cancer ? Ce serait triste d'arriver à l'âge de 300 ans et de mourir d'une (20)……………………………………… !

Mon score : ……/20

13 • Les professions

A. Les emplois techniques

Les emplois techniques

Un **plombier** peut s'occuper d'un **robinet** ou d'un **tuyau** s'il y a une **fuite** d'eau, **déboucher** un évier. Il peut faire un **dépannage** (s'occuper d'une **panne**), ou l'**entretien** (faire le nécessaire avant la panne) pour le **chauffage**, un **radiateur** ou la **clim(atisation)**.

Un **électricien** sait mettre des **prises de courant** ou installer un **compteur** électrique. On appelle un **serrurier** pour ouvrir une porte quand on n'a pas les clés, installer une porte **blindée**, changer une **serrure** ou mettre une **alarme.**

Un **garagiste** fait la **révision** de la voiture, change les **pneus**, vérifie le **niveau** d'huile du moteur, **répare**, change une **pièce**, refait la **peinture**. Le **mécanicien** travaille dans un **atelier** de mécanique.

Un **maçon** est un spécialiste du bâtiment, il peut **construire** un mur, **peindre**, mettre du **carrelage** (des carreaux). Le **chantier** est l'endroit où les gens travaillent.

Un **jardinier** sait **tailler** les haies, **couper**/**tondre** la pelouse/le gazon/l'herbe.

Un **livreur**/une **livreuse livre** (= apporte chez le client) des produits.

Un **ouvrier**/une **ouvrière** travaille dans une usine (un site industriel de fabrication).

Un **homme**/une **femme de ménage** est là pour la propreté des lieux.

Un **artisan**/une **artisane** fait un métier non-industriel.

389. S'EXERCER Reliez la situation et l'action qui correspondent.

Exemple : Ma porte est fermée et je n'ai pas la clé ! → appeler un serrurier

a. J'ai une fuite d'eau dans ma salle de bains !   1. prendre une femme de ménage

b. La voiture ne démarre pas !   2. faire venir un jardinier

c. Il n'y a plus de courant dans la maison !   3. faire venir un plombier

d. Il est 22h et je n'ai rien à manger.   4. appeler un garagiste

e. Je n'ai pas le temps de nettoyer chez moi.   5. demander à un électricien

f. Le jardin est une forêt vierge !   6. commander et me faire livrer un repas

A. Les emplois techniques

390. S'EXERCER Cochez la bonne réponse.

Exemple : ☐ Le mécanicien ☒ Le serrurier va m'installer une porte blindée.

a. ☐ Le maçon ☐ L'électricien va mettre des carreaux au mur et refaire la peinture.
b. ☐ L'ouvrier ☐ Le serrurier ouvre ma porte et je peux rentrer chez moi.
c. ☐ Le plombier ☐ L'homme de ménage va réparer une fuite d'eau dans ma salle de bains.
d. ☐ Le livreur ☐ L'artisan va m'apporter les produits commandés sur Internet.
e. ☐ Le maçon ☐ Le garagiste va dépanner ma voiture.
f. ☐ Le plombier ☐ L'apprenti va faire l'entretien de ma chaudière.
g. ☐ Le mécanicien ☐ La femme de ménage va tout nettoyer chez moi.
h. ☐ Le jardinier ☐ Le livreur taille les haies.

391. S'EXERCER Complétez avec les mots : *jardinier, atelier, panne, ménage, prise, artisan, ouvrière, chantier, entretien, serrurier.*

Exemple : Le … jardinier … va tailler la haie.

a. Le moteur ne fonctionne pas, il est en ………………………………………
b. Le matin, une femme de ……………………………………… passe dans les salles et nettoie tout.
c. La construction du bâtiment n'est pas finie, c'est encore un ………………………………………
d. Marcel travaille dans un garage, dans l'……………………………………… de peinture.
e. Elle travaille dans une usine, c'est une ………………………………………
f. On va changer la ……………………………………… de courant dans la chambre.
g. Je ne fais pas des produits industriels, je suis un ………………………………………
h. Le ……………………………………… va installer une porte blindée.
i. Le plombier vient régulièrement pour l'………………………………………du chauffage.

392. RÉVISER Écrivez le métier correspondant : *garagiste, plombier, serrurier et autre.*

Exemple : s'occuper d'une fuite d'eau → … plombier …

a. vérifier le niveau d'huile • • 1. du moteur → ………………………………………
b. livrer • • 2. les pneus → ………………………………………
c. réparer • • 3. la pelouse → ………………………………………
d. faire • • 4. une nouvelle serrure → ………………………………………
e. mettre • • 5. le ménage → ………………………………………
f. changer • • 6. un article commandé sur Internet → ………………………………………
g. tondre • • 7. une fuite d'eau → ………………………………………

393. SE TESTER Complétez les mots.

Exemple : un p……o……i……r → un plombier

a. un ……l……ctr……ci……n
b. un se………u………i………r
c. une o………v……i……r………
d. un m…………………on
e. un m………ca…………i………
f. un l…………v………eu………
g. un a…………t…………s…………n

13 • Les professions

B. Les services publics

Les services publics 129

Un **instituteur**/une **institutrice enseigne** (donne des cours) à l'école maternelle ou primaire, un(e) **professeur(e)** au collège ou au lycée dans des **classes** (les salles).
Il y a un **directeur**/une **directrice** de l'école.

Un **facteur**/une **factrice** travaille à la **poste**, il distribue le **courrier** (les lettres), apporte des **colis**/des **paquets**.

Le ou la **commissaire** est à la tête du **commissariat**.
Un **policier**/une **policière** peut enregistrer une **plainte**, faire une **enquête**.

Les **pompiers** sont là pour **éteindre** un **feu** (plus petit) ou un **incendie** (plus grand). Ils ont un **camion** de pompiers et une grande **échelle**.

Le/la **maire** est à la tête de la **mairie** (= l'administration de la ville).

Un(e) **fonctionnaire** travaille pour l'État.

394. S'EXERCER Reliez les activités et les personnes.

Exemple : Il distribue le courrier. → le facteur

a. Elle enseigne. • • 1. la maire
b. Il est le chef de la police. • • 2. la professeure
c. Il éteint un incendie. • • 3. l'instituteur
d. Elle fait une enquête. • • 4. le commissaire
e. Elle dirige la mairie d'une ville. • • 5. la policière
f. Il enseigne à l'école primaire. • • 6. le pompier

395. S'EXERCER Vrai ou faux ? Choisissez la bonne réponse.

	Vrai	Faux
Exemple : Le commissaire livre des paquets.	☐	☒
a. Un pompier éteint un incendie.	☐	☐
b. Un maire travaille dans une école.	☐	☐
c. Un instituteur enseigne au collège.	☐	☐
d. Un facteur répare des radiateurs.	☐	☐
e. Un fonctionnaire peut travailler dans une mairie.	☐	☐
f. La policière enregistre une plainte.	☐	☐
g. Le directeur de l'école fait une enquête.	☐	☐
h. La factrice s'occupe de la gestion d'une ville.	☐	☐
i. Un professeur peut enseigner dans un lycée.	☐	☐

B. Les services publics

396. RÉVISER Remettez les mots des phrases dans l'ordre.

Exemple : Le – colis – nous. – pour – facteur – un – a → Le facteur a un colis pour nous.

a. Les – sortent – grande – pompiers – la – échelle. → ....

b. Elle – commissariat – va – au – plainte. – pour – porter → ....

c. Mon – école – est – dans – institutrice – une – primaire. → ....

d. Nous – la – marions – nous – à – mairie – seulement. → ....

e. La – va – mairie – envoyer – document. – le → ....

f. Les – travaillent – les – lycées – et – dans – professeurs – les – collèges. → ....
....

397. SE TESTER Complétez les mots et écrivez le féminin.

Exemple : un f.......t.......r : un facteur → une factrice

a. un d.r.....t......r : .... → une ....

b. un p......l......c......er : .... → une ....

c. un m........r. : .... → une ....

d. un p........mp........ : .... → une ....

e. un i........st........eur : .... → une ....

f. un p........f........eu. : .... → une ....

g. un c........is........r. : .... → une ....

C. Les professions médicales

Les professions médicales

Un(e) **dentiste** peut **soigner** une **carie**. Un **infirmier/une infirmière** sait faire une piqûre. Dans un hôpital, on trouve le service des urgences, des **chirurgien(ne)s** pour opérer.

Dans un **laboratoire d'analyses**, on fait des examens médicaux. Chez un(e) **kiné(sithérapeute)**, on peut avoir des massages.

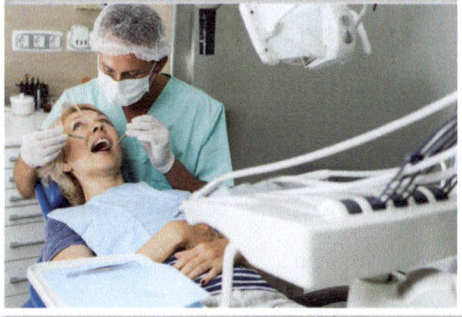

Un **pharmacien**/une **pharmacienne** vend des médicaments.
Un(e) **psy(chologue)** s'occupe de la santé mentale.
Un(e) **vétérinaire** soigne les animaux.

13 • Les professions

398. S'EXERCER **Reliez les deux parties de phrase qui correspondent.**

Exemple : Tu as une carie. → Va chez le dentiste !

a. L'infirmière • • 1. chez le vétérinaire.
b. Il faut amener le chat • • 2. va chez le pharmacien.
c. Tu dois acheter un médicament, • • 3. elle est aidée par un psy.
d. Elle a des problèmes dans sa famille, • • 4. va te faire une piqûre.
e. Si tu as un gros problème de santé, • • 5. il faut aller aux urgences de l'hôpital.
f. J'ai souvent mal au genou, • • 6. je vais voir un kiné.

399. S'EXERCER **Cochez la bonne réponse.**

Exemple : Un pharmacien ☐ fait des massages. ☒ vend des médicaments.

a. Un vétérinaire travaille ☐ dans un hôpital. ☐ soigne les animaux.
b. Un kiné peut ☐ faire des massages. ☐ s'occuper des dents.
c. Il fait des opérations, c'est : ☐ un psy. ☐ un chirurgien.
d. J'ai des caries, je vais voir ☐ un psy. ☐ un dentiste.
e. Les urgences sont un service ☐ de l'hôpital. ☐ de la pharmacie.
f. Quelquefois, il faut aller dans un laboratoire pour faire des ☐ analyses. ☐ opérations.

400. RÉVISER **Reliez les deux parties de phrase qui correspondent.**

Exemple : On va faire des examens → dans un laboratoire d'analyses.

a. L'infirmière fait une piqûre • • 1. chez le kiné.
b. Je prends rendez-vous chez le dentiste • • 2. pour vacciner.
c. On va chez le vétérinaire • • 3. pour une carie.
d. Pour un très grave problème, on va • • 4. pour vacciner le chat.
e. Après l'opération, il faut des séances • • 5. aux urgences de l'hôpital.

401. SE TESTER **Complétez les mots et écrivez le féminin.**

Exemple : un in……ir……er : un infirmier → une infirmière

a. un p……rm……en : ……………………………… → une ………………………………
b. un d……t……t. : ……………………………… → une ………………………………
c. un v……t……in……r. : ……………………………… → une ………………………………
d. un ……sy……ol……g……e : ……………………………… → une ………………………………

D. Les emplois du tertiaire

 Les emplois de commerce et de services

Un(e) **employé(e)** travaille par exemple dans une **banque**, au **guichet** (en contact avec le public) ou dans une **compagnie d'assurance**. Une **agence immobilière** propose une **location** ou une **vente d'appartements**.

Un **coiffeur**/une **coiffeuse**, dans un **salon de coiffure**, peut faire une **coupe**, une **teinture** (une couleur), des **tresses**, un **chignon**.

Des employé(e)s s'occupent du **linge** dans un **pressing**, mais dans une **laverie automatique**, les client(e)s utilisent eux-mêmes une **machine à laver** ou un **sèche-linge**.

Dans un **kiosque** (en ville), un(e) **marchand(e)** vend des **journaux**, des **magazines**, des **souvenirs**...

Dans le commerce, un **vendeur**/une **vendeuse** doit **sourire**, être **aimable** avec les **client(e)s**.

402. S'EXERCER Reliez les deux parties de phrase qui correspondent.

Exemple : Il est aimable avec les clients, c'est un bon → vendeur !

a. C'est une vente ou   • 1. au pressing.
b. Tu dois sourire   • 2. à laver ?
c. Il travaille dans une compagnie • 3. d'assurance.
d. Il faut sécher   • 4. aux clients !
e. Prends ma veste   • 5. une location ?
f. À la maison, vous avez une machine • 6. le linge.

403. RÉVISER Complétez les phrases avec les mots : guichet, pressing, laverie, location, aimable, vendeur, agent, sécher, sourit, kiosque.

Exemple : Michel travaille dans une banque, il reçoit les clients au ... guichet ...

a. Pour le linge, il y a une .... automatique près d'ici (avec des machines pour ....) et pour nettoyer des costumes, allez au ....

b. Ce .... vend des journaux étrangers.

c. J'ai rendez-vous avec un .... immobilier pour visiter un appartement en ....

d. Mon copain est .... dans un grand magasin. Il .... tout le temps et il est toujours .... avec les gens.

404. SE TESTER Complétez les mots.

Exemple : un c......f........u. → *un coiffeur*

a. un salon de c.....f.......r...... → ....
b. une v.......d.......u.......se → ....
c. un e.......plo.......é → ....
d. une a.........en........ → ....
e. une l.........er........ → ....
f. un ....io........ue → ....

13 • Les professions

E. Les professions intellectuelles

Les professions intellectuelles 132

On va chez un(e) **notaire** pour s'occuper d'un héritage, d'un achat ou d'une vente de maison. Un(e) **avocat(e)** ou un(e) **architecte** ont un **diplôme**, ils travaillent dans un **cabinet**.

Un **chercheur**/une **chercheuse** fait de la **recherche**.
Un(e) **ingénieur(e)** a une formation technique de haut niveau.
Un(e) **informaticien(ne)** est spécialiste des ordinateurs.
Un(e) **journaliste** écrit des articles, fait des interviews.

405. S'EXERCER Les lettres du mot en italique sont mélangées. Écrivez le mot correctement.

Exemple : Je voudrais faire une *onatiform*. → ... formation ...

a. Il est *ginérieun*. → ....
b. On va signer chez le *tenorai*. → ....
c. Elle est *rhececheus* en biologie. → ....
d. C'est une maison d'*cecarithte*. → ....
e. Vous avez quel *medôpli* ? → ....
f. On a besoin d'un *teimfoinracin*. → ....

406. S'EXERCER Reliez les deux parties de phrase qui correspondent.

Exemple : Il travaille dans un cabinet → d'avocats.

a. Il faut préparer le divorce • • **1.** avec l'avocat.
b. C'est une maison • • **2.** informaticien.
c. On signe l'acte de propriété • • **3.** avec une journaliste.
d. Il est ingénieur • • **4.** de la recherche.
e. Le directeur a une interview • • **5.** chez le notaire.
f. Francis est un scientifique, il fait • • **6.** d'architecte.

407. S'EXERCER Complétez les mots et écrivez le féminin.

Exemple : un a......oc......t : un *avocat* → une *avocate*

a. un a......ch...... : .... → une ....
b. un n......ta......r...... : .... → une ....
c. un in......or......ati......i......n : .... → une ....
d. un j......rn......li......t. : .... → une ....
e. un ch....... ch...... : .... → une ....

D. Les emplois du tertiaire

408. RÉVISER Complétez avec les mots : *employé de banque, facteur, vétérinaire, dentiste, infirmière, pompier, informaticien.*

Exemple : Il travaille à la banque. → C'est l'… employé de banque …

a. Il distribue le courrier.   → C'est le ....
b. Il soigne les dents.   → C'est le ....
c. Il soigne les animaux.   → C'est le ....
d. Elle fait des piqûres.   → C'est l' ....
e. Il est spécialiste des ordinateurs. → C'est l' ....
f. Il éteint le feu.   → C'est le ....

409. RÉVISER Rayez le verbe qui ne convient pas.

Exemple : Il est dentiste, il *soigne/enseigne* les dents.

a. Elle est infirmière, elle *fait/envoie* des piqûres.
b. Il est vétérinaire, il *fait/soigne* les animaux.
c. Il est informaticien, il *programme/photographie* des ordinateurs.
d. Il est pompier, il *allume/éteint* le feu.
e. Il est facteur, il *ouvre/distribue* le courrier.
f. Il est mécanicien, il *répare/fabrique* des voitures.

410. RÉVISER Reliez la profession à l'endroit qui correspond.

Exemple : un ouvrier → une usine

a. un avocat   • 1. un hôpital
b. un pharmacien   • 2. une école
c. un maire   • 3. la mairie
d. un professeur   • 4. un cabinet
e. un chirurgien   • 5. la pharmacie

411. SE TESTER Complétez les phrases avec la profession qui convient.

Exemple : Elle chante des chansons, elle est *chanteuse*.

a. Il soigne les animaux, il est ....
b. Il construit des maisons, il est ....
c. Il dessine des plans de maison, il est ....
d. Il écrit des livres, il est ....
e. Il fait des photos, il est ....
f. Il est spécialiste des ordinateurs, il est ....
g. Il vend dans un magasin, il est ....

412. SE TESTER Ces mots sont coupés. Écrivez les mots complets.

Exemple : un psy → *un psychologue*

a. un kiné → ....
b. un archi → ....
c. un labo → ....
d. un véto → ....

Bilan 1

Complétez les phrases avec le mot qui convient.

1. On a une fuite d'eau, il faut appeler le p............
2. La porte est fermée et je n'ai pas les clés, téléphone au s............
3. Le g............ va faire une révision de la voiture.
4. Le l............ a un paquet pour vous.
5. Il est o............ dans une usine de voitures.
6. Il n'est pas un industriel, c'est un a............
7. Le j............ va tondre la pelouse.
8. Il va se faire opérer par un c............
9. Cette i............ travaille dans une école primaire.
10. Il y a le feu ! Appelez les p............
11. Le f............ apporte le courrier.
12. On va voir la police au c............
13. C'est le nouveau m............ de notre ville.
14. Elle travaille dans une pharmacie, elle est p............
15. Voici une i............, elle va te faire une petite piqûre.
16. J'ai les résultats du laboratoire d'a............
17. On est allé directement aux u............ de l'hôpital.
18. Après l'opération de votre jambe, vous devez voir un k............
19. Elle est e............ dans une banque.
20. Pour trouver ma maison, je vais dans une a............ immobilière.
21. Mes cheveux sont trop longs, je prends rendez-vous chez le c............
22. On doit signer le contrat de vente de la maison chez le n............
23. Ma sœur travaille dans un c............ d'avocats.
24. Pour les ordinateurs, nous avons un ingénieur i............
25. Il soigne les malades, il est m............

Mon score : .... /25

Bilan 2

133)) Écoutez le texte puis complétez-le avec les mots ci-dessous.

Ouvriers, informatiques, métiers, chirurgiens, usines, vente, tondre, enseigner, coiffure, massages, plombier, cabinets, livrer, colis, clients, pelouse, fuite, psy, sourire, kiné.

Il y a de plus en plus de professions avec des robots.
Dans les (1)..,
ils travaillent à la place des (2).................................. pour fabriquer des voitures.
Dans un jardin, il peuvent (3).......................... une (4)..........................
pendant des heures sans se fatiguer. Dans les grands sites de (5)..........................
sur Internet, ils préparent des (6).......................... À l'entrée d'un magasin, ils
peuvent accueillir les (7).......................... avec un (8)..........................
Et dans les écoles, des programmes (9).......................... peuvent
(10).......................... une grande variété de sujets. En médecine, ils aident les
(11).......................... dans leurs opérations. Bientôt, on peut imaginer des
voitures sans chauffeurs pour (12).......................... les objets chez nous.
Mais il n'y a pas de robot (13).......................... pour réparer une
(14).......................... d'eau, ou un robot (15)..........................
pour des (16).......................... après une opération. Pas de robot non plus
dans les salons de (17).......................... dans les (18)..........................
d'avocats ou de (19).......................... Pour ces (20)..........................,
il y a du travail jusqu'à la retraite !

Mon score : .... /20

14 • Le travail

A. Les lieux

 Où on travaille ?

À l'entrée d'une **entreprise**, l'**accueil** reçoit les **visiteurs** (des professionnels invités).
Chaque personne a un **badge**, avec son nom. Les gens travaillent dans un **bureau**, peut-être dans une **tour** (un haut bâtiment). Ils ont une **salle de réunion**, un espace pour un **copieur** (une machine pour photocopier, scanner et imprimer, faire une photocopie, une impression).
Il y a aussi un **parking** (pour les voitures), une salle de détente avec une machine à café et parfois une cantine.

Un **groupe** est fait de plusieurs entreprises avec différentes marques (le nom commercial). Le **siège** d'une entreprise est le bureau principal, avec la direction.
La fabrication est faite dans une **usine**, avec des **ateliers** spécialisés. Un **labo(ratoire)** peut fabriquer des médicaments ou faire des tests. On stocke (garde) des marchandises dans un **entrepôt**.

413. S'EXERCER Reliez les trois parties de la phrase qui conviennent.

Exemple : Cette entreprise →	a son siège dans le quartier d'affaires →	de la Défense.
a. Nos locaux •	• a son siège social •	• pour le lundi 12 mai.
b. Nous avons •	• est dans le •	• est dans l'autre bâtiment.
c. Notre société •	• il y a un parking •	• dans le nord de la France.
d. Si vous venez en voiture, •	• marketing •	• groupe d'énergie Total.
e. On doit réserver •	• une salle de réunion •	• dans une tour de bureaux.
f. Cette marque d'essence •	• un entrepôt spécial pour stocker •	• le matériel numérique.
g. Le service •	• sont •	• juste devant le bâtiment.

414. S'EXERCER Complétez les phrases avec les mots suivants : *l'accueil, badge, entreprise, siège, tour, cantine.*

Exemple : Les visiteurs arrivent à ... l'accueil ... de l'entreprise.
a. La personne de l'accueil garde votre pièce d'identité et vous donne un .... « visiteur ».
b. Le bureau de M. Vernier est au dernier étage de la ....
c. C'est une grande .... en Ile-de-France.
d. Le .... de l'entreprise est à Paris.
e. Le midi, les employés peuvent manger à la ....

A. Les lieux

415. RÉVISER Un visiteur arrive à l'accueil d'une société. Notez de 1 à 9 pour retrouver l'ordre des phrases.

Exemple : Bonjour, je viens voir monsieur Fleury, s'il vous plaît. … 1 …

a. Je suis de la société Cadrex. ………………………
b. Allô, monsieur Fleury ? Ici l'accueil, j'ai monsieur Ducros de la société Cadrex pour vous. ………………
c. Oui, vous êtes monsieur ? ………………………
d. Vous représentez une société ? ………………………
e. Un instant, je vous prie, je vais le prévenir. ………
f. Monsieur Fleury va venir vous chercher dans un moment. ………………………
g. Merci. ………………………
h. Je suis monsieur Ducros. ………………………

416. SE TESTER Complétez les mots.

Exemple : Cette u………sin………e a un p………arkin………g.

a. Le s………è………e de l'ent………pr………se est dans une t………………r de b………………r………………x
b. Un visit………r vous attend à l'ac………u………l, il a son un ba………………………e
c. Vous devez créer un l………………bo………………re dans votre at………………………er
d. C'est une mar………… d'un gr…………p…… de lux………
e. Le ph……………co……………r est encore en panne.
f. La m……………chi…………… à c……………é est au premier étage.
g. Il n'y a plus de place dans le p……………………ing de l'entre……………………

B. Les personnes

Avec qui on travaille ? 135

À la direction, le patron/la patronne, c'est le/la **PDG** (Président(e) Directeur(trice) Général(e)), avec un(e) **assistant(e)** de direction. Dans les services, il y a un **directeur**/une **directrice**, le **manager**(manageur)/la manageuse, le chef/la cheffe et d'autres employé(e)s.

On peut travailler à temps **complet** ou **partiel**, à **mi-temps** (la moitié du temps). On a des **collègues** (les autres personnes dans l'entreprise), on est dans une **équipe** (un groupe de personnes).

Le/la **DRH** (Directeur/trice des Ressources Humaines) **recrute** (cherche) puis **embauche** (emploie) le nouveau personnel. Il choisit les **candidats**/**candidates** à un **poste**.
On peut aussi **licencier** des personnes (arrêter leur contrat de travail). Le personnel peut demander un **congé** (= des vacances) ou une **formation** (des cours).

Le service du **marketing** s'occupe des **ventes**, de la **publicité**. La **comptabilité** s'occupe des questions d'argent, comme une **facture** ou préparer le **salaire**. On **gagne** un salaire.

Le service **financier** est là pour par exemple le bilan, le service **juridique** pour les problèmes de droit. Un **syndicat** défend les intérêts d'une catégorie professionnelle, il peut demander une **grève** (arrêter le travail pour protester).

Un(e) **stagiaire** fait un stage dans l'entreprise pour un temps limité.

14 • Le travail

417. S'EXERCER Indiquez quel est le service concerné : DRH, comptabilité, marketing.

Exemple : recevoir des candidats pour un recrutement → DRH

a. faire de la promotion commerciale pour l'entreprise → ....

b. préparer le bulletin de salaire → ....

c. imaginer de nouveaux produits → ....

d. payer les factures → ....

e. embaucher ou licencier du personnel → ....

418. S'EXERCER Reliez les éléments qui correspondent.

Exemple : le SMIC → un salaire

a. le P.D.G. • • **1.** un travail

b. embaucher • • **2.** le patron

c. la publicité • • **3.** les questions de droit

d. une équipe • • **4.** une entreprise

e. un congé • • **5.** un groupe de collègues

f. le service juridique • • **6.** des vacances

g. un boulot • • **7.** un candidat

h. une boîte • • **8.** le marketing

419. S'EXERCER Cochez la bonne réponse.

Exemple : Je fais ☒ une formation ☐ un cadre pour apprendre à utiliser cette nouvelle machine.

a. Il prend ☐ un congé ☐ un poste la semaine prochaine pour partir en vacances.

b. La comptabilité prépare ☐ les formations. ☐ les factures.

c. Ils reçoivent ☐ un salaire ☐ un travail chaque mois.

d. Notre situation est mauvaise, ☐ nous devons licencier ☐ recruter 3 employés.

e. Le syndicat organise ☐ un congé. ☐ une grève.

420. RÉVISER Rayez les éléments qui ne sont pas exacts.

Exemple : Un groupe de collègues est *une équipe/~~un cadre~~.*

a. Nous allons travailler dans la *chambre de réunion/salle de réunion.*

b. Nous travaillons dans la même entreprise, nous sommes *clients/collègues.*

c. On fabrique nos produits dans *ce stage/cette usine.*

d. Je travaille sous ses ordres, c'est mon *chef/collègue.*

B. Les personnes

421. RÉVISER Remettez les mots des phrases dans l'ordre.

Exemple : viens – Je – ventes. – voir – le – des – chef → Je viens voir le chef des ventes.

a. où – pouvez – Vous – trouve – me – monsieur – dire – se – de – Blondin ? – bureau – le

→ ....

b. au – couloir. – La – bout – photocopieuse – du – est

→ ....

c. François Ledur ? – travailles – dans – de – Tu – équipe – l'

→ ....

d. le – personnel. – Je – par – suis – chef – du – attendu

→ ....

422. RÉVISER Complétez avec les mots : *employé, partage, absents, partiel, client, cadre, équipe, nouveau, congé.*

Exemple : Il est patron ? → Non, il est employé.

a. Elle travaille à temps complet ? → Non, elle travaille à temps ....

b. C'est un collègue ? → Non, c'est un ....

c. Ils sont présents ? → Non, ils sont ....

d. Tu travailles seul ? → Non, je travaille en ....

e. Il est employé ? → Non, il est ....

f. Il travaille aujourd'hui ? → Non, il est en ....

g. Il est dans la société depuis longtemps ? → Non, il est ....

h. Tu as un bureau pour toi tout seul ? → Non, je .... un bureau.

423. SE TESTER Complétez les mots.

Exemple : Un directeur est un *cadre* supérieur.

a. La semaine prochaine, je ne travaille pas, je suis en c...

b. J'aimerais faire une f... pour apprendre l'anglais commercial.

c. Tu as une question sur ton bulletin de salaire ? Tu peux aller au service de la c...

d. Il g... combien ? Un peu plus que le SMIC.

e. La situation est très bonne, on va e... deux nouveaux employés.

f. Il travaille au s... marketing.

g. Le résultat n'est pas bon, on doit l... cinq personnes.

h. L'école demande aux jeunes de faire des s... en entreprise.

i. Est-ce qu'il y a un petit b... pour un étudiant cet été ?

14 • Le travail

C. Les activités de l'entreprise

Les secteurs d'activité 136

Les médias

Une industrie peut être dans le secteur de l'énergie (le pétrole, le gaz, l'électricité), de l'automobile (les voitures), de l'agroalimentaire (des produits à boire et à manger), le BTP (Bâtiment Travaux Publics). On trouve de grandes entreprises dans le tourisme (les hôtels, les agences), le luxe (la haute-couture, les parfums, le champagne), les assurances, la banque. Les services à la personne (aider les gens en difficulté chez eux), les transports, l'aéronautique (construire des avions), le commerce (la grande distribution ; les supermarchés), les médias (la presse, la radio, la télé) emploient beaucoup de monde.

L'agroalimentaire

424. S'EXERCER Reliez les activités au secteur qui correspond.

Exemple : du pétrole, des centrales électriques → l'énergie

a. des sacs très chers, des parfums • • 1. le luxe
b. du gaz, de l'électricité • • 2. les médias
c. construire des voitures • • 3. la banque
d. des médicaments • • 4. la grande distribution
e. des voyages • • 5. l' agroalimentaire
f. des avions, des hélicoptères • • 6. l'aéronautique
g. des trains, des locomotives • • 7. les transports
h. les produits de la ferme comme le lait, le fromage • • 8. l'énergie
i. les hypermarchés • • 9. l'industrie pharmaceutique
j. un crédit • • 10. le tourisme
k. un magazine • • 11. l'automobile

> Ne pas confondre : un magasin (une boutique) et un magazine (un journal qui sort chaque semaine ou chaque mois).

425. S'EXERCER Cochez la bonne réponse.

Exemple :
Une société de BTP ☒ effectue des travaux dans le bâtiment. ☐ vend des produits agroalimentaires.

a. Notre banque propose ☐ des crédits. ☐ de l'agroalimentaire.
b. Je demande un crédit à ☐ une banque. ☐ une agence de tourisme.
c. Ce cabinet d'assurance ☐ contrôle les finances. ☐ vend des assurances pour les entreprises.
d. Construire des aéroports, des ponts, des autoroutes, c'est le travail ☐ de l'aéronautique. ☐ du BTP.
e. Une société de commerce ☐ vend des produits dans des magasins. ☐ a des magazines.
f. Un journal, une radio, une télévision, ce sont des activités ☐ de médias. ☐ de banque.
g. Une agence d'aide à la personne propose ☐ des assurances. ☐ des services à la personne.

C. Les activités de l'entreprise

426. RÉVISER Complétez avec les mots suivants : *tourisme, luxe, agroalimentaire, services, énergie, automobile, assurance, banque, distribution.*

Exemple : La France est une grande destination de vacances, le … tourisme … est très développé.

Les gens vivent de plus en plus longtemps, on a donc besoin de plus de personnel pour
les (1) .... à la personne.
Cette marque vend des produits de (2) ....
L' (3) .... vend dans le monde entier des produits comme le vin, le fromage, les céréales.
Ce produit traditionnel n'est pas vendu dans la grande (4) ....
Le secteur (5) .... est en bonne santé : on note une hausse des ventes de voiture.
J'ai choisi cette compagnie d' (6) .... pour mes contrats.
Cette (7) .... propose des crédits intéressants.
L' (8) .... est un sujet d'actualité : il faut consommer moins de pétrole et de gaz.

427. RÉVISER Les lettres des mots en italique sont mélangées. Écrivez les mots correctement.

Exemple : Elle travaille dans le secteur du *lexu*. → … luxe …

a. C'est une grande *perinterse*. → ....
b. Quel est le nom de la compagnie d'*casuranes* ? → ....
c. Ils font du *reccomme* international. → ....
d. Nous vendons du gaz et du *télrope*. → ....
e. Les voitures s'appellent aussi des *biomautoles*. → ....
f. Nous sommes spécialistes du Bâtiment *avarTux* Publics. → ....

428. SE TESTER Complétez les mots.

Exemple : Cette société construit des avions, ils sont dans l'*aéronautique*.

a. Nous fabriquons et vendons des vêtements de l...
b. Cette société est dans le secteur a.., elle construit des avions.
c. Nous sommes présents sur le marché des t... avec nos trains.
d. Ils construisent des routes, des gares, ils sont dans le B...
e. Les clients mangent nos produits, notre spécialité est l'a...
f. Nous vendons du gaz, nous sommes présents dans le secteur de l'é..
g. Cette compagnie d'a.. couvre les risques de ses clients.

14 • Le travail

D. Les activités des personnes

Les différentes tâches 137

On **accueille** les visiteurs. On doit **assister à** (= aller à) une **réunion**, faire une **présentation**, écrire un **compte rendu**. On répond au **courrier** (les lettres) /aux e-mails, on **range** et on **trie** des documents, on s'occupe d'un **dossier**, on contacte des **clients**.

le **matériel** :
les **fournitures**
une **agrafeuse**
un **trombone**
du **papier**
un **bloc**
un **stylo**
un **crayon**

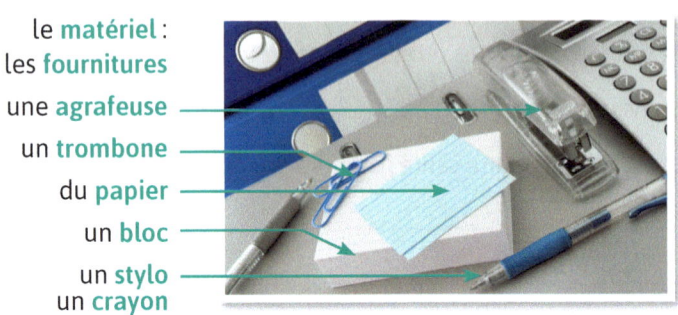

un **bureau** (ici, un meuble, une table), un **tiroir**.

429. S'EXERCER Reliez les deux parties de phrase qui correspondent.

Exemple : Le directeur technique → gère la fabrication.

a. La DRH
b. Nous devons prendre
c. J'écris un rapport
d. Notre manager fait
e. Un trombone est
f. Nous assistons

1. pour mon chef.
2. à une réunion.
3. une fourniture.
4. une décision sur les nouveaux marchés.
5. est responsable du personnel.
6. une présentation sur les exportations.

430. S'EXERCER Reliez chaque phrase à l'explication qui correspond.

Exemple : Elle classe des documents. → Elle met des papiers dans l'ordre alphabétique.

a. Elle répond à du courrier.
b. Elle range son bureau.
c. Elle tape une lettre.
d. Elle trie des lettres.
e. Elle assiste à une réunion.
f. Elle fait une présentation.
g. Elle fait un compte rendu.

1. Elle envoie des lettres.
2. Elle écrit un résumé de la réunion.
3. Elle a rendez-vous avec des personnes pour travailler.
4. Elle met les choses à la bonne place.
5. Elle explique quelque chose à d'autres personnes.
6. Elle écrit avec son ordinateur.
7. Elle sépare le courrier en plusieurs catégories.

431. S'EXERCER Cochez la phrase qui a le même sens.

Exemple : Il travaille pour une société concurrente. 1. Nous sommes en situation de compétition. ☒
2. Nous sommes des collaborateurs. ☐

a. C'est le P.D.G.
1. Il dirige l'entreprise. ☐
2. Il assiste le directeur. ☐

D. Les activités des personnes

b. Vous avez un visiteur à l'accueil.	**1.** Une personne vous attend à la réception.	☐
	2. Ce visiteur est votre ami.	☐
c. Je vous en prie, asseyez-vous !	**1.** Vous devez vous lever.	☐
	2. Vous pouvez vous asseoir.	☐
d. Vous voulez bien me suivre ?	**1.** Je dois aller avec cette personne.	☐
	2. Je dois dire si je comprends cette personne.	☐
e. Monsieur Fleury est en réunion actuellement.	**1.** Monsieur Fleury peut parler avec moi.	☐
	2. Monsieur Fleury est occupé.	☐
f. On fait une petite pause.	**1.** On se repose un moment.	☐
	2. On fait grève.	☐

432. RÉVISER Complétez les phrases avec les mots suivants : *bien, présentation, fournitures, suivre, salle, commencer, étage, ressources.*

Exemple : Bonjour, vous êtes … bien … monsieur Ducros ?

a. Si vous voulez bien me ....

b. Nous allons au 24ᵉ ....

c. J'ai réservé une .... de réunion.

d. Voici madame Bernier, notre directrice des .... humaines.

e. Le chef des ventes va nous faire une ....

f. Est-ce que vous avez besoin de .... ?

g. Si nous sommes prêts, je vous propose de ....

433. RÉVISER Complétez avec les mots suivants : *photocopier, un trombone, une réunion, une agrafeuse, un tiroir, classer, une équipe, les congés.*

Exemple : Utiliser une photocopieuse. → photocopier

a. On l'ouvre ou on le ferme pour ranger des choses dans un bureau. → ....

b. Ce petit appareil fixe des pages ensemble. → ....

c. On utilise ce petit fil de fer plié pour attacher des pages. → ....

d. C'est un groupe de personnes qui travaillent en général ensemble. → ....

e. Un groupe de personnes qui travaillent pendant un moment ensemble. → ....

f. On ne travaille pas pendant cette période. → ....

g. Mettre dans un ordre spécifique. → ....

434. SE TESTER Complétez les mots.

Exemple : Michel est le *chef* des ventes.

a. Quel est l'o .... de jour de la réunion ? **d.** Il n'y a pas d'agrafes, je mets un t...............................

b. Tu peux écrire le c................................... rendu ? **e** Le dossier est dans le t........................ de mon bureau.

c. Mme Lebris g................................... le personnel.

169

14 • Le travail

Un ordinateur

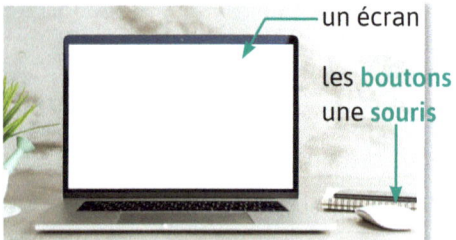

un ordinateur
— un écran
les boutons
une souris

un clavier   des touches

la touche * étoile, # dièse, @ arobase

Un **ordinateur** peut être un ordinateur de bureau, un **portable**, un PC. Il faut **allumer** l'ordinateur (et quand c'est fini, l'**éteindre**). On **clique** sur les **boutons** de la **souris**, en général reliée par un **câble** (ou une souris sans fil). On peut taper du texte sur le **clavier**, appuyer sur une **touche**.

L'ordinateur a besoin d'un **programme** (on dit aussi : un **logiciel**) pour fonctionner. Il permet de **copier, coller** ou **couper** des mots, **enregistrer** un texte. On peut aussi **imprimer** le document avec une **imprimante**. Il peut aussi être connecté à Internet, on peut alors envoyer des e-mails avec des **pièces jointes**. Les documents sont gardés sous forme de **fichiers** sur un **disque dur** (interne ou externe) ou une **clé USB**. Il y a quelquefois un **lecteur** CD (pour la musique) ou DVD (pour les vidéos).

435. S'EXERCER Reliez les éléments d'un ordinateur à leur fonction.

Exemple : une clé USB → un petit support externe

a. le clavier
b. la souris
c. l'imprimante
d. l'écran
e. le câble
f. le disque dur
g. un lecteur DVD

1. déplacer le curseur et cliquer
2. taper des données
3. afficher des données
4. imprimer
5. lire un disque
6. enregistrer un grand nombre de données
7. relier divers composants

436. RÉVISER Complétez avec les mots : *imprimante, copier-coller, pièce jointe, ouvrir, cliquer, écran, boutons, touches, lecteur, papier*.

Exemple : Je dois mettre du papier dans l'… imprimante …

a. Sur le clavier, il y a des ....
b. Sur la souris, il y a en général deux ...., l'un à gauche et l'autre à droite.
c. Pour valider ma réponse, je dois .... sur *Entrée*.
d. Il n'y a plus de .... dans l'imprimante.
e. La réponse s'affiche sur l'..
f. Ce modèle ancien a encore un .... de DVD rom.
g. Pour commencer, il faut .... le fichier.
h. Je sélectionne du texte et je fais un ....
i. Je n'arrive pas à ouvrir ta ....

D. Les activités des personnes

437. RÉVISER Notez de 1 à 8 pour retrouver l'ordre de ces actions.

Exemple : J'allume l'ordinateur. → ... 1 ...

a. J'éteins mon ordinateur. → ....
b. Je tape mon texte. → ....
c. J'ouvre mon logiciel de traitement de texte. → ......
d. J'enregistre mon travail sur le disque dur. → ....
e. J'imprime mon document. → ....
f. Je corrige les fautes. → ....
g. Je mets du papier dans l'imprimante. → ....

438. RÉVISER Remettez les mots des phrases dans l'ordre.

Exemple : un – portable. – voudrais – Je – ordinateur – acheter → Je voudrais acheter un ordinateur portable.

a. pas – ton – d' – le – enregistrer – N' – oublie – fichier – avant – programme. – de – quitter
→ ....

b. du – Il – ajouter – faut – papier – imprimante. – l' – dans
→ ....

c. le – fichier ? – te – nom – Tu – rappelles – du
→ ....

d. je – ordinateur – Avec – Internet. – cet – me – facilement – connecte – très – à
→ ....

e. un – sélectionne – Je – mot – le – dans – copie – je – et – je – phrase. – le – autre – une – colle
→ ....

f. le – logiciel – Je – installer – nouveau – vais – je – acheter. – viens – d' – que
→ ....

439. SE TESTER Complétez les mots.

Exemple : C'est un *clavier* français ou anglais ?

a. Où est la *t*.................. arobase ?
b. Vous pouvez voir l'image sur l'*é*..................
c. Ma présentation est sur une *c*.................. USB.
d. Ce PC pro n'a pas de *l*.................. de CD.
e. Je tape du texte, je copie une phrase et je *c*.................. cette phrase dans un autre texte.
f. Il faut *c*.................. sur le *b*.................. droit de la *s*..................
g. On peut *i*.................. nos textes ?
h. C'est un nouveau *p*.................. pour faire des présentations.
i. J'ai oublié la *p*.................. *j*.................. dans mon e-mail

Bilan 1

Complétez les phrases avec le mot qui convient.

1. Nous travaillons dans une petite e..
2. Ils sont dans un grand g.. industriel.
3. On vous attend dans la salle de r..
4. Prenez votre badge visiteur à l'a..
5. Il est l'heure de manger quelque chose à la c..
6. Le s.. de notre société est au centre de Paris.
7. Je travaille pour Martine, c'est ma d..
8. Pour les questions sur les salaires, il faut aller voir Laurent, à la c................................
9. Le service m.. fait une présentation.
10. La DRH g.. les salariés.
11. Les directeurs sont les c.. de l'entreprise.
12. Le numéro un de la société est le P..
13. Je vous envoie le c.............................. r.. par e-mail.
14. Tu as un o... ? Oui, un PC portable.
15. Il faut appuyer sur quelle touche du c... ?
16. Vous utilisez quel programme, quel l... pour les présentations ?
17. Vous pouvez mettre le document sur une c... USB.
18. Et dans ce coin, vous pouvez photocopier ou i.. des documents.
19. C'est un étudiant, il fait un s... ici.
20. Julien n'est pas là cette semaine, il est en c..
21. Je voudrais faire une f... pour pouvoir utiliser ce programme.
22. Les hommes et les femmes g.. le même salaire, ici ?
23. Je n'arrive pas à ouvrir la pièce j... de cet email.
24. Le s... décide de faire grève.
25. Mon frère cherche un s... pour la rentrée.

Mon score : .... /25

Bilan 2

139 Écoutez le texte puis complétez-le avec les mots ci-dessous.

Tour, siège, ordinateur, recrutement, candidat(e), formation, directrice, groupe, assistant, relire, imprimer, réunion, DRH, taper, bureau, locaux, équipe, salariés, luxe, gère.

Offre d'emploi

Je suis (1).. financière au (2).. d'un grand (3).. du secteur du (4).. Nos (5).. sont dans une (6).. du quartier d'affaires. J'ai un grand (7).. au dernier étage et je (8).. plus de 100 (9)..

Je cherche une nouvelle personne pour mon (10).. Je n'ai pas besoin d'un (11).. pour me (12).. des textes sur l' (13).., (14).. des documents, (15).. mes courriers. Non, je veux une personne pour me lire des textes. Je peux lire moi-même, je n'ai pas de problème de vue, mais j'adore entendre quelqu'un lire pour moi, de la littérature, de la poésie. Alors, l'homme ou la femme, peu importe, doit avoir une (16).. artistique. La (17).. va organiser un (18).. et choisir le ou la meilleur(e) (19).. Dans une salle de (20).. magnifique, son travail va être de lire les plus beaux textes de la langue française. Pour moi, c'est comme écouter de la musique. De la musique vivante...

Mon score : .... /20

15 • Les transports en commun

A. Le métro

 Les transports en ville 140

Dans une **station** de **métro**, je peux regarder sur le **plan** pour savoir quelle **ligne** je dois prendre, ou demander à un employé qui donne des **informations** aux passagers. En général, il y a un **distributeur automatique** pour acheter un **ticket**, un **carnet** (= 10 tickets avec un **tarif** réduit, c'est à dire une réduction de prix). Je **valide** mon ticket et je vais sur le **quai** où la **direction** (la station finale) est indiquée. La **rame** (le métro) a des **roues** sur des **rails.** Quand le métro arrive, on **ouvre** les portes (c'est automatique), je **monte** dans la **voiture** (le **wagon**) et on **ferme** les portes. Quand j'arrive à ma destination, je **descends**. Si le **trajet** (le déplacement) est direct, je peux **sortir** de la station, s'il y a un **changement** (une correspondance), je prends une autre ligne.

Je prends l'autobus (le bus) à un **arrêt** de bus. Il y a aussi le **tram(way)**, une sorte de bus sur rails. À Paris, il y a le RER : un mélange de métro et de train entre le centre-ville et la **banlieue** (les villes à côté de Paris).

440. S'EXERCER **Reliez les parties de phrase qui correspondent.**

Exemple : Je cherche une station sur → le plan.

a. C'est direct ou il y a •   • 1. du train.
b. On s'arrête •   • 2. le quai.
c. On attend 2 minutes sur •   • 3. à quelle station ?
d. J'achète un carnet •   • 4. dans le train.
e. Je monte •   • 5. de tickets.
f. Je descends •   • 6. une correspondance ?

> Le métro est principalement sous-terrain (dans des tunnels) mais quelques stations sont dehors = à l'extérieur.

441. S'EXERCER **Vous prenez le métro. Notez de 1 à 8 pour classer ces actions.**

Exemple : Je descends dans la station. → … 1 …

a. Je choisis ma direction. → .... e. Je mets mon ticket dans la machine. → ....
b. Je descends du métro. → ....   f. Je sors de la station. → ....
c. J'achète un ticket au guichet. → .... g. J'attends sur le quai. → ....
d. Je monte dans le métro. → ....

442. RÉVISER **Complétez les phrases avec les mots :** arrêt, descends, monte, arrive, attends, assois, ticket, dehors, destination.

Exemple : Je vais à l'*arrêt* de bus.

a. J' .... pendant 10 minutes.   e. Je m' ....
b. Un bus ....   f. Je regarde ....
c. Je .... dans le bus.   g. J'arrive à ....
d. Je valide mon .... dans la machine.   h. Je .... du bus.

A. Le métro

443. RÉVISER Complétez les phrases avec les mots : *station, ticket, descendre, monter, quai.*

Exemple : Pour prendre le métro, tu descends dans une ... station ...

a. Je passe mon .... dans une machine.

b. Les voyageurs attendent sur le .... avant de monter dans le train.

c. Le métro arrive, on peut .... dans les voitures.

d. On est arrivé à destination, on peut .... du métro.

444. RÉVISER Les lettres des mots en italique sont mélangées. Écrivez les mots correctement.

Exemple : C'est *retcid*. → direct

a. Où est la *nositat* ? → ....
d. On prend quelle *gilen* ? → ....

b. Tu as un *kictte* de métro ? → ....
e. Il y a un *genmenchat*. → ....

c. Je vais prendre un *crante*. → ....
f. Le *jatter* prend 20 minutes. → ....

445. SE TESTER Complétez les mots.

Exemple : J'achète un *carnet* de tickets.

a. Je prends le métro à la s.. Invalides.

b. Ici, c'est la l... n°8.

c. Le train arrive à q..

d. Il ne faut plus m... dans les voitures après le signal sonore.

e. On d.. à la prochaine.

f. On sort ? Non, on prend la c...

B. Le train

 Le train 141

Le train arrive à la **gare**, à la **voie** 23.
Le **conducteur** (la personne pour conduire le train) est dans la **locomotive**. Le TGV (Train à Grande Vitesse) peut **rouler** à plus de 360km/h.

Le train est peut-être **à l'heure**, ou au contraire **en retard**. Quelquefois, il est **annulé** s'il y a des **travaux**. On peut acheter un **billet** ou un e-billet (un **aller simple** ou un **aller-retour**), avec une **réservation** de **place** en 1re ou 2e **classe**.
On peut trouver une place **libre** (ou au contraire : **occupée**) côté **fenêtre** ou **couloir**. Les **horaires** (les heures de passage des trains) sont sur Internet.

Si une personne n'a pas de billet valable, et si un **contrôleur** passe, elle doit payer une **amende**.

Il faut faire attention de ne pas **manquer**, ou **rater** le train (c'est à dire arriver trop tard pour le prendre).

15 • Les transports en commun

446. S'EXERCER Cochez la bonne réponse.

Exemple : On va prendre le train : ☐ à la station. ☒ à la gare du Nord.

a. Ce n'est pas un aller simple, c'est un ☐ aller-retourne. ☐ aller-retour.

b. Vous êtes en 2ᵉ ☐ place. ☐ classe ?

c. Le train arrive ☐ à la voie n° 1. ☐ à la gare n° 1.

d. Tu préfères le côté ☐ fenêtre ou couloir ? ☐ locomotive ?

e. Le ☐ conducteur ☐ contrôleur contrôle les billets.

447. S'EXERCER Reliez les parties de phrase qui correspondent.

Exemple : Pour aller à Strasbourg, le trajet → dure 2 h.

a. Entre Paris et Marseille, • • 1. pour aller chez toi ?
b. Ça prend combien de temps • • 2. le TGV met 3 h.
c. C'est parfait, le train est • • 3. avec un retard de 15 minutes.
d. Le train va arriver • • 4. à l'heure !

> Attention à la différence entre à/jusqu'à
> → Je prends le train à Paris (= je suis à Paris)
> ≠ je vais à Paris (= je prends le train jusqu'à Paris)

448. S'EXERCER Notez de 1 à 7 pour indiquer l'ordre des actions pour prendre le train.

Exemple : J'arrive à la gare. → … 1 …

a. Je cherche le quai de départ du train. → ………
b. J'achète un billet au guichet. → ………
c. Je monte dans une voiture. → ………
d. Je m'assois. → ………
e. Le train démarre. → ………
f. Je cherche une place libre. → ………

449. S'EXERCER Reliez les questions et les réponses.

Exemple : Le train met combien de temps ? → Il met une heure.

a. Le trajet dure combien de temps ? • • 1. Il faut environ une heure.
b. Il faut combien de temps pour aller à Chartres ? • • 2. On arrive dans deux heures.
c. Vous arrivez à quelle heure ? • • 3. Oui, il y a un train tous les quarts d'heure.
d. On arrive dans combien de temps ? • • 4. On arrive à deux heures.
e. Tu connais les horaires ? • • 5. Il dure une heure.

450. RÉVISER Les lettres des mots en italique sont mélangées. Écrivez les mots correctement.

Exemple : On est à la *erga* du Nord. → … gare …

a. On prend un aller *plisme*. → ………
b. C'est une vilocomote *électrique*. → ………
c. Le *trucondeuc* conduit le train. → ………
d. Le *curontrôle* vérifie les billets. → ………
e. Où sont les *srhoraie* des trains ? → ………
f. Je vais prendre un *libelt* pour Toulouse. → ………
g. Je n'ai pas de *variéserton*. → ………
h. Cette place est *écopuce*. → ………

B. Le train

451. RÉVISER Remettez les mots des phrases dans l'ordre.

Exemple : Nice. – Ce – terminus – pour – train – a → Ce train a pour terminus Nice.

a. dure – Le – deux – trajet – heures.
→ ....

b. Je – une – réserver – le – 18 – place – pour – janvier. – voudrais
→ ....

c. Tu – voir – les – la – horaires – sur – site – le – internet – de – peux – SNCF.
→ ....

d. Mon – annulé – y – a – train – est – parce – des – qu'il – travaux.
→ ....

452. RÉVISER Complétez les phrases avec les mots : *carnet, province, Vitesse, contrôleur, quai, métro, route.*

Exemple : 10 tickets de métro, c'est un billet. → Non, on appelle ça un ... carnet...

a. Le T.G.V. veut dire : Train à Grande Valeur. → Non, ça veut dire Train à Grande ....

b. Les trains de grandes lignes relient Paris et la banlieue. → Non, ils relient Paris et la ....

c. J'attends le métro sur la voie. → Non, j'attends le métro sur le ....

d. Le conducteur de train contrôle les billets. → Non, c'est le ....

e. Les bus circulent sur des rails. → Non, ils circulent sur la ....

f. Le R.E.R. est un système de bus express. → Non, c'est un système de .... express.

453. SE TESTER Complétez la phrase avec le mot de sens contraire.

Exemple : Il ne part pas, il ... *arrive* ...

a. Il ne monte pas, il ....
b. Il n'est pas rapide, il est ....
c. Il n'est pas en retard, il est en ....
d. Cette place n'est pas occupée, elle est ....
e Ce ne sont pas les arrivées, ce sont les ....
f. Ce n'est pas la destination, c'est la ....

C. L'avion

 À l'aéroport

Un **aéroport** peut avoir plusieurs **aérogares**, un **tableau d'affichage** montre **les départs**, les **numéros de vol** et les **comptoirs d'enregistrement** des **compagnies**.

On présente son **billet**, sa **pièce d'identité** (**le passeport**), on laisse ses **bagages** sur le **tapis**, on obtient une **carte d'embarquement**.
On passe le **contrôle de sécurité** et on va à la **porte d'embarquement**.
Sur les vols internationaux, il y a des **boutiques hors-taxes.**

15 • Les transports en commun

Dans l'avion

Les **hôtesses** et les **stewards** sont à **bord** de l'avion, les passagers vont à leur **place**, ils mettent leur bagage à main dans le **compartiment** à bagages, ils s'assoient sur leur **siège**, attachent la **ceinture** de sécurité. Le siège peut être côté **hublot** ou **couloir**, à l'avant, à l'arrière, en classe éco(nomique) / affaires.

Les **pilotes** allument les moteurs, l'avion **décolle**, il **vole** et **atterrit** sur une **piste** à l'aéroport d'arrivée.
Des repas sont parfois servis sur des plateaux par les hôtesses et les stewards.

454. S'EXERCER Notez de 1 à 8 pour indiquer l'ordre des actions lors d'un voyage en avion.

Exemple : Je vais au comptoir de ma compagnie pour enregistrer mes bagages. → … 1 …

a. Une hôtesse invite les passagers à embarquer. → ....
b. On me donne une carte d'embarquement avec mon numéro de siège. → ....
c. Je cherche mon siège, je m'assois et j'attache ma ceinture. → ....
d. L'avion décolle. → ....
e. Je passe les contrôles de sécurité. → ....
f. L'avion atterrit à destination. → ....
g. J'attends dans la salle d'embarquement. → ....

455. S'EXERCER Reliez les éléments qui correspondent.

Exemple : L'avion décolle → et ensuite il atterrit.

a. Une hôtesse est   •   • **1.** dans un compartiment.
b. Un steward est   •   • **2.** sa ceinture.
c. Les bagages sont   •   • **3.** une fenêtre.
d. Le passager s'assoit   •   • **4.** sur son siège.
e. Il faut attacher   •   • **5.** un homme.
f. L'avion est prêt à   •   • **6.** décoller.
g. Le hublot est   •   • **7.** une femme.

C. L'avion

456. RÉVISER Les lettres des mots en italique sont mélangées. Écrivez les mots correctement.

Exemple : C'est votre numéro de *lov*. → vol

a. On va à quel *réaporot* ? → ....
b. Regardez sur le *baleuta* d'affichage. → ....
c. Il faut faire l'*ingensretremet* des bagages. → ....
d. Voici votre carte d'*raquembement*. → ....
e. Il y a un contrôle de *tésécuri*. → ....
f. On achète quelque chose à la boutique *rosh*-taxes. → ....

457. RÉVISER Un passager enregistre ses bagages. Complétez cette conversation avec les mots suivants : *passeport, tapis, porte, hublot, bagages, embarquement, décollage, avant, vol*.

Exemple : – Bonjour monsieur. Je peux voir votre ... passeport ..., s'il vous plaît ?

a. – Vous avez des .... ?
 – Oui, deux valises.
b. – Vous pouvez les poser sur le ....
 – Voilà.
c. – Vous avez une préférence ?
 – Une place à l'............................, si possible.
d. – Côté .... ?
 – Non, couloir.
e. – Vous pouvez vous rendre à la .... 8.
 – Très bien.
f. – L'............................ se fait à partir de 19 h 15.
 – D'accord.
g. – Le .... est prévu à 19 h 40.
 – Bien.
h. – Je vous souhaite un excellent ....
 – Je vous remercie.

458. RÉVISER Vrai ou Faux ? Choisissez la bonne réponse.

	Vrai	Faux
Exemple : J'attends dans la salle d'embarquement avant d'entrer dans l'avion.	☒	☐
a. Avant le décollage, je dois attacher ma ceinture.	☐	☐
b. Il est interdit de fumer pendant le vol.	☐	☐
c. Si j'ai trop chaud, je peux ouvrir le hublot.	☐	☐
d. Je peux me promener sur les ailes.	☐	☐
e. Le pilote fait la cuisine pour les passagers.	☐	☐
f. Le numéro de mon siège est inscrit sur ma carte d'embarquement.	☐	☐
g. À l'atterrissage et au décollage, il faut attacher sa ceinture.	☐	☐
h. L'hôtesse de l'air ou le steward apporte mon repas sur un plateau.	☐	☐

459. SE TESTER Complétez les phrases avec le mot qui correspond à l'explication.

Exemple : Un voyage en avion, c'est *un ... vol ...*

a. L'avion quitte le sol, il ....
b. L'avion touche le sol, il ....
c. L'avion est en l'air, il ....
d. J'entre dans l'avion, j'............................
e. Le passager s'assoit sur son ....
f. La fenêtre d'un avion, c'est le ....
g. L'avion, pour se maintenir en l'air, a des moteurs et deux ....
h. L'avion roule sur une ....

Bilan 1

Complétez les phrases avec le mot qui convient.

1. Est-ce qu'il y a une s.. de métro près d'ici ?
2. On prend la l.. 14.
3. Ce n'est pas direct, il faut faire deux co... !
4. On achète un c... de 10 tickets.
5. Tu as un p.. de métro pour voir comment on fait ?
6. Les portes sont ouvertes, on peut m.. dans le train.
7. Vous êtes arrivé, vous pouvez d.. de la voiture.
8. Le matin et le soir, beaucoup de gens attendent sur le q...
9. Je voudrais prendre le bus mais je ne sais pas où est l'a...
10. Ce TGV part de la g.. de Lyon.
11. Votre train va arriver à la v.. n°4.
12. Sur mon téléphone, j'ai une appli avec les h.. des trains.
13. Vous devez faire une r.. pour avoir une place.
14. Il voyage en 1re c...
15. En RER, le t.. dure 45 minutes.
16. On va prendre l'avion à l'a...
17. C'est quel numéro de v.. ?
18. Vous n'avez pas fait l'e.. de votre valise!
19. Puis-je voir votre carte d'e.., s'il vous plaît ?
20. L'avion est déjà sur la p...
21. Tu préfères le couloir ou le h.. ?
22. Veuillez attacher votre c.. de sécurité.
23. Notre avion va d.. dans quelques minutes.
24. Nous allons a.. à destination à 12 h 40 heure locale.
25. Nos h.. vont vous apporter un rafraîchissement.

Mon score : .... /25

Bilan 2

144 🔊 Écoutez le texte puis complétez-le avec les mots ci-dessous.

Trajet, aérogare, enregistrement, embarquement, décollage, contrôles, station, train, bus, hublot, siège, pistes, rails, ceinture, atterrir, gare, bord, voie, vols, ailes.

Dans les grandes villes, il est difficile d'accepter la pollution de l'air et le bruit provoqués par les transports. Il est déjà possible d'aller à l'aéroport avec des transports électriques. On descend dans une (1)............................ pour prendre le métro. Après un (2)............................ de quelques minutes, on arrive dans une (3)............................ Là, un (4)............................, électrique aussi, attend sur une (5)............................ Sur les (6)............................, nous roulons jusqu'à l'aéroport. Là, il faut peut-être utiliser une petite navette d'une (7)............................ à l'autre, un petit métro automatique, non-polluant ou un (8)............................ hybride. Ensuite, il faut prendre l'avion, lui est polluant.

À l'aéroport, la technologie permet déjà de faciliter l' (9)............................ des bagages et les (10) .... de sécurité sont automatisés. Leur carte d' (11)............................ est sur leur téléphone.

Alors, il faut espérer que la technologie va vite évoluer. Imaginons des moteurs électriques sous les (12)............................ des avions. Les passagers, détendus, entrent à (13) .... de l'avion, vont à leur (14) ...., mettent leur (15) ...., ils regardent le paysage par le (16)............................ Ils entendent un léger bruit au moment du (17)............................ À l'arrivée, ils peuvent (18) .... sans problème sur des (19)............................ près des sites naturels. Ils ont l'esprit tranquille parce qu'ils savent qu'ils ne détériorent pas la planète. Alors, ils voyagent souvent. Les (20)............................ sont moins chers. L'avion est maintenant un métro volant !

Mon score : .... /20

16 • Les transports personnels

A. Le vélo, la moto

Les parties d'un vélo 145

- un vélo ou une bicyclette
- une selle
- un porte-bagage
- une roue
- une chaîne — changer de vitesse
- une béquille
- une pédale (pédaler)
- un guidon
- le frein (freiner)
- la sonnette
- un panier
- faire du vélo

460. S'EXERCER Reliez les parties de phrase qui correspondent.

Exemple : Je m'assois sur → la selle.

a. Je dirige le vélo avec
b. Un vélo a généralement
c. En cas de danger, je donne un coup
d. Je peux mettre mes affaires sur
e. J'appuie sur

1. 2 roues.
2. les pédales pour avancer.
3. le porte-bagage.
4. le guidon.
5. de sonnette.

461. S'EXERCER Cochez la bonne réponse.

Exemple : je m'installe sur   ☐ la roue   ☒ la selle

a. Pour avancer, j'appuie sur   ☐ les pédales   ☐ la sonnette
b. Pour arrêter le vélo, je presse   ☐ le frein   ☐ la roue
c. Mon vélo peut rester immobile sur   ☐ la béquille   ☐ le porte-bagage
d. Je tourne à droite ou à gauche avec   ☐ la chaîne   ☐ le guidon

462. RÉVISER Complétez les phrases avec les mots : *selle, porte-bagage, sonnette, roues, pédales, chaîne.*

Exemple : La … selle … est trop haute !

a. La .... est cassée, il faut la réparer !
b. Je suis fatigué, j'ai du mal à appuyer sur les .... !
c. Tu peux laisser ton sac sur le ....
d. Un vélo a 2 ....
e. En cas de danger, il y a une ....

A. Le vélo, la moto

463. SE TESTER Complétez les mots.

Exemple : Je mets mon sac sur le … porte-bagage …

a. Je suis assis sur la s..

b. Pour tourner, j'utilise le g..

c. Pour m'arrêter, j'ai des f...

d. Pour avancer, j'appuie sur les p..

 Utiliser un « deux-roues »

On **gonfle** (remplir d'air) le **pneu** avec une **pompe**. S'il y a une **crevaison** (un trou dans le pneu), il faut réparer. La nuit, on doit **allumer** les **phares** (le contraire : **éteindre**). Pour les deux-roues à moteur, comme une **mobylette**, un **scooter**, une **moto** ou une trottinette électrique, il y a une **batterie** pour l'électricité. Il faut mettre un **casque** sur la tête.

464. S'EXERCER Cochez la bonne réponse.

Exemple : S'il y a une crevaison,	☐ il n'y a pas de trou	☒ il y a un trou dans le pneu.
a. Je mets de l'air	☐ avec la pompe.	☐ avec la batterie.
b. La pompe	☐ est dans le pneu.	☐ permet de mettre de l'air.
c. Le phare	☐ donne de la lumière.	☐ est dans le pneu.
d. Le contraire d'allumer est	☐ éteindre.	☐ gonfler.

465. RÉVISER Reliez les parties de phrase qui correspondent.

Exemple : Je vois → la roue avec une crevaison.

a. J'enlève • • **1.** le pneu sur le vélo.

b. Je répare • • **2.** avec la pompe.

c. Je remets • • **3.** le pneu crevé.

d. Je gonfle • • **4.** la crevaison.

466. RÉVISER Remettez les mots des phrases dans l'ordre.

Exemple : moteur – C'est – vélo – un – électrique. – avec – un → C'est un vélo avec un moteur électrique.

a. Il – phares. – fait – j'allume – nuit, – les → ....

b. Tu – arrière. – dois – un – peu – le – pneu – gonfler → ....

c. c'est – casque. – Pour – obligatoire – la – moto – porter – de – un → ....

d. La – garder – permet – de – l'électricité. – batterie → ....

16 • Les transports personnels

467. SE TESTER Complétez les mots.

Exemple : Il n'y a plus d'air dans le pneu, c'est une ... crevaison ...

a. Dans un vélo, il y a deux p ....

b. Je gonfle avec une p ....

c. On porte toujours un c .... pour faire de la moto.

d. Il a une petite moto, c'est une m ....

e. Quand je pars, j'a .... les lumières de mon vélo.

f. J'arrive à la maison, j'é .... les phares du scooter.

g. Mon copain veut acheter un vélo avec un m .... électrique.

B. La voiture

La voiture (l'extérieur) 147

- le coffre
- les feux (derrière)
- la plaque d'immatriculation
- le pot d'échappement
- les rétroviseurs
- le capot
- le moteur
- les phares (devant)
- le pare-brise
- les essuie-glace

Une voiture est entourée d'une carrosserie en métal. Pour ouvrir la porte, on peut dire aussi la portière, on utilise la poignée. Il y a une serrure pour fermer à clé.

468. S'EXERCER Reliez les deux parties de phrase qui correspondent.

Exemple : J'ouvre le capot → pour voir le moteur.

a. Il pleut,   •   • **1.** j'allume les phares.

b. Il fait nuit,   •   • **2.** la plaque d'immatriculation.

c. Je mets mes bagages   •   • **3.** dans le coffre.

d. Le numéro de la voiture est sur   •   • **4.** je mets en route les essuie-glace.

469. S'EXERCER Cochez la bonne réponse.

Exemple : Les gaz du moteur sortent par	☐ la plaque d'immatriculation.	☒ le pot d'échappement.
a. Le pare-brise est	☐ en verre.	☐ en métal.
b. Le moteur est	☐ dans le coffre.	☐ sous le capot.
c. Les phares et les feux sont	☐ la même chose.	☐ des choses différentes.
d. Des petits miroirs pour voir derrière sont	☐ des rétroviseurs.	☐ des pare-chocs.

B. La voiture

470. RÉVISER Complétez les phrases avec les mots : *poignée, carrosserie, serrure, phares, plaque, capot, rétroviseur, pot d'échappement.*

Exemple : Je tiens la ... poignée ... pour ouvrir la portière.

a. On peut débloquer la .... avec une clé à télécommande.
b. Les parties extérieures en métal sont la ....
c. On peut voir la nuit avec les ....
d. Le numéro de la voiture est sur la .... d'immatriculation
e. J'ouvre le .... pour voir le moteur.
f. Pour voir derrière la voiture, le conducteur regarde dans son ....
g. Les gaz du moteur sortent de la voiture par le ....

471. SE TESTER Complétez les mots.

Exemple : Le moteur est sous le *capot*.

a. La nuit, je mets les p..
b. Tu allumes ? Non, j'é..
c. Les sacs sont dans le c..
d. Pour voir derrière la voiture, je regarde dans les r..

La voiture (l'intérieur) 148

Le conducteur de la voiture s'assoit sur le **siège** derrière le **volant**. Il y a un **clignotant**, on le met avant de tourner, puis on l'**enlève**. Pour signaler un danger, on utilise le **klaxon** (klaxonner) pour faire un bruit.
Il y a 3 **pédales** pour : le **frein** (freiner), l'**embrayage** (avant de changer de vitesse), l'**accélérateur** (accélérer). Le **levier** de changement de vitesse permet de **changer** de **vitesse** (pas pour une **automatique**). Le **frein à main** est mis avant de sortir pour bloquer la voiture.
Sur le **tableau de bord**, des **compteurs** montrent la **vitesse**, les **kilomètres**. Il y a des **voyants lumineux** (des alarmes), un **GPS**. Dans la **boîte à gants**, on peut mettre des affaires personnelles.

472. S'EXERCER Reliez les deux parties de phrase qui correspondent.

Exemple : Pour aller à droite ou à gauche, → je mets le clignotant.

a. En cas de danger,   • **1.** j'appuie sur la pédale d'embrayage.
b. Pour aller moins vite,   • **2.** j'appuie sur l'accélérateur.
c. Pour aller plus vite,   • **3.** je freine.
d. Avant de changer de vitesse, • **4.** je tourne le volant.
e. Pour aller à droite,   • **5.** je klaxonne.

16 • Les transports personnels

473. S'EXERCER Cochez la bonne réponse.

Exemple : Je m'assois ☒ sur le siège. ☐ sur le tableau de bord.

a. Pour savoir à quelle vitesse je suis, je regarde ☐ le compteur du tableau de bord. ☐ le levier de vitesse.

b. Avant de sortir de la voiture, je mets ☐ le frein à main. ☐ le clignotant.

c. Je peux laisser des affaires personnelles dans ☐ le volant. ☐ la boîte à gants.

d. Pour avertir quelqu'un d'un danger, il faut utiliser ☐ le klaxon. ☐ le clignotant.

e. Avec une voiture automatique, je n'ai pas besoin de passer ☐ les vitesses. ☐ les kilomètres.

f. En cas de problème technique, un voyant lumineux ☐ s'éteint. ☐ s'allume.

g. Je peux savoir la direction à prendre avec ☐ le GPS. ☐ la boîte à gants.

474. RÉVISER Complétez les phrases avec les mots : *klaxon, clignotant, frein à main, frein, volant, siège, pédale, boîte à gants, vitesse, bord, compteur.*

Exemple : Le … klaxon … est un avertisseur sonore.

a. Le .... permet de changer de direction.

b. Le .... permet de ralentir.

c. Je mets le .... et je sors du véhicule.

d. Avant de tourner, il faut mettre le ....

e. Tu t'assois sur le .... avant ou arrière ?

f. La .... pour accélérer est à droite.

g. Cette voiture est automatique, sans changement de ....

h. Le tableau de .... est en bois.

i. Je regarde le .... de vitesse pour savoir à combien je roule.

j. Le livre est dans la ....

475. SE TESTER Complétez les mots.

Exemple : Pour conduire, je mets les deux mains sur le *volant*.

a. Je ralentis avec la pédale de f ....

b. C'est une automatique, je n'ai pas besoin de passer les v ....

c. Je vais tourner à gauche, je mets mon c ....

d. J'utilise le k .... s'il y a un danger.

e. Le c .... de vitesse donne ma vitesse : 90 km/h.

f. Le GPS est dans le t .... de bord.

g. Il y a un journal dans la b ....

B. La voiture

Conduire 149

Si on a l'examen du **permis de conduire**, on devient un **automobiliste** et on peut conduire une voiture. On attache sa **ceinture** de sécurité et on **démarre** ≠ **coupe** le moteur. La voiture **roule**, elle **avance** (vers l'avant) ou au contraire, **recule**. On peut **doubler** une voiture plus lente. Quand on arrive à destination, on **gare** la voiture.
S'il y a un pneu **crevé** (avec un trou), on doit prendre le **cric** pour soulever la voiture et mettre une **roue de secours**. L'**air-bag** est une protection en cas d'accident.
Pour prendre de l'**essence**, du **sans-plomb** ou du **diesel**, on s'arrête à une **station-service** pour faire le **plein** à la **pompe**. Le **moteur** peut être aussi **hybride** ou é**lectrique**. L'**entretien** (un contrôle) est fait régulièrement dans un garage. En cas de **panne** (la voiture ne marche plus), il faut appeler une **dépanneuse**.

476. s'exercer Vrai ou Faux ? Choisissez la bonne réponse.

	Vrai	Faux
Exemple : La ceinture et l'air-bag sont pour la sécurité en cas d'accident.	☒	☐
a. Pour partir, il faut arrêter le moteur	☐	☐
b. Avancer est le contraire de reculer	☐	☐
c. Quand j'arrive à destination, je gare la voiture.	☐	☐
d. Doubler veut dire accélérer.	☐	☐

477. s'exercer Reliez les éléments qui correspondent et indiquez l'ordre des actions d'un conducteur.

Exemple : J'entre → dans la voiture. → ... 1 ...

a. J'attache •   • 1. la ceinture de sécurité. → ....
b. Je démarre •   • 2. le moteur. → ....
c. Je sors •   • 3. de la voiture. → ....
d. Je gare •   • 4. jusqu'à ma destination. → ....
e. Je roule •   • 5. la voiture. → ....
f. Je coupe •   • 6. le moteur. → ....

478. s'exercer Cochez la bonne réponse.

Exemple : Le super, le sans-plomb sont des types ☒ d'essence.   ☐ de moteurs.
a. Pour faire le plein, je m'arrête   ☐ à une station-service.   ☐ j'utilise la roue de secours.
b. Si un pneu est crevé, j'utilise   ☐ le cric   ☐ le rétroviseur   pour changer la roue.
c. Un moteur hybride utilise   ☐ l'électricité seulement.   ☐ l'électricité et l'essence.

479. réviser Rayez le mot qui ne convient pas.

Exemple : Il *laisse*/~~pose~~ sa voiture au parking.

a. Je *roule*/*conduis* ma voiture jusqu'à Lyon.
b. Je *conduis*/*vais* au bureau en voiture.
c. Ma voiture peut *rouler*/*conduire* à 200 km/h.
d. Je *gare*/*parque* ma voiture dans la rue.
e. Ma voiture est *cassée*/*en panne*.
f. Je *cherche*/*vais chercher* mes amis à la gare.
g. Il *conduit*/*prend* sa femme à l'aéroport.
h. Il *dépose*/*laisse tomber* ses enfants à l'école.

16 • Les transports personnels

480. RÉVISER Reliez chaque personne au moyen de transport qui correspond.

Exemple : un piéton → à pied

a. un chauffeur
b. un automobiliste
c. un motocycliste
d. un cycliste
e. un pilote
f. un conducteur
g. un routier

1. sur une moto
2. dans un taxi
3. dans un camion
4. dans un train
5. dans une voiture
6. dans un avion
7. sur un vélo

481. RÉVISER Complétez les phrases avec les mots : *conduite, garage, automobiliste, permis, révision.*

Exemple : Pour conduire une voiture, il faut prendre des leçons de … conduite …

a. Je fais réparer ma voiture dans un ....
b. Je peux conduire ma voiture, je suis enfin un .... !
c. Je dois laisser régulièrement ma voiture dans un garage pour une ....
d. Si je réussis l'examen, j'obtiens mon .... de conduire.

482. SE TESTER Complétez les mots.

Exemple : Pour partir, on démarre le *moteur.*

a. Pour passer devant une autre voiture, je d........................
b. Il n'y a plus d'essence, tu peux faire le p........................ ?
c. Je dois avancer ? - Non, tu dois r........................
d. Je ne peux pas utiliser ma voiture, elle est en p........................
e. Il faut réparer le pneu, il est c........................
f. Je ne sais pas où est la roue de s........................
g. Je fais le plein d'essence, je mets du s........................ -p........................ dans ma voiture.
h. Tous les passagers doivent attacher leur c........................ !
i. Maintenant, tu peux d........................ le moteur.
j. Sur cette route, vous pouvez r........................ à 90km/h.
k. On s'arrête quelques minutes, tu peux c........................ le moteur.
l. C'est la maison, tu peux g........................ la voiture devant
m. Il n' a pas encore le p........................ de conduire.
n. La voiture ne marche plus, on appelle une d........................

Bilan 1

Complétez les phrases avec le mot qui convient.

1. Le week-end, j'aime f.. du vélo.
2. Je m'assois sur la s.. et je pars.
3. En cas de danger, je donne un coup de s..
4. On peut tourner avec le g..
5. Il y a des f.. pour ralentir.
6. Pour accélérer, il faut appuyer sur les p..
7. Ce vélo n'a pas de p................................ b................................ pour mettre un sac.
8. J'allume ou j'é.. les feux ?
9. Chaque roue a un p..
10. Je peux mettre de l'air avec la p..
11. Il y a un trou, c'est une c..
12. Je dois changer le p..
13. Pour faire du scooter, il faut porter un c..
14. Pour voir le moteur de la voiture, j'ouvre le c..
15. Tu as ton p.. de conduire ?
16. J'attache ma c.. de sécurité.
17. Je d.. le moteur.
18. J'ai les deux mains sur le v..
19. On appuie sur la p.. pour accélérer.
20. Tu vas trop vite. Il faut f.. !
21. Il fait nuit, j'allume les p.. de la voiture.
22. On s'arrête à la pompe pour faire le p..
23. N'oublie pas de mettre ton c.. quand tu tournes.
24. Tu mets quel type d'e.. ? – Du sans-plomb.
25. Quand j'arrive à destination, je g.. le véhicule.

Mon score : .... /25

Bilan 2

 Écoutez le texte puis complétez-le avec les mots ci-dessous.

Clignotant, essence, pédaler, moteur, batterie, GPS, vélo, portière, chaîne, casque, roue, gare, permis, démarre, ceinture, phare, roule, pneu, siège, crevaison.

Mon amie adore partir en vacances avec son (1)... électrique. Si c'est difficile de (2)... car la route monte, le (3)... est là. Il y a bien sûr une (4)... pour stocker l'énergie. Son mari est le spécialiste en cas de problème : s'il y a une (5)..., il répare le (6)..., ou remet la (7)... en place. Et pour ces longs trajets, ils portent un (8)... Ils utilisent beaucoup moins leur voiture. Ils ont le (9)... de conduire mais la voiture, c'est trop cher, faire le plein d' (10)..., changer une pièce par exemple un (11)... pour la lumière, et puis ce n'est pas écologique.

Leur rêve, c'est une voiture électrique et entièrement automatique : on s'assoit sur le (12)..., on attache sa (13)..., on tape la destination sur le (14)..., et la voiture s'occupe de tout. Elle (15)... le moteur, elle (16)... sur la route, met le (17)... quand c'est nécessaire. À l'arrivée, elle (18)... le véhicule et ouvre la (19)... en disant « Vous êtes arrivé ! » Mais elle ne sait pas changer une (20)... !

Mon score : .... /20

17 • Les fêtes et les sorties

A. Donner des directions

Indiquer le chemin 151

Pour trouver le métro, il faut **prendre** la première rue **à gauche** ≠ **à droite**, aller **tout droit** (= sans tourner), **continuer jusqu'**au **feu rouge**, **traverser** la rue. La station est **à côté** d'un kiosque à journaux, **près (de)** ≠ **loin (de)**, **en face** (à l'opposé) **du** café, **entre** une boulangerie et un café. Nous sommes **devant** ≠ **derrière** une église, **dedans** ou **à l'intérieur (de)** ≠ **dehors** ou **à l'extérieur**.

Nous allons **retrouver** des amis (= allons dans un endroit où des amis vont aussi) dans un bar. C'est pratique, ils habitent juste **au-dessus** (≠ **au-dessous**).

483. S'EXERCER Reliez les éléments de sens contraire.

Exemple : aller tout droit → tourner

- **a.** près
- **b.** sur
- **c.** au-dessus
- **d.** devant
- **e.** à droite
- **f.** à l'intérieur
- **g.** dedans

- **1.** au-dessous
- **2.** derrière
- **3.** à l'extérieur
- **4.** dehors
- **5.** loin
- **6.** à gauche
- **7.** sous

484. S'EXERCER Complétez les phrases avec : *devant, à côté, près, au-dessous, au-dessus, en face, loin, derrière, entre.*

Exemple : Je peux voir les bateaux, la Seine passe ... devant ... mon immeuble.

a. Dans ma rue, il y a une boulangerie. Je traverse la rue et c'est là. Elle est .... de chez moi.
b. La station de métro est à 50 mètres de chez moi. J'habite .... du métro.
c. Le bureau de tabac est avant le métro. Il est .... chez moi et le métro.
d. La poste est à un mètre du tabac. La poste est .... du tabac.
e. La gare est à 10 kilomètres. J'habite .... de la gare.
f. J'habite au rez-de-chaussée. Je n'ai pas de voisins ....
g. Il y a un couple charmant au premier étage, ils sont .... de chez moi.
h. Je ne peux pas voir la tour Eiffel, elle est .... mon immeuble.

485. S'EXERCER Reliez le verbe à l'élément qui correspond pour indiquer le chemin (il y a parfois plusieurs possibilités).

Exemple : Tourner → à gauche.

- **a.** Prendre
- **b.** Traverser
- **c.** Passer
- **d.** Continuer
- **e.** Monter
- **f.** Sortir

- **1.** l'escalier.
- **2.** la rue.
- **3.** tout droit.
- **4.** la première à droite.
- **5.** du bâtiment.
- **6.** devant l'immeuble.

17 • Les fêtes et les sorties

486. RÉVISER Vous indiquez le chemin à quelqu'un. Complétez ces phrases avec les mots :

droit, première, tournes, feu, place, traverses, bout, passes.

Exemple : Tu vas tout … droit …

a. Tu prends la ………………………………… rue à droite.
b. Tu continues jusqu'au ………………………… de la rue.
c. Tu ……………………………………………… à gauche.
d. Au ……………………… rouge, tu prends à gauche.
e. Tu ……………………………………… devant la poste.
f. Tu ……………………………………………… la rue.
g. Tu arrives à une petite ………………………………
Je t'attends à la terrasse du café.

487. RÉVISER Remettez les mots des phrases dans l'ordre.

Exemple : librairie – une – hôtel – pâtisserie. – entre – une – Mon – et – est
→ Mon hôtel est entre une librairie et une pâtisserie.

a. Tu – jusqu'au – rue – de – droit – Mozart. – tout – bout – vas – la → ………………………………
b. Ce – face – café – cathédrale. – retrouve – mes – de – dans – un – en – soir, – amis – la – je → ………………………………
c. ensuite – droit. – tout – deuxième – rue – à – prenez – et – droite – la – Vous → ………………………………
d. On – à – droite. – et – on – traverse – prend – l'avenue → ………………………………

488. SE TESTER Complétez la phrase avec l'expression de sens contraire.

Exemple : Il ne va pas à droite, il va à … à gauche …

a. Il n'habite pas près d'ici, il habite ………………………
b. Il n'est pas devant, il est ………………………………
c. Il n'est pas dedans, il est ………………………………
d. Ne tournez pas, allez ……………………………………
e. Ce n'est pas avant, c'est ………………………………
f. Ce n'est pas au-dessus, c'est …………………………
g. Ils ne sont pas à l'extérieur, ils sont …………………
h. Ce n'est pas loin, c'est …………………………………

B. Les fêtes traditionnelles

Les principales fêtes traditionnelles 152

Le 1ᵉʳ janvier, on fête le **jour de l'An**. C'est un **jour férié** (on ne travaille pas). On fait un grand repas la veille (le réveillon) le soir de la Saint-Sylvestre (la nuit du 31 décembre) en famille ou avec des amis, à la maison ou au restaurant. On compte les secondes et on s'embrasse à minuit, on dit « bonne année ! », on envoie une jolie carte de vœux (ou un mail).

Le 6 janvier, on fête **l'Épiphanie**, les rois mages. Pendant quelques semaines, dans toutes les pâtisseries, on peut acheter des **galettes des rois**, avec à l'intérieur une **fève** (un petit objet). On donne une couronne en carton à la personne qui trouve la fève dans sa part de galette.

Le 14 février, on fête la **Saint-Valentin**, la fête des amoureux. C'est une fête commerciale, on fait un cadeau (un bouquet de fleurs par exemple, ou un bijou) à la personne aimée, et souvent, on dîne ensemble au restaurant.

B. Les fêtes traditionnelles

Entre le 22 mars et le 25 avril, on fête **Pâques**. On célèbre la résurrection de Jésus-Christ. On mange des œufs en chocolat, on fait un repas en famille (avec de l'agneau), les catholiques font des pèlerinages.

Le 1ᵉʳ mai, c'est la **fête du Travail**. C'est un jour férié et on offre du muguet.
Il y a des manifestations des syndicats.

Le 21 juin (la plus longue journée de l'année), c'est la **fête de la musique**.
Il y a des concerts gratuits dans les rues, les cafés…

Le 14 juillet, c'est la **fête nationale** (jour férié).
Il y a un défilé militaire, des bals, des feux d'artifice.

Le 1ᵉʳ novembre, c'est la **Toussaint** (jour férié).
On va mettre des fleurs sur les tombes, on pense aux personnes décédées (mortes).

Le 25 décembre, on fête **Noël** (jour férié), la naissance de Jésus-Christ. On décore sa maison avec un **sapin de Noël** et une **crèche** (comme la maison où Jésus est né), on fait un repas en famille (le réveillon), on va à la messe de minuit et le **Père Noël** apporte des **cadeaux**…

489. S'EXERCER Reliez les deux parties de phrase qui correspondent.

Exemple : On mange du chocolat → à Pâques.

a. On offre des fleurs à la personne aimée • • 1. le 14 juillet.
b. On va danser dans des bals • • 2. à la Saint-Valentin.
c. On fête le Nouvel An • • 3. le 1ᵉʳ mai.
d. On met des fleurs dans les cimetières • • 4. à la Toussaint.
e. On offre du muguet • • 5. le 1ᵉʳ janvier.

490. S'EXERCER Cochez la fête correspondant à la phrase.

Exemple : « Joyeux Noël ! »   □ la Saint-Sylvestre   ☒ Noël
a. « On va dîner en amoureux ! »   □ Noël   □ la Saint-Valentin
b. « Excellent week-end pascal ! »   □ Pâques   □ Noël
c. « Bravo ! Tu es le roi, mets la couronne ! »   □ Noël   □ l'Épiphanie

17 • Les fêtes et les sorties

d. « On va danser toute la nuit ! » ☐ le 14 juillet   ☐ la Toussaint
e. « Il y a de la musique dehors toute la soirée. » ☐ le 1er mai   ☐ la fête de la musique
f. « J'offre du muguet. »   ☐ le 1er mai   ☐ la Saint-Valentin

491. RÉVISER Complétez avec les mots : *feu d'artifice, galette des rois, réveillon, bouquet de fleurs, œufs en chocolat, gigot d'agneau.*

Exemple : C'est la Fête Nationale, on va voir le … feu d'artifice … ce soir.
a. Pour Pâques, les enfants cherchent des .... dans le jardin.
b. En dessert, on mange une .... !
c. Je vous invite pour le .... de la Saint-Sylvestre !
d. Pour Pâques, je vais chez mes parents, il y a un grand repas familial avec du ....
e. J'offre un .... à la personne que j'aime, c'est la Saint-Valentin.

492. SE TESTER Les lettres des mots en italique sont mélangées. Écrivez les mots correctement.

Exemple : En juin, il y a la fête de la *simuque*. → musique
a. On est ensemble pour le *névillore* du jour de l'An. → ....
b. Je te *toihause* une bonne année ! → ....
c. Tous mes *xœvu* pour cette nouvelle année ! → ....
d. On va acheter une *taglete* des rois. → ....

493. SE TESTER Complétez les mots.

Exemple : Je vous souhaite de Joyeuses … Pâques …
a. Bonne *a*.. et bonne santé !
b. C'est le 1er mai, on offre du *m*... aux personnes qu'on connaît.
c. Tu fais quoi pour le *r*.. de Noël ?
d. On a une belle *g*.. des rois.

C. Les fêtes dans le cadre privé

 Les fêtes privées

Les fiançailles officialisent une relation amoureuse avant le mariage. On offre une bague, on peut faire une fête avec la famille et/ou les amis.
Le mariage est une cérémonie à la mairie et/ou religieuse. Les mariés échangent des **alliances** (bagues), on a des **témoins**, et on fait une grande fête avec la famille, les amis. Les mariés peuvent faire une **liste de mariage** pour donner des idées de cadeaux aux invités. On dit aux mariés : « Tous nos vœux de bonheur ! »

C. Les fêtes dans le cadre privé

L'anniversaire : on fête le jour de la naissance avec un gâteau d'anniversaire, il faut souffler les bougies, on souhaite : « Joyeux ou Bon Anniversaire ! ».

La fête : c'est le jour du Saint/de la Sainte correspondant au prénom (la date se trouve sur un calendrier français). On souhaite : « Bonne fête ! »

L'anniversaire de mariage : On fête le jour de son mariage.

494. S'EXERCER Reliez les deux parties de phrase qui correspondent.

Exemple : On va lui offrir → un beau cadeau !

a. Tous nos vœux de bonheur • • 1. sur le gâteau d'anniversaire ?
b. Il faut combien de bougies • • 2. nos 20 ans de mariage.
c. Il doit choisir une bague de • • 3. fiançailles.
d. Bonne fête • • 4. pour votre mariage !
e. Cette année, nous fêtons • • 5. Alice !

> Toutes les occasions sont bonnes pour se rassembler et faire la fête : une naissance, un baptême, mais aussi la réussite d'un examen, l'installation dans un nouvel appartement (= pendre la crémaillère)…

495. S'EXERCER Cochez la bonne réponse.

Exemple : l'anniversaire de mariage est ☐ tous les 10 ans ☒ chaque année.

a. On offre une bague pour ☐ les fiançailles. ☐ l'anniversaire.
b. On offre une alliance pour ☐ les fiançailles. ☐ le mariage.
c. La cérémonie de mariage à la mairie ☐ est nécessaire. ☐ n'est pas nécessaire.
d. La cérémonie de mariage à l'église ☐ est nécessaire. ☐ n'est pas nécessaire.
e. Il y a des témoins à la cérémonie ☐ des fiançailles. ☐ du mariage.
f. On dit « bonne fête ! » pour ☐ l'anniversaire. ☐ la fête d'une personne.

496. RÉVISER Complétez avec les mots suivants : *témoin, cadeau, fêter, cérémonie, vœux, carte.*

Exemple : Tu connais Kévin et Sylvie ? Je vais être … témoin … à leur mariage.

a. On va se marier ! – Tous mes ………………………………………………………… de bonheur !
b. Vous êtes invités à notre mariage. La ………………………………………………………… est à l'église Saint-Maurice.
c. On va faire un ………………………………………………………… commun pour son anniversaire.
d. J'ai une jolie ………………………………………………………… pour l'anniversaire de Louise.
e. Mes parents vont ………………………………………………………… leurs 30 ans de mariage !

17 • Les fêtes et les sorties

497. RÉVISER Remettez les mots des phrases dans l'ordre.

Exemple : conduire – a – son – , on – fête – Théo – demain – ça – boîte. – en – permis – de – soir
→ Théo a son permis de conduire, on fête ça demain soir en boîte.

a. Je – stage. – vous – de – pour – boire – un – la – verre – propose – ensemble – fêter – fin – du

→ ....

b. notre – Saint-Michel – Vous – êtes – baptême – pour – le – de – fille. – invités – à – l'église

→ ....

c. Ils – dans – nous – crémaillère – invitent – à – la – leur – nouvelle – pendre – maison.

→ ....

d. Tu – mes – témoins – acceptes – un – de – à – mon – d'être – mariage ?

→ ....

e. vœux – Tous – nos – de – votre – mariage ! – pour – bonheur → ....

498. SE TESTER Complétez les mots.

Exemple : on fait quel *cadeau* pour son anniversaire ?

a. On va préparer un g........................... d'anniversaire avec 30 b...........................

b. Aujourd'hui, c'est la Saint-Patrick. Bonne f........................... Patrick !

c. Tous mes v........................... de bonheur pour votre mariage !

d. La c........................... de mariage est à 11 h.

e. Mes amis vont f........................... leur anniversaire de mariage avec un grand repas.

f. On écrit une c........................... pour son anniversaire ?

> Une boîte (= un petit objet fermé) est aussi un mot familier pour une discothèque, un endroit pour danser.

D. Les réseaux sociaux

 Les réseaux sociaux

Il faut **créer** un **compte**, **s'inscrire** (s'enregistrer) avec un **identifiant**, ensuite on peut **se connecter** avec son **mot de passe**. On a besoin de **paramétrer** l'**accès**. On doit créer son **profil** et peut-être indiquer son **statut** (la situation familiale). On peut **ajouter** un ami, **poster** ou **partager** des vidéos ou des photos, **télécharger** des documents (recevoir par Internet).
Les **utilisateurs** peuvent laisser un **commentaire**. On peut mettre un **lien** vers un autre site. Les **données personnelles** (les informations sur les utilisateurs) sont souvent utilisées pour de la publicité.
Le site peut décider de **supprimer** une vidéo si elle est choquante.
Il est aussi possible de s'inscrire sur un **réseau professionnel**, où on peut mettre son CV **en ligne**.
L'objectif est de se faire des **contacts** dans le monde du travail.

D. Les réseaux sociaux

499. S'EXERCER Reliez les deux éléments qui correspondent.

Exemple : partager → des vidéos

a. créer
b. ajouter
c. laisser
d. télécharger
e. se faire
f. introduire

1. un commentaire
2. son mot de passe
3. un compte
4. des documents
5. un ami
6. des contacts

500. RÉVISER Les lettres des mots en italique sont mélangées. Écrivez les mots correctement.

Exemple : Tapez votre mot de *sepas* ici. → ...*passe*...

a. Vous utilisez les *e x é r a u s* sociaux ? → ....
b. Tu as un *m c o t p e* sur ce site ? → ....
c. Je ne suis pas *t r i c i s n*. → ....
d. Je dois taper mon *i a i t n f d e n i t*. → ....
e. On doit se *o n t c e r c e n* au site. → ....
f. Je vais *r o t a j e u* Martine comme amie.
→ ....

501. RÉVISER Complétez les phrases avec les mots suivants : *se connecter, partager, passe, réseaux, profil, s'inscrire, paramétrer, supprimer, contacts, données personnelles, laisser, CV, ajouter.*

Exemple : À la première visite sur ce site, il faut ... se connecter ...

a. Ensuite, il suffit de .... avec un mot de ....
b. Il est important de bien .... l'accès public ou privé.
c. On peut créer son .... avec généralement une photo et des informations personnelles.
d. On peut .... des amis. C'est possible de .... des photos ou des vidéos
et de .... des commentaires.
e. Le modérateur du site peut .... des contenus considérés comme illégaux.
f. Il existe aussi des .... utilisés par les professionnels.
g. On peut mettre son .... et se faire des .... utiles pour trouver un emploi.
h. Il faut savoir que les réseaux sociaux gardent une grande quantité d'informations :
les ...., principalement pour des publicités commerciales.

502. SE TESTER Complétez les mots.

Exemple : Vous pouvez *partager* des vidéos avec vos amis.

a. Avant d'utiliser ce site, il faut s'i..................
b. Maintenant, tu peux te connecter avec ton m.................. de p..................
c. Je vais regarder son p.................. sur sa page.
d. Sur ce r.................. professionnel, il y a des contacts intéressants.
e. Il faut faire attention à l'utilisation des d.................. personnelles.
f. N'oublie pas de p.................. l'accès à ton compte.
g. Tu vas a.................. Célestin comme ami ?
h. Je vais l.................. un commentaire.

Bilan 1

Complétez les phrases avec le mot qui convient.

1. Pour trouver la boulangerie, prenez la première rue à g............
2. Ensuite, c'est la 2ᵉ rue à d............
3. Et après vous allez tout d............
4. C'est près ? – Non, c'est un peu l............
5. Le cinéma est à c............ de la pharmacie.
6. Leur hôtel est en f............ du supermarché.
7. Tu continues de marcher j............ au bout de la rue.
8. Ce soir, on va r............ des amis au café pour boire un verre ensemble.
9. C'est le 1ᵉʳ janvier, tous mes v............ !
10. Je te s............ une très bonne année !
11. Tu viens avec nous pour le r............ de la Saint-Sylvestre ?
12. Vous avez un joli sapin de N............ !
13. Pour l'Épiphanie, on achète une g............ des rois.
14. Passez un bon week-end de P............ !
15. C'est le 14 juillet, c'est la f............ nationale.
16. Ce soir, je vais voir le feu d'a............
17. Après, on va danser au b............
18. Vous avez fait des f............ ? – Non, on s'est mariés directement.
19. C'est la Saint-Valérie aujourd'hui, alors bonne f............ Valérie !
20. Le 15 avril, c'est son a............, il va avoir 35 ans.
21. Tu as des idées de c............ pour leur mariage ?
22. Pour utiliser ce site, il faut t'i............
23. Ensuite, tu peux te connecter avec un mot de p............
24. Tu peux a............ un ami.
25. Attention aux d............ personnelles !

Mon score : .... /25

Bilan 2

155 Écoutez le texte puis complétez-le avec les mots ci-dessous.

Danser, cadeaux, bague, traverse, prenez, réseau, droite, maire, photographe, anniversaire, robe, marié, face, fête, postées, témoin, mariage, retrouvés, droit, vœux.

Je reçois l'adresse sur ma page d'un (1).. social. Je tape le numéro et la rue sur le GPS de ma voiture. J'entends la voix :
« (2)................................ la 2ᵉ rue à (3).. et la 3ᵉ à gauche, continuez tout (4)... jusqu'au numéro dix, arrêtez-vous. Allez en (5).. ». C'est un restaurant. J'entre. Il n'y a pas de lumière. Je regarde autour de moi. Et la lumière s'allume. Tous mes amis sont là. Ils se sont tous (6).. ici, pour me faire une surprise. Mais ce n'est pas mon (7).., même pas ma (8).. !
Ils me font signe de continuer. Je (9).. une salle, je descends un escalier. Une femme est assise. Elle porte une belle (10).. blanche. Tout le monde est bien habillé. Un homme me fait signe de m'asseoir, il prononce quelques phrases, mais il y a de la musique et je n'entends rien. La femme me passe une (11).. au doigt. Un (12).. fait notre portrait. Tout le monde applaudit. Je ne comprends pas ce qui se passe. Un ami me dit : « Tous mes (13).. de bonheur !
– Mais, pourquoi !?
– Tu es (14).., maintenant, c'est le (15).. qui est là.
– Quoi, c'est une blague !?
– Non, c'est un nouveau concept. Après l'anniversaire surprise, c'est le (16).. surprise ! Et je suis ton (17).. Les vidéos sont déjà (18).. sur Internet ! Maintenant, il y a un grand repas et on va (19).. Tu as aussi plein de (20).. Tu es content ? »
Je déteste les surprises …

Mon score : .... /20

18 • Les activités culturelles

A. Lire

La lecture 156

Dans une librairie, on trouve des livres de **littérature**, écrits par des **écrivains** : des **romans**, des **nouvelles** (= des textes courts), des romans historiques, des biographies, des autobiographies… On peut **lire** (= faire **la lecture**) de la **poésie**, des **poèmes** ou **poésies** écrits par des **poètes**. Il y a des **pièces** de théâtre. Dans les **contes**, des **personnages** imaginaires comme les fées, les esprits, ont des pouvoirs magiques.
Chaque livre a un **titre** sur la **couverture**, et en général un résumé de l'**histoire**. On peut aussi lire une B.D. (**bande dessinée**) avec des images et du texte.

503. S'EXERCER Reliez les mots et les explications qui correspondent.

Exemple : un poème → un texte de poète

- **a.** la lecture
- **b.** un conte
- **c.** le titre
- **d.** une B.D.
- **e.** un roman
- **f.** une nouvelle

- **1.** une fiction
- **2.** une histoire imaginaire
- **3.** des images et du texte
- **4.** l'action de lire
- **5.** un court texte de fiction
- **6.** le nom du livre

504. S'EXERCER Complétez avec les mots : *nouvelles, écrivains, romans, contes, poésie.*

Exemple : J'aime bien lire des … nouvelles … de science-fiction.

- **a.** Les enfants aiment entendre des ....
- **b.** Hugo a écrit de nombreux ....
- **c.** Vous connaissez quels .... français ?
- **d.** Il connaît sa .... par cœur ?

505. RÉVISER Les lettres des mots en italique sont mélangées. Écrivez les mots correctement.

Exemple : C'est un bon *rivel*. → … livre …

- **a.** Elle a un cours de *téleitratur* française. → ....
- **b.** Tu connais ce *monar* ? → ....
- **c.** C'est un *arécinvi* très connu. → ....
- **d.** J'aime bien les textes courts, comme les *levonules*. → ....
- **e.** Les étudiants ont une *tecelur* pour leur cours. → ....

506. RÉVISER Remettez les mots des phrases dans l'ordre.

Exemple : Je – ne – pas – livre – rappeler – me – titre. – peux – le – du → Je ne peux pas me rappeler le titre du livre.

- **a.** les – On – peut – apprendre – amusantes – dans – des – BD. – expressions → ....
- **b.** histoire – a – originale. – Dans – y – très – une – ce – roman, – il → ....
- **c.** Il – biographie – y – de – a – une – bonne – Napoléon. – très → ....
- **d.** Une – personnage – fée – est – conte. – un – de → ....

A. Lire

507. SE TESTER Complétez les mots.

Exemple : Quand je suis libre, j'adore faire un peu de *lecture*.

a. C'est un r........................... policier.
b. Je préfère lire une b................ d.................
c. Qui est ton é........................... préféré ?
d. Tu peux me raconter l'h........................... ?
e. Quel est le p........................... principal ?
f. Cette p........................... de théâtre est nouvelle.
g. Il écrit des poèmes, c'est un p...........................
h. Je vais te raconter un c........................... de fées.

B. Le cinéma

Le cinéma 157

On peut aller voir un **film** dans une **salle** de cinéma sur un grand **écran**, en **v.o.s.t.** (version originale sous-titrée), en **v.f.** (version française) ou doublée. On peut choisir un film pour le **réalisateur**/la **réalisatrice**, un **acteur**/une **actrice** ou un **comédien**/une **comédienne**, ils jouent des **rôles**, avec des **personnages**. Le **genre** est par exemple, une comédie, un film d'action, fantastique, de science-fiction, d'horreur, un policier, un documentaire, un dessin animé, un biopic, une comédie musicale...
Le film raconte une **histoire**. Il a un **titre** (= son nom). Les **critiques** dans les médias sont bonnes ou mauvaises. Chaque année, il y a le **festival** international de cinéma à Cannes.

508. S'EXERCER Reliez le mot correspondant aux informations données.

Exemple : Michel Poiccard → Le personnage principal

a. le réalisateur   • **1.** *À bout de souffle*
b. l'acteur principal   • **2.** film d'auteur
c. le titre   • **3.** Godard
d. la durée   • **4.** Jean-Paul Belmondo
e. l'actrice principale • **5.** Jean Seberg
f. l'histoire   • **6.** Un voyou rencontre une jeune américaine.
g. le genre   • **7.** 1 h 30

509. S'EXERCER Complétez avec les mots : *art, titre, personnage, salle, actrice, genre, acteur, réalisateur.*

Exemple : Le cinéma, c'est le 7ᵉ ... art ...

a. Le nom d'un film, c'est le ....
b. Le type de film, c'est le ....
c. La personne qui met en scène, c'est le ....
d. On va voir un film dans une .... de cinéma.
e. Un homme qui joue dans un film, c'est un ....
f. Une femme qui joue dans un film, c'est une ....
g. Une personne représentée dans un film, c'est un ....

18 • Les activités culturelles

510. S'EXERCER Cochez la bonne réponse.

Exemple : Il joue dans un nouveau ☒ film. ☐ cinéma.

a. Les enfants aiment souvent voir ☐ des dessins animés. ☐ bandes dessinées au cinéma.
b. Il faut d'abord faire ☐ l'accueil. ☐ la queue à la caisse pour acheter le billet.
c. Dans un film étranger en V.O., la voix des acteurs est ☐ avec des sous-titres. ☐ en français.
d. Dans un film étranger en V.F., la voix des acteurs est ☐ dupliquée. ☐ doublée.
e. Le film est projeté sur un ☐ écrin. ☐ écran.
f. Dans la presse, on peut lire les ☐ revues. ☐ critiques des films.

511. RÉVISER Les lettres des mots en italique sont mélangées. Écrivez les mots correctement.

Exemple : Elle fait le *elôr* principal. → rôle

a. Vous allez souvent au *mécani* ? → ....
b. On va voir le film dans quelle *lesla* ? → ....
c. Ce film est très beau sur un grand *cénra*. → ....
d. Il passe en version *georainil*. → ....
e. Je n'aime pas lire les *ossu-sertit*. → ....
f. Qui est le *aturiéralse* du film ? → ....
g. Tu connais un acteur ou une *cetacir* ? → ....

512. RÉVISER Remettez ces phrases dans l'ordre.

Exemple : cinéma – tous – soirs. – Je – les – samedis – vais – au → Je vais au cinéma tous les samedis soirs.

a. En – vais – général – d' – des – je – voir – action. – films
→ ....

b. Avec – aime – dernière – copine – bien – à – la – on – aller – ma – séance.
→ ....

c. quatre – écran. – On – l' – ou – de – à – installe – rangées – s' – trois
→ ....

d. des – avant – publicités – film. – le – a – y – Il
→ ....

e. film. – lumière – s' – voit – du – éteint – le – La – générique – et – on
→ ....

f. un – dessin – allons – animé. – Quelquefois, – voir – nous
→ ....

g. aime – copine – d' – Ma – les – bien – films – horreur.
→ ....

h. détendre – Nous – une – comédie. – nous – aimons – avec – aussi
→ ....

B. Les sorties culturelles

513. RÉVISER Remettez les lettres dans l'ordre pour reconstituer ces genres de films.
Exemple : m é c o i d e   a l c u m i s e
→ comédie musicale
a. é c o d i m e → ....
b. r i p o i c e l → ....
c. e s i c c e n - n o t i f i c → ....
d. s i n d e s a i m é n → ....
e. t e r m i n a d o u c e → ....

514. SE TESTER Complétez les mots.
Exemple : Tu aimes quel genre de *film* ?
a. On va dans quelle s .... de cinéma ?
b. Il y a un très grand é ....
c. Tu connais le t .... du film ?
d. J'adore cette a ...., elle joue très bien !
e. Tu préfères la v .... o .... ?
f. Je n'aime pas lire les s .... t ....
g. Le r .... est français ?

C. L'art et la musique

Au musée 158

Un **musée** propose une **expo(sition)** temporaire ou permanente. On voit par exemple une **peinture** (= un **tableau**). L'artiste peut **peindre** avec un **pinceau**, il mélange ses couleurs sur une palette. Il peut aussi faire un **dessin**, une **gravure**, une **sculpture**, une **photo**(graphie) ou généralement **une image**. Son travail est son œuvre, un **chef-d'œuvre** est une œuvre particulièrement importante.
Il travaille dans un **atelier**. Son œuvre **représente** par exemple un arbre, elle a un **titre**, elle est **signée**.
Le **style** peut être abstrait, figuratif. Il travaille à une **époque** passée (le XVIIIe siècle), ou à notre époque c'est de l'art moderne ou contemporain.
On achète un **billet** d'entrée, on peut suivre un(e) **guide**,
Une **galerie** vend des œuvres mais expose aussi.

515. S'EXERCER Reliez les deux parties de phrase qui correspondent.
Exemple : une époque → un siècle ou une période

a. Une exposition
b. Un tableau
c. Un chef-d'œuvre
d. Le titre
e. Une galerie
f. Le style
g. Un ou une guide

1. est une œuvre majeure.
2. est temporaire ou permanente.
3. est le nom de l'œuvre.
4. est une peinture.
5. est par exemple abstrait.
6. donne des explications aux visiteurs.
7. vend des œuvres.

516. S'EXERCER Cochez la bonne réponse.
Exemple : Une expo est le mot familier pour ☐ exposé. ☒ exposition.
a. L'artiste signe sa peinture avec ☐ son nom. ☐ son titre.
b. Le style est ☐ la manière artistique. ☐ l'époque.
c. Avec un crayon, on peut faire ☐ une peinture. ☐ un dessin.
d. Pour mettre les couleurs sur le tableau, on utilise ☐ un pinceau. ☐ une palette.
e. L'artiste travaille dans ☐ son atelier. ☐ son chef-d'œuvre.

18 • Les activités culturelles

517. RÉVISER Remettez les mots des phrases dans l'ordre.

Exemple : art – contemporain ? – C'est – ou – moderne – de – l' → C'est de l'art moderne ou contemporain ?

a. Ce tableau – XIXe – a – siècle – peint – par – été – Monet. – au → ....

b. Cette – chef-d'œuvre – est – le – de – sculpture – l'artiste. → ....

c. Il – y – a – expo – une – de – dessins. – nouvelle → ....

d. Le – met – des – avec – couleurs – son – peintre – pinceau. → ....

e. l'atelier – de – Ce – représente – l'artiste. – tableau → ....

518. RÉVISER Les lettres des mots en italique sont mélangées. Écrivez les mots correctement.

Exemple : Quel est le *ritet* ? → *titre*

a. C'est quel *lyste* de peinture ? → ....

b. Ça date de quelle *péoque* ? → ....

c. Ce livre a des belles *migaes*. → ....

d. Ce tableau n'est pas *gnési* ! → ....

e. On peut visiter l'*ilatere* où l'artiste travaille.
→ ....

f. Vous avez votre *letbil* pour l'expo ? → ....

519. SE TESTER Complétez les mots.

Exemple : C'est une … peinture … du XIXe siècle.

a. Le t .... représente des fruits.

b. C'est la première o .... de l'artiste.

c. Le ti .... est : « autoportrait ».

d. Je mets les couleurs avec un p ....

e. Ils font du d .... au crayon.

f. On peut visiter les a .... des artistes.

g. Il y a une e .... dans cette galerie.

h. Quel s .... a fait cette statue ?

 La musique

Dans une **salle** de **concert**, les **musiciens jouent** d'un **instrument**.
Un **chef** dirige l'**orchestre**. On peut venir écouter la **voix** d'un **chanteur**, d'une **chanteuse**.
Un **spectacle** a des **lumières** sur la **scène**.
Le public **applaudit**, met de l'**ambiance**.

520. S'EXERCER Reliez les éléments qui correspondent.

Exemple : un spectacle → sur scène

a. une salle •   • **1.** d'orchestre

b. jouer •   • **2.** de concert

c. chanter •   • **3.** d'un instrument

d. un chef •   • **4.** applaudit

e. le public •   • **5.** de l'ambiance

f. mettre •   • **6.** une chanson

B. Les sorties culturelles

521. S'EXERCER Vrai ou faux ? Choisissez la bonne réponse.

	Vrai	Faux
Exemple : En général, dans un spectacle, il y a des lumières spéciales.	☒	☐
a. Un orchestre est un instrument.	☐	☐
b. Une chanson est une femme qui chante.	☐	☐
c. Le public applaudit pour montrer qu'il n'aime pas.	☐	☐
d. Le chanteur est sur la scène.	☐	☐

522. RÉVISER Les lettres des mots en italique sont mélangées. Écrivez les mots correctement.

Exemple : Tu aimes quel style de *quimues* ? → musique

a. C'est un *cuiminse* de quel siècle ? → ....
b. Ce soir, ils vont au *roncect*. → ....
c. Il y a une nouvelle *sella*. → ....
d. Il fait de quel *trensumint* ? → ....
e. Leur fille *uoje* du piano. → ....
f. C'est le chef d'*ecthosrre* ? → ....

> Il **joue** quand il fait d'un instrument, mais il **passe** de la musique quand il écoute.

523. RÉVISER Remettez les mots des phrases dans l'ordre.

Exemple : chanter. – Je – sais – pas – ne → Je ne sais pas chanter.

a. C'est – un – avec – bonne – une – très – concert – ambiance. → ....
b. Je – chanson – chanter – en – voudrais – une – français. → ....
c. Vous – voix – belle – avez – une – chanteur ! – de → ....
d. Il – piano – joue – du – orchestre. – dans – un → ....
e. À – applaudit. – la – du – fin, – le – spectacle – public → ....
f. Je – scène. – voir – ce – veux – chanteur – sur → ....

524. RÉVISER Les lettres des mots en italique sont mélangées. Écrivez les mots correctement.

Exemple : Qui est ce *hecf* ? → chef

a. Elle a une belle *oxiv*. → ....
b. Tu connais cette *thacesune* ? → ....
c. Les musiciens sont sur la *nèsce*. → ....
d. C'est un *pesclatce* magnifique ! → ....
e. On allume les *rèmulies*. → ....
f. Je veux *pladipaur*. → ....

525. SE TESTER Complétez les mots.

Exemple : Je vais à un *concert* de rock.

a. Ce musicien j................ très bien de la guitare.
b. C'est un s................ magnifique.
c. À la fin, le public a................
d. On va écouter un c................ du Québec.
e. Quel est ton i................ préféré ?
f. Mon frère est dans un o................
g. Il y a une bonne a................

Bilan 1

Complétez les phrases avec le mot qui convient.

1. Je dois lire ce livre pour mon cours de l.. francophone.
2. Hugo, Camus, ce sont de grands é..
3. C'est un r.. de 300 pages.
4. Il écrit aussi des textes courts, des n..
5. Il a écrit quelle p.. de théâtre ?
6. Elle écrit aussi des c.. pour enfant.
7. Mon jeune fils adore lire des b.. d..
8. Un p.. écrit des textes avec une musique des mots particulière.
9. On va au cinéma ? – Oui, tu veux voir quel f.. ?
10. Il passe dans quelle s.. de cinéma ?
11. Vous connaissez un r.. français ?
12. Qui est l'a.. principal ?
13. On va lire les c.. dans la presse.
14. Le p.. principal est un enfant.
15. C'est l'h.. d'un homme et d'une femme.
16. Chaque année, il y a le f.. de Cannes.
17. On va au musée des Beaux-Arts pour voir une e..
18. Cet artiste fait des p.. superbes.
19. Ce tableau est un chef-d'o.. !
20. On peut visiter l'a.. de ce sculpteur.
21. J'adore écouter de la musique dans une salle de c..
22. Les musiciens jouent dans un o..
23. Cette c.. a une voix extraordinaire.
24. Avec les lumières et la musique, c'est un beau s..
25. À la fin, le public a..

Mon score : ..../25

Bilan 2

🎧 160 **Écoutez le texte puis complétez-le avec les mots ci-dessous.**

Scène, applaudissements, poèmes, littérature, film, reproduire, images, salle, instrument, œuvres, chanson, tableau, joue, écran, peinture, histoire, romans, spectacle, lumières, public.

J'ai un piano très spécial. Je (1).. de mon (2)................................ et des (3).. apparaissent sur un grand (4).. Ce sont des improvisations. Par exemple, un (5).. représente un lac tranquille pour du Bach, ou une (6).. rouge pour du rock. Le piano peut aussi (7)................................ des scènes de cinéma. Pour une (8).. romantique, on peut voir un (9).. avec une (10).. d'amour.

Je peux aussi être inspirée par la lecture d' (11).. de la (12)................................, des (13).. de science-fiction, des (14).. avec une musique des mots.

C'est un (15).. très complet. Et j'utilise ce système dans une (16)................................ de concert, je suis sur une (17)................................ et le (18).. peut réagir. Il y a beaucoup d' (19).. ! À ce moment-là, toutes les (20)................................ s'éteignent et on voit juste mon visage en gros plan avec un grand sourire...

Mon score : .... /20

19 • Partir

A. Les vacances

À la mer

Je prends des vacances, je passe une semaine au **bord** de la mer. Je vais sur la **plage**, sur le **sable**, je prends des **bains de soleil**, je **bronze**, ou je reste sous **le parasol** pour ne pas attraper des **coups de soleil**. Je vais me **baigner**, je **nage**, je fais du **bateau** ou de la **voile**, de la **plongée sous-marine**, de la **pêche**. Je peux faire une **croisière** en bateau.

526. S'EXERCER Reliez les deux parties de phrase qui correspondent.

Exemple : Ils font une croisière → dans les îles grecques.

- a. Je prends
- b. Je passe
- c. Nous nageons
- d. Il fait de la plongée
- e. C'est un bateau
- f. On pourrait

- 1. pêcher.
- 2. un bain de soleil.
- 3. dans la mer.
- 4. sous-marine.
- 5. 3 jours à la mer.
- 6. à voile

527. S'EXERCER Cochez la bonne réponse.

Exemple : L'hôtel est   ☒ au bord de la mer.   ☐ sous-marin.

a. Vous	☐ passez	☐ faites des vacances.
b. On prend un bain de soleil	☐ sur la plage.	☐ dans la mer.
c. Si la peau bronze, elle est	☐ rouge.	☐ brune.
d. Le parasol est une protection contre	☐ la pluie.	☐ le soleil.
e. On pêche	☐ du poisson.	☐ du sable.
f. Nager est un sport	☐ de voile.	☐ sans voile.
g. Pour une croisière, les passagers	☐ peuvent	☐ ne peuvent pas dormir sur le bateau.

528. RÉVISER Remettez les mots des phrases dans l'ordre.

Exemple : pars – Tu – été – cet – où ? → Tu pars où cet été ?

a. part – famille – deux – la – Toute – la – semaines – au – de – mer. – bord → ....

b. prendre – des – J'adore – soleil – le – bains – de – sable. – sur → ....

c. y – Il – voile – a – la – une – école – plage. – de – sur → ....

d. la – contre – Il – de – faut – crème – mettre – les – soleil. – de – coups → ....

A. Les vacances

529. SE TESTER Complétez les mots de l'e-mail suivant.

Je *passe* une super semaine de (1) v.................... au (2) b.................... de la mer. Je prends des (3) b.................... de soleil sur la (4) p...................., sur le (5) s.................... fin. J'ai besoin d'un (6) p.................... pour ne pas avoir trop chaud. Je n'ai pas de (7) c.................... de soleil mais je prends des couleurs, je (8) b.................... La mer est un peu froide mais j'adore (9) n..................... Mon copain fait du (10) b.................... à (11) v.................... ou de la (12) p.................... sous-marine.

 À la montagne, à la campagne

Je pars à la campagne ou la montagne l'été : je fais de la **randonnée** avec un **sac à dos**, je dors dans un **camping**, je fais du cheval.

En hiver, je pars aux **sports d'hiver**.
Dans une **station** de ski, je fais du **ski** de **piste** ou de **fond**, du snowboard, je prends les **remontées mécaniques**.

530. S'EXERCER Reliez les deux éléments qui correspondent.

Exemple : un sac → à dos

a. une station • • 1. d'hiver
b. du ski • • 2. de ski
c. les remontées • • 3. de la randonnée
d. faire • • 4. mécaniques
e. les sports • • 5. de piste

531. RÉVISER Pour les activités de mer, écrivez (1), et (2) pour les activités de montagne.

Exemple : faire de la randonnée : (2)

a. aller sur la plage : (...)   e. nager : (......)
b. faire du bateau : (......)   f. prendre les remontées
c. plonger : (......)   mécaniques : (......)
d. faire du ski de piste : (...)   g. faire une croisière : (......)

532 RÉVISER Les lettres des mots en italique sont mélangées. Écrivez les mots correctement.

Exemple : J'aime bien les sports d'*vihre*. → ... hiver ...

a. Vous préférez la campagne ou la n g m e a n o t ? → ....
b. Ils font de la n é a n e r o n d avec leur sac à dos. → ....
c. On va r k e s i dans les Alpes. → ....
d. Tu prends la t s i e p rouge? → ....
e. Nous allons dans une jolie t i s n a o t de ski. → ....
f. Il faut prendre les e n e t é r s o m mécaniques. → ....

533 SE TESTER Complétez les mots de ce dialogue.

Exemple : Tu aimes partir à la *montagne* ?

a. Tu aimes faire de la r.................... ?
b. Non, mais j'adore faire du s....................
c. De p.................... ?
d. Non, de f.................... Je déteste prendre les r.................... m....................

19 • Partir

L'arrivée à l'hôtel

Je réserve une chambre d'hôtel pour 2 personnes, je vais passer 3 nuits, du 23 au 26 mai. J'arrive à la réception. Je montre ma pièce d'identité. Le ou la réceptionniste me donne le numéro de ma chambre et ma clé. On me donne aussi un plan de la ville avec des informations pour les visites. Le petit-déjeuner est compris dans le prix de la chambre. Je demande à quelle heure il est servi.

534. S'EXERCER Reliez les deux éléments qui correspondent.

Exemple : passer → une nuit

a. réserver
b. une clé
c. un plan
d. le petit-déjeuner
e. 26 est

1. de chambre
2. de la ville
3. compris
4. pour une personne
5. un numéro

535. RÉVISER Les lettres des mots en italique sont mélangées. Écrivez les mots correctement.

Exemple : C'est pour deux *nerspones*. → ... personnes ...

a. Vous devez *vérserre* avant d'arriver. → ....
b. On a une *crbhame* au premier étage. → ....
c. Vous avez quel *muéron* ? → ....
d. C'est pour combien de *utnis* ? → ....
e. Nous sommes à la *nocréptie*. → ....
f. À quelle heure est le *tetpi-dénreuje* ? → ....
g. C'est *islnuc* dans le prix. → ....
h. Il est *veris* dans les chambres ? → ....

La chambre d'hôtel

Je m'installe dans ma chambre. J'ouvre ma valise. Je mets mes vêtements dans un placard. Je trouve une couverture supplémentaire. Il y a un lit double ou deux lits simples. Dans la salle de bains, il y a une douche ou une baignoire, des serviettes propres (≠ sales), un sèche-cheveux.
C'est un hôtel 2 étoiles (le maximum est 5 étoiles). Ce n'est pas très luxueux, mais pas très cher.
C'est propre et calme (pas de bruit). Le ménage est bien fait.
Il y a une connexion internet gratuite. Les animaux sont interdits.
Le dernier jour, avant de partir, je rends ma clé et on me donne ma note (je dois payer 12 € de mini-bar).

536. S'EXERCER Reliez les deux éléments qui correspondent.

Exemple : un service → gratuit

a. une chambre avec un lit double
b. une couverture
c. une serviette
d. un hôtel
e. une connexion

1. supplémentaire
2. 4 ****
3. ou deux lits simples
4. internet
5. propre

> Une suite est une chambre avec 2 ou 3 autres pièces.

A. Les vacances

537. S'EXERCER Cochez la bonne réponse.

Exemple : Un lit simple est ☒ pour une personne. ☐ deux personnes.

a. Les animaux sont interdits : ☐ je peux ☐ je ne peux pas   venir avec mon chien.
b. La connexion est gratuite : ☐ je paie. ☐ je ne paie pas.
c. Le ménage est bien fait : l'hôtel est ☐ sale. ☐ propre.
d. Le confort d'un hôtel est indiqué en ☐ étoiles. ☐ euros.
e. Je paie les frais non-compris ☐ avant ☐ après   mon départ.

538. S'EXERCER Complétez avec les mots : *libre, vue, clé, montrer, nuit, combien, côté, jusqu'à, double.*

Exemple : **Le client** : Vous avez une chambre ... libre ... s'il vous plaît ?
Le réceptionniste : Un instant, monsieur, je vérifie.

a. **Le réceptionniste** : C'est pour .... de personnes ?
Le client : Pour deux personnes.
b. **Le réceptionniste** : Vous pensez rester une seule .... ?
Le client : Non, trois, si c'est possible.
c. **Le réceptionniste** : Avec un lit .... ou des lits jumeaux ?
Le client : Ça n'a pas d'importance.
d. **Le réceptionniste** : J'ai une chambre pour deux personnes, au deuxième étage. La chambre 23.
Voici votre ....
e. **Le client** : C'est une chambre avec .... sur la mer ?
Le réceptionniste : Non, cette chambre donne sur le jardin.
f. **Le client** : C'est dommage, je préfère être du .... de la mer !
Le réceptionniste : Un instant. Voilà, il me reste une chambre avec vue sur la mer. La 29.
g. **Le client** : Le petit-déjeuner est à quelle heure ?
Le réceptionniste : À partir de 7 h et .... 10 h.
h. **Le client** : Très bien.
Le réceptionniste : On va vous .... votre chambre.

539. S'EXERCER Vous travaillez à la réception d'un hôtel. Reliez chaque demande des clients à la réponse qui correspond.

Exemple : On n'a pas fait le ménage dans ma chambre. → Je vous envoie la femme de chambre.

a. Je voudrais une bouteille de champagne. • • 1. Je ne peux pas vous le dire.
b. La climatisation ne marche pas. • • 2. Je vous envoie un technicien.
c. Vous avez des messages pour moi ? • • 3. Entendu.
d. À quelle heure ouvre le restaurant le soir ? • • 4. Le dîner est servi à partir de 19 h 30.
e. Vous n'avez pas trouvé un petit sac noir ? • • 5. Non, rien pour vous.
f. J'attends un visiteur, monsieur Legal. • • 6. Non, désolé.
g. Mademoiselle Simonet occupe quelle chambre ? • • 7. Je vous envoie le service d'étage.

19 • Partir

540. RÉVISER Les lettres des mots en italique sont mélangées. Écrivez les mots correctement.

Exemple : Il y a deux lits *pimsles*. → *simples*

a. Vous pouvez vous *sterallin* dans votre chambre.
→ ....

b. Il y a un *apladcr* pour les vêtements.
→ ....

c. Nous avons besoin d'une *toucuverre* en plus.
→ ....

d. Vous préférez une douche ou une *gainboire* ?
→ ....

e. Tu peux me passer la *ieservtte* !
→ ....

f. Il n'y a pas de *xoicnenn* internet.
→ ....

541. SE TESTER Complétez les mots.

Exemple : On va *réserver* une chambre.

a. C'est pour combien de n.................... ?
b. Avec un lit s.................... ou double ?
c. Votre hôtel a combien d'é.................... ?
d. Avant de partir, je r.................... ma clé à la réception.
e. Je paye ma n....................
f. Il y a une c....................internet.

g. Vous ne payez rien, c'est g....................
h. J'ai un peu froid, regarde s'il y a une c.................... en plus.
i. Vous pouvez mettre vos vêtements et vos affaires dans le p....................
j. Cette serviette n'est pas propre ?
– Non, elle est s....................

B. Les voyages

Le type de voyage 165

Je pars en voyage **individuel** ou en **groupe**, dans un voyage **organisé** par une **agence**. C'est juste un **séjour** (je reste dans un seul endroit) ou je fais un **circuit** (avec plusieurs lieux). Sur la **brochure** ou sur le **site Internet**, je peux voir **l'itinéraire**. Je choisis la **demi-pension** avec le petit-déjeuner et un repas compris chaque jour, ou la **pension complète** (les 2 repas + le dîner). Quand j'arrive dans une nouvelle ville, je peux demander des conseils à l'**office de tourisme**.

Si je pars **à l'étranger**, je dois généralement avoir un **passeport** valide et quelquefois un **visa**. Pour certains pays, il y a des **vaccinations** (vaccins) obligatoires. Je dois peut-être **changer de l'argent**.

542. S'EXERCER Reliez les deux éléments qui correspondent.

Exemple : une agence → organise le voyage

a. je pars seul
b. je suis avec d'autres personnes
c. un séjour
d. un circuit
e. la demi-pension
f. la pension complète

1. je visite plusieurs lieux
2. un voyage individuel
3. je reste dans un seul lieu
4. un voyage de groupe
5. avec 3 repas
6. avec 2 repas

B. Les voyages

543. S'EXERCER Cochez la bonne réponse.

Exemple : Pour cette destination, vous devez avoir ☒ un passeport. ☐ une brochure.

a. Nous passons une semaine dans un hôtel sur la côte, c'est un ☐ séjour ☐ un circuit
b. Nous voulons faire ☐ des excursions ☐ des itinéraires dans des sites naturels.
c. C'est en demi-pension : ☐ avec le petit-déjeuner seulement ☐ le petit-déjeuner et le déjeuner
d. Les 3 repas sont compris c'est : ☐ une demi-pension ☐ une pension complète
e. Je pars à l'étranger : ☐ je reste dans mon pays ☐ je vais dans un autre pays
f. Je dois ☐ acheter ☐ changer de l'argent.
g. Dans certains pays, pour se protéger des maladies, il faut ☐ se vacciner. ☐ changer de l'argent.

544. RÉVISER Les lettres des mots en italique sont mélangées. Écrivez les mots correctement.

Exemple : Tu aimes partir en *prouge* ? → groupe

a. Vous pouvez demander à l'*eofcfi* de tourisme.
→ ....
b. Une agence *egoranis* notre voyage.
→ ....
c. Ils veulent un *juséor* d'une semaine sur la côte.
→ ....
d. On fait un *citiruc* pour voir les temples. → ....
e. Voici l'*éitinarire* exact. → ....
f. On est en *mide-nopinse*. → ....
g. Vous allez en France ou à l'*agértren* ?
→ ....
h. Vérifiez que votre *ssapeprot* est valide.
→ ....
i. Il faut un *avis*. → ....

 **Les activités** 166

Une **navette** conduit les voyageurs vers les excursions ou l'aéroport. On peut aussi prendre un (**auto**)**car**.

Des **excursions** (des visites pendant la journée) sont proposées. Une activité peut être **annulée** (supprimée). Le **guide** local me donne des **renseignements** sur les **horaires** de visite, les **prix d'entrée**, les **réductions** possibles (pour les jeunes). Il y a souvent des **suppléments** à payer : des **taxes**, des **pourboires**.

C'est l'occasion de découvrir l'**artisanat**, la **gastronomie** (les spécialités de la cuisine), des **sites naturels**, de pratiquer des **activités sportives** ou **culturelles**... On a du **temps libre** pour faire des **achats** de **souvenirs**, de cadeaux, de **produits** locaux.

545. S'EXERCER Reliez les éléments qui correspondent.

Exemple : La visite est annulée → ce n'est pas disponible

a. une excursion • • 1. il explique pendant la visite
b. le guide • • 2. des informations
c. un car • • 3. pour aller de l'aéroport à l'hôtel
d. une navette • • 4. une visite d'un jour
e. des renseignements • • 5. libre
f. du temps • • 6. un gros bus

19 • Partir

546. S'EXERCER Complétez avec les mots : *excursions, pourboire, produits, gastronomie, suppléments, entrée, guides, artisanat.*

Exemple : Dans un voyage organisé, on peut faire des … excursions …

Il faut payer des ...., par exemple pour l'........................ des musées, le .... pour les .... On peut voir l'........................ du pays, acheter des .... locaux et goûter une .... différente.

547. S'EXERCER Cochez la bonne réponse.

Exemple : Les produits locaux sont faits	☒ dans la même région.	☐ à l'étranger.
a. Le pourboire est de l'argent en plus pour	☐ le guide.	☐ les marchands.
b. L'artisanat, des objets	☐ traditionnels.	☐ industriels.
c. On ramène chez soi un souvenir :	☐ un pourboire.	☐ un petit objet.
d. Un groupe de touristes voyage dans	☐ un car.	☐ un circuit.
e. Entre l'aéroport et leur hôtel, les touristes peuvent utiliser	☐ un guide.	☐ une navette.
f. La visite n'est pas possible aujourd'hui :	☐ c'est annulé.	☐ c'est interdit.
g. Sur un site naturel, on peut voir des particularités	☐ de l'artisanat.	☐ de la nature.

548. S'EXERCER Complétez avec les mots : *étranger, excursions, pension, activités, organisé, croisière, circuit, séjour.*

Exemple : Elle a passé ses vacances en dehors de la France, elle est partie à l'… étranger …

a. Elle est allée en Égypte, elle était dans un groupe, avec un guide, c'était un voyage ....

b. Elle dormait sur un bateau sur le Nil, c'était une ....

c. La journée, elle allait faire des visites. Elle faisait des ....

d. On préparait tous ses repas. Elle était en .... complète.

e. Elle a visité plusieurs villes. Elle a fait un ....

f. Elle a fait un .... d'une semaine.

g. Il y avait de nombreuses .... proposées par l'hôtel.

549. RÉVISER Cochez la bonne réponse.

Exemple : Il	☒ passe	☐ fait ses vacances en Corse.
a. Il va	☐ à l'	☐ en étranger.
b. Il fait un	☐ voyageur	☐ voyage en Chine.
c. Il va	☐ à	☐ sur la côte d'Azur.
d. Je peux obtenir des renseignements dans un endroit touristique	☐ à l'hôtel de police.	☐ à l'office de tourisme.
e. Pour partir à l'étranger, il faut parfois demander un visa au	☐ conseil.	☐ consulat.
f. Pour certains pays, il y a des	☐ vaccinations	☐ opérations obligatoires.
g. Il est généralement possible	☐ d'échanger	☐ de changer de l'argent avant le départ.

B. Les voyages

550. RÉVISER Reliez chaque souhait au type de vacances qui correspond.

Exemple : Il veut apprendre une langue. → un voyage linguistique

a. Il veut nager et faire du bateau.
b. Il veut qu'on prépare tout pour lui.
c. Il veut tout préparer lui-même.
d. Il veut aller dans un autre pays.
e. Il veut séjourner sur un bateau.
f. Il veut se promener dans la nature, visiter des villages.
g. Il veut faire du ski.

1. une croisière
2. un voyage individuel
3. un voyage organisé
4. un séjour à la campagne
5. un voyage à l'étranger
6. un séjour à la montagne
7. un séjour au bord de la mer

551. RÉVISER Il part en vacances. Notez de 1 à 8 pour classer ces phrases.

Exemple : Il réserve une place d'avion avec une chambre d'hôtel. → ... 1 ...

a. Il passe une semaine. → ....
b. Il achète des souvenirs. → ....
c. Il défait ses bagages. → ....
d. Il s'installe à l'hôtel. → ....
e. Il reprend l'avion pour rentrer chez lui. → ....
f. Il fait ses bagages. → ....
g. Il arrive à destination. → ....

552. SE TESTER Complétez les mots.

Exemple : On va visiter des *sites* naturels.

a. Je voudrais acheter un petit s.. d'ici.
b. Vous voulez faire une e.. aux lacs demain ?
c. Désolé, la sortie est a..
d. Ici, ce n'est pas notre pays, nous somme à l'é..
e. Un objet non industriel est a..
f. On peut manger quoi, comment est la g.. ?
g. À quelle heure est la n.. pour l'aéroport ?
h. Il y a une r.. du prix d'entrée pour les étudiants.

# Bilan 1

Complétez les mots.

1. Tu pars où en v.. cet été ?
2. On va au b.. de la mer.
3. On passe la journée au soleil sur la p..
4. Je mets ma serviette sur le s..
5. Quand j'ai trop chaud, je vais me b..
6. Tu sais n.. ? – Oui, très bien !
7. Mes parents vont faire une c.. dans les Caraïbes.
8. On peut p.. du poisson ?
9. Ils ont un bateau à v..
10. Nous allons faire de la r.. à la campagne.
11. On a trouvé une jolie s.. pour les sports d'hiver
12. Vous préférez le ski de p.. ou de fond ?
13. Je r.. ma chambre d'hôtel.
14. C'est un hôtel 3 é..
15. Vous voulez un lit d.. ou simple ?
16. C'est pour une seule n..
17. Le petit-déjeuner est c..
18. Nous sommes en demi-p..
19. Vous ne payez pas pour le wi-fi, c'est g..
20. Le voyage comprend un s.. d'une semaine dans un hôtel-club.
21. Je voudrais faire un c.. pour visiter les villes impériales du Maroc.
22. N'oubliez pas le p.. pour le guide !
23. Tu es déjà dans un autre pays, à l'é.. ?
24. L'agence organise une e.. pour voir des temples.
25. Désolé, il n'y pas assez de personnes, le voyage est a.. !

Mon score : .... /25

Bilan 2

167)) Écoutez le texte puis complétez-le avec les mots ci-dessous.

Sites, groupe, voyages, plongée, gastronomie, étrangers, montagne, poissons, sous-marin, chambre, voile, sable, hiver, randonnée, pistes, cheval, produits, guide, fond, séjour.

Notre agence est spécialisée dans les (1).. différents. Nous proposons un (2).. dans un hôtel (3).., avec la possibilité de faire de la (4).. pour admirer les nombreux (5).. tout autour.

Nous avons aussi un hôtel de glace en (6).. pour les fans de sports d' (7).. La (8).. a un accès direct aux (9).. de ski. Pour les gens qui préfèrent le ski de (10).., ou pour les personnes qui aiment, la (11).., les possibilités sont illimitées.

Pour les personnes aimant découvrir des pays (12).., nous organisons des voyages en (13).. dans le désert, avec la visite des dunes de (14).. à (15).. Vous pouvez goûter la (16).. de la région, découvrir les (17).. locaux dans les villages de nomades. Vous pouvez même faire du bateau à (18).. sur un lac. Avec l'aide d'un (19).., vous découvrez des (20).. naturels exceptionnels. Vous comprenez pourquoi notre devise est : vous ne pouvez pas trouver ça ailleurs !

Mon score : .... /20

20 • Vivre en France

A. Louer un appartement : les démarches

Trouver un appartement 168

Je cherche une **colocation** pour partager les frais.
Je vais dans une **agence immobilière** pour une **location**
d'appartement et je regarde les **petites annonces** dans
le journal ou sur Internet.
Je trouve un beau studio. Le **propriétaire** me donne
une liste de pièces pour le dossier : des **feuilles** ou **fiches
de paie** ou **de salaire**, une photocopie de ma carte
d'identité. Nous signons un **bail**. Je peux **emménager**
chez moi. Des **déménageurs** transportent mes affaires
dans des **cartons**.
Le **loyer** est cher et je dois payer des **charges**
(pour le ménage fait dans l'immeuble,
la lumière dans les couloirs...) Je fais une petite fête
avec des amis et j'invite mes nouveaux **voisins**.

553. S'EXERCER **Reliez les deux parties de phrase qui correspondent.**

Exemple : Nous louons → un appartement.

a. Il préfère • • 1. une colocation.
b. On doit signer • • 2. le loyer.
c. Il faut payer • • 3. un bail.
d. Les charges • • 4. dans son nouvel appartement.
e. Il va bientôt emménager • • 5. transportent les caisses.
f. Les déménageurs • • 6. ne sont pas comprises.

554. S'EXERCER **Cochez la bonne réponse.**

Exemple : Un propriétaire   ☒ achète   ☐ loue un appartement.

a. Pour trouver son studio, il regarde :   ☐ les voisins.   ☐ les petites annonces.
b. Ils veulent   ☐ louer   ☐ loyer une maison.
c. Quand des personnes partagent les frais d'un appartement, c'est ☐ une location.   ☐ une colocation.
d. On peut trouver un nouvel appartement dans une agence   ☐ immobilière.   ☐ de voyages.
e. Pour transporter mes affaires, j'ai besoin   ☐ de déménageurs.   ☐ d'une agence immobilière.
f. Pouvez-vous photocopier vos dernières feuilles de   ☐ charges ?   ☐ salaire ?

A. Louer un appartement : les démarches

555. S'EXERCER Écrivez le mot qui correspond à la définition.

Exemple : Un contrat de location → un *bail*

a. Une boutique spécialisée dans les maisons et appartements → une a............... i...............

b. L'argent payé chaque mois pour habiter → un l...............

c. Il ou elle paie cet argent → le l...............

d. La personne à qui on paie cet argent → le p...............

e. Un message dans un journal pour proposer un appartement → les p............... a...............

f. Le contraire de déménager → e...............

g. Ces personnes transportent les cartons. → les d...............

h. Une personne qui habite près de chez moi. → un v...............

556. RÉVISER Les lettres des mots en italique sont mélangées. Écrivez les mots correctement.

Exemple : On va signer un *bila*. → ... bail ...

a. C'est bien la *nicolocota* ? → ....

b. On partage le prix de la *cilotaon*. → ....

c. Je regarde les *eptties nenoncas* dans le journal. → ....

d. Tu connais le *riproiéarpet* de l'apart' ? → ....

e. Il faut des *echifs* de paie. → ....

f. On paye un *yerol* assez cher. → ....

g. Les *hagcres* sont pour les frais de l'immeuble. → ....

557. RÉVISER Complétez avec les mots : *location, colocation, emménager, déménageurs, loyer, charges.*

Exemple : Ce couple cherche une ... location ... dans un appartement.

a. Cet étudiant voudrait partager un appartement en ....

b. Le .... est de combien ?

c. Il faut payer les .... en plus.

d. Les .... sont devant la porte.

e. Nous allons .... le mois prochain.

558. SE TESTER Complétez les mots.

Exemple : On va signer le bail avec le *propriétaire*.

a. Tu es sûr que tu peux payer ce l............... ?

b. Vous avez acheté le studio ? Non, nous l...............

c. Vous êtes propriétaire ? Non, nous sommes en l...............

d. Le prix comprend les c...............

e. Je suis content, j'e............... demain dans ma nouvelle maison !

f. Tu as déjà habité avec d'autres personnes en c............... ?

g. Tu connais tes v............... ?

20 • Vivre en France

Emménager : les choses à faire

Je dois appeler les services du gaz et de l'électricité pour ouvrir ou transférer mon compte. J'appuie sur le **bouton** du **compteur** électrique.

Il faut **s'abonner** au téléphone et à Internet.

Pour les enfants, il faut trouver une **place** à la **crèche** (entre 2 mois et 3 ans) ou une **nounou** (une nourrice, une personne qui garde les enfants).

Si l'enfant est plus grand, on l'inscrit (**inscrire**) à l'école : maternelle (entre 3 ans et 5 ans), primaire (de 6 ans à 11 ans), au collège (de 12 ans à 15 ans), au lycée (de 16 ans à 18 ans).

559. S'EXERCER Reliez les deux éléments qui correspondent.

Exemple : une inscription → à l'école

a. un compteur • • 1. à la crèche
b. le bouton • • 2. « marche »
c. l'école • • 3. électrique
d. une place • • 4. au téléphone
e. trouver • • 5. une nounou
f. s'abonner • • 6. maternelle

560. S'EXERCER Complétez les phrases avec les mots : *compteur, crèche, emménager, place, s'abonner, inscrire, nounou.*

Exemple : je ne sais pas où est le … *compteur* … à gaz.

a. On vient d'.. dans notre nouvelle maison.
b. Nous cherchons une .... pour s'occuper de notre garçon.
c. Il faut .... au gaz.
d. Pour notre fille, il y a une .... juste à côté.
e. Il n'y a pas de .... à la maternelle !
f. On va .... notre fils à l'école primaire.

561. RÉVISER Les lettres des mots en italique sont mélangées. Écrivez les mots correctement.

Exemple : Vous avez une *caple* pour votre enfant. → place

a. Il faut appeler le *verices* de l'électrité. → ....
b. Vous êtes *noanbé* au téléphone ? → ....
c. Appuyez sur le bouton du *promtceu* ! → ....
d. Il y a une *hèccre* dans le quartier. → ....
e. On cherche une *unnouo* pour notre fille. → ....
f. Il faut *cisnrrie* votre enfant à l'école. → ....
g. Il va à l'école *ratelnemel*. → ....

A. Louer un appartement : les démarches

562. RÉVISER Remettez les mots des phrases dans l'ordre.

Exemple : appuyer – bouton – sur – le – du – électrique. – compteur – faut – Il

→ Il faut appuyer sur le bouton du compteur électrique.

a. fille – Nous – à – inscrire – notre – l'école – allons – maternelle. → ....

b. abonner – Je – Internet. – dois – m' – à → ....

c. électricité ? – avez – gaz – ou – Vous – l' – le → ....

d. pas – la – Il – place – crèche. – de – n'y – a – à → ....

563. SE TESTER Complétez avec la réponse qui convient.

Exemple : Avant d'envoyer les enfants à l'école, il faut les ... inscrire ...

a. Cette personne s'occupe des jeunes enfants : une ....

b. Avant la maternelle, les enfants peuvent aller à : la ....

c. Avant 6 ans, les enfants vont à l'école : ....

d. Ensuite, ils vont à l'école : ....

e. À 12 ans, ils vont au : ....

f. Ensuite, ils vont au : ....

La banque

Il faut ouvrir un **compte bancaire**, **remplir** des formulaires, fournir un **justificatif de domicile** (un document officiel avec mon adresse). Il faut aussi donner un **RIB** (Relevé d'Identité Bancaire (avec des informations comme le **numéro** du compte, l'adresse de la banque…), pour faire un **virement** (un paiement direct de compte à compte), les **prélèvements** (un virement chaque mois) pour payer les **factures** par exemple.
On reçoit une **carte bancaire**/**bleue** avec un **code secret**.
On peut aussi payer par **chèque**.

564. S'EXERCER Reliez les deux éléments qui correspondent.

Exemple : un compte → bancaire

a. remplir   • 1. de domicile
b. une carte   • 2. secret
c. un numéro   • 3. de compte
d. un justificatif   • 4. bleue
e. payer   • 5. un formulaire
f. un code   • 6. par chèque

20 • Vivre en France

565. S'EXERCER Cochez la bonne réponse.

Exemple : Vous devez   ☒ remplir   ☐ payer   ce formulaire.

a. Vous avez   ☐ un formulaire   ☐ un justificatif   de domicile ?
b. Je reçois   ☐ mon chèque   ☐ ma facture   d'électricité.
c. Chaque mois, le loyer est payé par ☐ prélèvement ☐ formulaire   sur mon compte.
d. Mon salaire est payé par   ☐ virement.   ☐ facture.
e. Quand on paye avec la carte, il faut faire le code   ☐ bleu.   ☐ secret.
f. Je peux payer par   ☐ chèque ?   ☐ RIB ?

566. RÉVISER Les lettres des mots en italique sont mélangées. Écrivez les mots correctement.

Exemple : J'ai rendez-vous à la *qabnue.* → banque

a. Vous voulez ouvrir un *mecopt* ici ? → ....
b. Vous devez *primeri* ces formulaires. → ....
c. Nous avons besoin de votre *iftiufijcast* de domicile. → ....
d. Voici votre *veRelé* d'Identité Bancaire. → ....
e. Écrivez ici votre *monuér.* → ....

567. RÉVISER Remettez les mots des phrases dans l'ordre.

Exemple : remplir – Vous – formulaires. – ces – devez → Vous devez remplir ces formulaires.

a. besoin – Nous – de – RIB. – avons – votre → ....
b. Le – compte – salaire – est – directement – viré – sur – votre – bancaire.
→ ....
c. maintenant. – Vous – taper – votre – code – devez – secret
→ ....
d. compte – derrière – Il – votre – numéro – faut – écrire – de – le – chèque.
→ ....
e. La – compte. – directement – facture – de – est – prélevée – sur – mon – gaz
→ ....

568. SE TESTER Complétez les mots.

Exemple : Je voudrais ouvrir un *compte bancaire.*

a. Il y a des f................ à régler.
b. Avez-vous un j................ de d................ ?
c. Il faut nous envoyer un R................
   d'I................ B................
d. Le salaire est payé par v................
e. Vos factures sont payées par p................ automatique.
f. Quelle ca................ bancaire avez-vous ?
g. Pour finaliser le paiement, tapez votre c................ s................

B. En cas de problème

 Les problèmes

Il y a une **fuite** d'eau chez moi, j'appelle un **plombier** et je préviens ma compagnie d'**assurance**.
En cas d'**urgence**, je peux appeler la **police**, les **pompiers** pour un **feu**/un **incendie**, une **ambulance** ou le Samu (les services de secours) pour un problème de **santé** comme un malaise, une crise cardiaque.
Je vais au **commissariat** pour faire une **déclaration de vol**, déposer une **plainte** en cas de **cambriolage**, d'**agression**.

569. S'EXERCER Reliez les deux éléments qui correspondent.

Exemple : avoir → un cambriolage

a. une compagnie • • 1. de santé
b. une déclaration • • 2. d'assurance
c. déposer • • 3. de vol
d. un problème • • 4. d'eau
e. appeler • • 5. une ambulance
f. une fuite • • 6. une plainte

570. S'EXERCER Quel est le problème ? Écrivez *maison* ou *santé*.

Exemple : un malaise → santé

a. une fuite d'eau → ....
b. un cambriolage → ....
c. un incendie → ....
d. une crise cardiaque → ....
e. un feu → ....
f. une jambe cassée → ....

571. S'EXERCER Vrai ou Faux ? Choisissez la bonne réponse.

	Vrai	Faux
Exemple : Un malaise est un problème de santé.	☒	☐
a. Un incendie ou un feu, c'est la même chose.	☐	☐
b. Une agression est une sorte d'attaque.	☐	☐
c. Une crise cardiaque est un problème de plomberie.	☐	☐
d. Une plainte est une déclaration officielle à l'hôpital.	☐	☐
e. Une ambulance est une voiture spéciale en cas d'urgence.	☐	☐
f. Un cambriolage est une sorte d'assurance.	☐	☐
g. Le commissariat est un bureau de police.	☐	☐

20 • Vivre en France

572. S'EXERCER Complétez avec les bonnes lettres.

Exemple : une fu...i...te

a. un incendi ....
b. la sant..
c. porter pl .... nte
d. une a ....ression
e. un ca .... briola .... e
f. une ....bulance

573. S'EXERCER Cochez la bonne réponse.

Exemple : Vous faites une déclaration   ☒ de vol.   ☐ d'incendie au commissariat.

a. Le plombier va réparer   ☐ la fuite.   ☐ crise   d'eau.
b. J'appelle les pompiers parce qu'il y a   ☐ un vol.   ☐ un incendie.
c. Elle doit aller à l'hôpital, on appelle   ☐ une ambulance.   ☐ la compagnie d'assurance.
d. Je dépose une plainte   ☐ chez le plombier.   ☐ au commissariat.
e. C'est très grave, il a une   ☐ crise cardiaque.   ☐ bonne santé.
f. Elle est victime d'une agression, elle prévient   ☐ les cambrioleurs.   ☐ la police.

574. RÉVISER Écrivez le mot qui correspond.

Exemple : C'est une situation très grave : une *urgence*.

a. J'ai de l'eau partout chez moi : une ....
b. Il y a un feu : un ....
c. Quelqu'un prend mon téléphone et part : un ....
d. Des personnes entrent chez moi pour voler : un ....

575. RÉVISER Les lettres des mots en italique sont mélangées. Écrivez les mots correctement.

Exemple : Il y a un *ceindine*. → incendie

a. Il y a une *etfui* d'eau chez moi ! → ....
b. Tu connais un bon *bomplier* ? → ....
c. Quelle est votre compagnie d'*eraussanc* ? → ....
d. Il est très malade, il faut une *camunlabe* ! → ....
e. Il y a un *uef* dans l'immeuble ! → ....
f. Vite, appelez les *ripempos* ! → ....

576. SE TESTER Complétez les mots.

Exemple : Vite, c'est une *urgence* !

a. Il y a une f.. d'eau chez moi.
b. Appelez le p.. pour les problèmes d'eau.
c. On rentre chez moi et on prend mes affaires, c'est un c..
d. À la terrasse d'un café, il y a un risque de v.. de ton téléphone.
e. C'est un i.., il faut appeler les p..
f. Il faut une a.. pour transporter cette personne.

Bilan 1

Complétez les phrases avec le mot qui convient.

1. Nous l... un appartement.
2. Ils cherchent une l... dans un immeuble ancien.
3. Vous payez combien pour le l... ?
4. Vous êtes locataire ou p... ?
5. Je partage les frais avec d'autres personnes, c'est une c...
6. Les d... vont prendre les cartons demain matin.
7. Tu e... quand dans ton nouvel appartement ?
8. Où est le c... électrique ?
9. Je voudrais m'a... pour avoir le téléphone.
10. On cherche une place à la c... pour notre fille de 1 an.
11. Il faut une n... pour s'occuper de notre fils de 2 ans.
12. Elle a 4 ans, elle va à l'école m...
13. Notre fils a 10 ans, il va à l'école p...
14. Il va entrer au c... à 12 ans.
15. De 16 à 18 ans, on va au l...
16. C'est possible d'ouvrir un c... bancaire ?
17. Vous devez remplir ces f...
18. Il faut absolument un j... de domicile.
19. On vous donne un R...
20. Le salaire est v... au début du mois.
21. Je reçois beaucoup de f... à payer (pour le gaz, l'eau…)
22. On peut p... directement le loyer.
23. Un voleur est entré chez moi, c'est un c...
24. J'ai une f... d'eau dans mon salon.
25. Au feu ! Appelez les p...

Mon score : ……. /25

Bilan 2

172 🎧 Écoutez le texte puis complétez-le avec les mots ci-dessous.

Colocation, nounous, feuilles, ambulance, compteur, crèche, cambrioleurs, pompiers, abonnement, propriétaire, malaise, cartons, loyer, emménage, fuites, incendie, charges, louer, santé, location.

Cédric est étudiant à Nice. Il ne peut pas payer un (1)........................ tout seul parce qu'il ne travaille pas. Il n'a pas de (2)........................ de paie, alors il trouve une (3)........................ L' (4)........................ à Internet est inclus dans le prix de la (5)........................, et toutes les (6)........................ sont partagées. Mais il est dans une chambre minuscule et il commence à déprimer. Il fait un (7)........................ à la fac et une (8)........................ le conduit chez lui. M. Leduc, le (9)........................ entend parler de son cas et il a pitié de lui. Il propose de (10)........................, pour un prix très bas, une maison à l'extérieur de la ville, un héritage de sa tante. Ses amis aident Cédric à transporter ses (11)........................ et il (12)........................ dans cet endroit magnifique. Il est maintenant en bonne (13)........................ Pour remercier M. Leduc, il s'occupe du jardin, répare les (14)........................ d'eau, fait peur aux (15)........................ Mais le (16)........................ électrique est très vieux et un jour il y a un (17)........................, les (18)........................ n'arrivent pas et la maison est en danger ! Mais Cédric est très courageux et il réussit à éteindre le feu. Très touché, M. Leduc propose à Cédric et ses amis un bail à vie et gratuit ! Avec ses amis, ils décident de faire une (19)........................ pour les habitants du quartier et des (20)........................ s'installent. M. Leduc dit qu'il adore cette nouvelle façon de vivre !

Mon score : .... /20

21 • Le français professionnel

A. La restauration

Le personnel 173

un cuisinier
une toque
un tablier

un torchon
(pour prendre
un plat chaud)

Le personnel peut **se changer** (changer de vêtements) dans le **vestiaire** avant d'entrer à l'**office** (la cuisine).
La **brigade** (aussi un terme militaire mais ici les personnes qui travaillent dans une cuisine) : le **chef**, le **second de cuisine**, les **chefs de partie** (pour un secteur, par exemple la pâtisserie), les **commis**, les **apprentis**.

577. S'EXERCER Complétez avec les mots suivants : *toque, tablier, office, brigade, torchon, second, changer, vestiaire.*

Exemple : Le cuisinier a une ... toque ... sur la tête.

a. En cuisine, on ne prend pas un objet très chaud avec la main, on utilise un ....
b. Une cuisine professionnelle s'appelle un ....
c. Le chef est responsable de toute la ....
d. Le chef a un .... pour l'aider.
e. Pour ne pas salir son pantalon, on porte un ....
f. Je vais au .... pour mettre mes vêtements professionnels.
g. À la fin de la journée, je vais me .... pour remettre mes vêtements personnels.

578. RÉVISER Cochez la bonne réponse.

Exemple : Pour prendre un plat très chaud, j'ai	☐ une toque.	☒ un torchon.
a. Le personnel d'une cuisine s'appelle	☐ un office.	☐ une brigade.
b. La toque est une sorte de	☐ chapeau.	☐ tablier.
c. Pour protéger les vêtements, on porte	☐ un torchon.	☐ un tablier.
d. On peut changer de vêtements	☐ au vestiaire.	☐ à l'office.
e. La 2ᵉ personne responsable après le chef est	☐ le second.	☐ le commis.

Les équipements d'une cuisine 174

le fourneau
le four et le gril

Les aliments frais sont dans des **chambres froides** pour le **stockage**.

On fait des frites dans une **friteuse**.

21 • Le français professionnel

579. S'EXERCER Complétez avec les mots : *grill, friteuse, plonge, stockage, hotte aspirante, chambre froide, fourneau, four.*

Exemple : La viande ou le poisson peuvent être préparés sur le … grill …

a. Les mauvaises odeurs sont évacuées par la ....

b. Les beignets sont cuits dans l'huile dans la...

c. Vous devez prendre le beurre dans la ....

d. Il faut mettre la casserole sur le .... pour faire cuire les légumes.

e. Le gâteau est encore dans le f..

f. On a des réserves de produits, c'est le s...

g. On lave les ustensiles sales à la p...

580. RÉVISER Cochez la bonne réponse.

Exemple : Pour les frites, utilisez : ☒ la friteuse.   ☐ le grill.

a. Les odeurs de cuisine sortent par : ☐ la plonge.   ☐ la hotte.

b. Dans la chambre froide, on : ☐ stocke   ☐ cuit les aliments frais.

c. Pour préparer la sauce, mettez la casserole sur : ☐ la hotte.   ☐ le fourneau.

d. On peut changer de vêtements : ☐ au vestiaire.   ☐ à l'office.

e. Faire la vaisselle : ☐ la plonge.   ☐ le four.

f. Pour faire cuire la viande rapidement, on utilise généralement : ☐ le grill.   ☐ la friteuse.

Les ustensiles 🎬 175

une **spatule**   un **fouet**   une **pince**   une **passoire**   une **louche**   une **écumoire**
une **râpe**

On pèse les **ingrédients** avec une **balance**. On utilise un **robot** multifonctions pour **mixer**, **hacher**…

581. S'EXERCER Complétez avec les mots : *spatule, robot, pince, passoire, balance, louche, écumoire, fouet, râpe.*

Exemple : Je mélange les ingrédients de la sauce avec une … spatule …

a. Pour faire une sauce émulsionnée, comme la mayonnaise, j'utilise un ....

b. C'est cuit, je prends la viande avec la ....

c. Les légumes sont dans l'eau, j'enlève l'eau avec une ....

d. Je mets la soupe dans des bols avec une ....

e. On peut enlever le gras à la surface de l'eau avec une ....

f. J'utilise une .... pour transformer le fromage en tout petits morceaux.

g. Il faut mettre les ingrédients sur la .... pour connaître le poids.

h. Vous mixez tout avec le .... multifonctions.

A. La restauration

582. RÉVISER Cochez la bonne réponse.

Exemple : Je prends le morceau de viande cuit avec ☒ une pince. ☐ une passoire.

a. Je mélange parfaitement les ingrédients avec ☐ un fouet. ☐ une pince.
b. Tu prends un peu de soupe avec une ☐ écumoire. ☐ louche.
c. Pour transformer ce légume en poudre, utilisez ☐ une râpe. ☐ une spatule.
d. Quand les légumes sont cuits, on enlève l'eau avec ☐ un fouet. ☐ une écumoire.
e. Les pâtes sont cuites, on enlève l'eau avec ☐ une passoire. ☐ une calotte.
f. Il faut hacher la viande avec ☐ le robot. ☐ la balance.
g. Pour connaître le poids, il y a ☐ une râpe. ☐ une balance.

Les quantités d'ingrédients 176

(voir le chapitre 8, Boire et manger)

Une **recette** explique comment préparer un **plat**, avec la **liste** des **ingrédients**, les **quantités** (le **poids** : en **grammes** (100 g), ou en **kilos** (2 kg), un ½ demi-kilo), une **cuillerée**, une **boîte** (de thon).

583. S'EXERCER Reliez les éléments qui correspondent.

Exemple : Le contenu d'une cuillère est → une *cuillerée*

a. gr veut dire • • 1. kilo
b. kg veut dire • • 2. boîte
c. ½ veut dire • • 3. poids
d. Le nombre de grammes ou de kilo, c'est le • • 4. gramme
e. Les biscuits sont dans une • • 5. demi

584. RÉVISER Complétez avec les mots : plat, poids, ingrédients, grammes, quantité, recette, cuillérée, boîte, demi, kilo.

Exemple : Nous allons faire un ... plat ... avec des légumes verts.

a. J'utilise la .... pour savoir comment faire un plat.
b. Il y a une liste d'..
c. Il faut quelle .... de lait ?
d. Je mets la viande sur la balance pour connaître son ....
e. Vous ajoutez 100 .... de fraises.
f. On n'a pas de haricots frais, mais on a des haricots en ....
g. Le poisson pèse 1 ....
h. Tu mets un .... -kilo de farine.
i. On ajoute une .... de miel.

21 • Le français professionnel

Les sauces

– Les **assaisonnements** : la vinaigrette, le vinaigre, les huiles
La **moutarde** est ajoutée pour un goût piquant.
– Les **sauces froides** : la sauce mayonnaise, tartare
(une mayonnaise plus des herbes, des cornichons)
– Les **sauces chaudes** : la béchamel (farine et lait), la sauce
tomate, au poivre (avec de la crème fraîche)

Huile d'arachide   Huile de maïs

Huile d'olive   Huile de tournesol

585. S'EXERCER Complétez avec le mot qui correspond.

Exemple : Pour accompagner une salade, des crudités, on prépare un *assaisonnement*.

a. Un mélange à base d'huile et de vinaigre est une v..
b. Mettez un peu de *mou* .... pour avoir une sauce un peu plus forte.
c. Tu veux de l'huile d'*a*... ? Non, je préfère de l'huile d'*o*................................
d. Il y a aussi de l'huile de *m*.. ou de *t*..
e. La sauce tartare est à base de sauce *m* ....
f. Avec de la farine et du lait, on peut préparer une sauce *b*...
g. On met des herbes et des cornichons dans la sauce *t*...
h. Avec le steak, nous préparons une sauce au *p*...
i. La *c* .... fraîche est utilisée dans les sauces froides ou chaudes.

586. RÉVISER Cochez la bonne réponse.

Exemple : La moutarde, c'est   ☐ doux   ☒ piquant.
a. La béchamel est une sauce   ☐ chaude.   ☐ froide.
b. La mayonnaise est faite avec   ☐ du lait.   ☐ de l'huile.
c. La sauce tartare est une mayonnaise avec ☐ des cornichons.   ☐ de la sauce tomate.
d. La sauce au poivre est   ☐ froide.   ☐ chaude.
e. Pour la sauce au poivre, on utilise   ☐ du lait.   ☐ de la crème fraîche.
f. Avec une salade, on met   ☐ un assaisonnement.   ☐ de la crème fraiche.
g. La vinaigrette est faite avec   ☐ de l'huile et du vinaigre. ☐ des herbes et des cornichons.

Les herbes aromatiques et les épices

– Les **herbes aromatiques** :

le **persil**   la **ciboulette**   le **thym**   le **laurier**   le **basilic**   la **menthe**

Un **bouquet garni** est un mélange d'herbes attachés et mis dans la casserole pendant la cuisson.

– Les **épices** :

le **piment**   la **cannelle**   le **safran**

A. La restauration

587. S'EXERCER Complétez avec le mot qui correspond.

Exemple : Le *piment* est rouge et piquant.

a. La c.. a un goût proche de l'oignon.
b. On prépare un thé à la m..
c. Le s.. donne une couleur jaune.
d. On prend plusieurs herbes pour faire un b.. g..
e. Dans l'eau de cuisson, tu préfères du t.. ou du l.. ?
f. Avec les pommes, il faut de la v.. ou de la c.. ?

588. RÉVISER Les lettres de ces mots sont mélangées. Écrivez le mot correct.

Exemple : rauriel → ... laurier ...

a. myth → ....
b. lepirs → ....
c. sclibai → ....
d. celtiboute → ....
e. hentem → ....
f. nenallec → ....

Des actions 179

On **épluche** (éplucher) un légume ou un fruit pour enlever la peau, on **dénoyaute** (dénoyauter) un avocat (enlever le noyau).
Dans la recette, je **verse** (verser) du sucre dans une casserole, puis j'**ajoute** (ajouter) de l'eau (mettre quelque chose en plus). Il faut **surveiller** la cuisson, on **sert** (servir) les légumes bien chauds avec du basilic.

589. S'EXERCER Complétez avec le mot qui correspond.

Exemple : On va commencer par *éplucher* les pommes de terre.

a. Il faut d.. les cerises avant de les mettre dans le gâteau.
b. Maintenant, vous devez a.. un peu de crème fraîche.
c. Attention, il faut toujours s.. la cuisson.
d. En général, on s.. ce plat froid.

590. RÉVISER Cochez la bonne réponse.

Exemple : « enlever » est ☐ la même chose ☒ le contraire de « ajouter ».

a. On épluche un légume pour enlever ☐ la peau. ☐ le noyau.
b. Ajouter un ingrédient veut dire : ☐ mettre en plus. ☐ enlever.
c. Pour enlever le noyau, on ☐ épluche. ☐ dénoyaute.
d. Il faut ☐ servir ☐ verser progressivement le sucre.
e. C'est prêt ! Vous pouvez ☐ surveiller. ☐ servir.
f. Quand on prépare un plat, il faut bien ☐ servir ☐ surveiller pour ne pas avoir de problèmes.

21 • Le français professionnel

La salle

591. S'EXERCER Complétez avec le mot qui correspond.

Exemple : Vous buvez dans un *verre*.

a. Sur la table, avant chaque repas, on met une n.. propre.

b. Les clients mangent leurs plats dans une a..

c. Il faut un c.. pour couper la viande.

d. On prend la c.. pour manger la soupe.

e. Il y a une p................................ c................................ pour le dessert.

f. La f.. doit être à gauche de l'assiette.

g. Le pain est dans une c..

h. On peut se nettoyer les doigts ou la bouche avec sa s..

i. Pouvez-vous m'apporter une c.. d'eau ?

592. RÉVISER Reliez les deux parties du mot.

Exemple : FOUR → CHETTE

a. CUI •	• **1.** TEAU	**f.** CAR •	• **6.** PPE
b. COU •	• **2.** BEILLE	**g.** NA •	• **7.** ETTE
c. SER •	• **3.** LLERE	**h.** VE •	• **8.** AFE
d. COR •	• **4.** ERTS	**i.** ASSI •	• **9.** RRE
e. COUV •	• **5.** VIETTE		

B. L'hôtel

Dans un palace 181

Un **palace** est un hôtel de luxe, le **voiturier** s'occupe de la voiture des clients, le **bagagiste** est là pour porter les valises, le **groom** pour ouvrir les portes et aider.

Il y a un service de **blanchisserie** (pour laver les vêtements, avec repassage et nettoyage à sec).

À la **conciergerie** (= à la réception) on transmet les messages, donne des renseignements, répond aux demandes des clients comme faire des courses à l'extérieur, réserver des spectacles, des transports. On peut prendre en charge une personne à **mobilité réduite** (avec un handicap physique).

Les services sont disponibles **24h/24** (24 heures sur 24 = toujours ouvert).

593. S'EXERCER **Complétez avec le mot qui correspond.**

Exemple : Cet hôtel est très luxueux, c'est un *palace*.

a. Le v... va garer votre voiture.

b. Le b... apporte vos valises dans votre chambre.

c. Le g... est dans le hall et aide les clients.

d. Pour laver vos vêtements, nous avons un service de b...

e. Si vous avez besoin d'un service personnalisé, demandez à la c...

f. Ce service est ouvert 24...

594. RÉVISER **Cochez la bonne réponse.**

Exemple : Le bagagiste ☐ vend les bagages ☒ porte les bagages des clients.

a. On appelle un hôtel de grand luxe : ☐ un palais. ☐ un palace.

b. Le groom ☐ s'occupe des vêtements. ☐ ouvre les portes.

c. Vous pouvez laisser vos vêtements ☐ à la blanchisserie. ☐ au bagagiste.

d. Dans un hôtel de luxe, la conciergerie est une sorte de ☐ réception. ☐ blanchisserie.

e. Une personne à une mobilité réduite a du mal à ☐ marcher. ☐ voir.

f. Le service est ouvert ☐ 24/24h. ☐ 24h/24.

g. Le voiturier ☐ est un chauffeur de taxi.

  ☐ gare ou va chercher les voitures des clients.

21 • Le français professionnel

Le service d'étage

L'**employé(e)** d'étage **prend la commande** : il faut **préparer** un plat sucré et un autre salé, puis il/elle **apporte les plateaux** dans la chambre, et remplit le **minibar**.

Sur le menu, il y a le choix entre : un œuf **à la coque** — un œuf **sur le plat** — des œufs **brouillés** — une **omelette**

595. S'EXERCER Complétez avec le mot qui correspond.

Exemple : Les clients peuvent … commander … des plats par téléphone.

a. L'e……………………… d'étage prépare le plat et l'apporte dans la chambre sur un p………………………
b. On peut choisir un plat s……………………… (une quiche) ou s……………………… (un dessert).
c. Vous désirez des œufs b………………, à la c………………, en o……………… ou sur le p……………… ?
d. Il faut r……………………………………………………………………… les minibars des chambres.

596. RÉVISER Les lettres de ces mots sont mélangées. Écrivez le mot correct.

Exemple : tapl → plat

a. mancomde → ………………………
b. tupalae → ………………………
c. écrus → ………………………
d. élas → ………………………
e. ecouq → ………………………
f. elotteme → ………………………

C. Le monde de l'entreprise

Les principales activités

(voir aussi le chapitre 14 Le travail)

Les employé(e)s ou salarié(e)s d'une **filiale** arrivent à l'**accueil** de la maison mère (le **siège** : le bureau principal).

Ils visitent les principaux **services** : la direction, la comptabilité, le marketing, les ressources humaines, le service financier, les ventes, l'export, les achats, la logistique, l'informatique.

C. Le monde de l'entreprise

597. S'EXERCER : Complétez les phrases avec le mot qui correspond.

Exemple : Le bureau principal d'une entreprise avec plusieurs bâtiments est le *siège social*.

a. La maison-mère peut avoir des f..

b. Les employé(e)s sont en général des s..

c. À l'a..., on peut vous commander un taxi.

d. Les personnes spécialisées dans la même activité travaillent dans le même s.......................................

e. La d... est à la tête de l'entreprise.

f. Le m... s'occupe d'améliorer les ventes.

g. Le nouveau personnel est recruté par les r.................................. h..................................

598. S'EXERCER : Complétez les phrases avec le mot qui correspond.

Exemple : Le service *comptabilité* prépare les salaires, paie les factures.

a. Le s........................... f................................. contrôle les entrées et sorties d'argent de l'entreprise.

b. Les ventes à l'étranger sont la spécialité de l'e..

c. Quand il faut acheter quelque chose pour l'entreprise, c'est le travail des a..

d. Les v... sont en baisse ce mois-ci.

e. Les transports et le stockage des produits sont organisés par le service l..

f. Les questions liées aux ordinateurs, à Internet, sont la spécialité du service i....................................

599. RÉVISER Les lettres des mots en italique sont mélangées. Écrivez le mot correct.

Exemple : Pascale travaille au *gisèe*. → siège

a. Martine est *pymeloée* dans notre entreprise. → ....

b. On a a un courriel de notre *faillie*. → ....

c. Le monsieur vous attend à l'*eucacil*. → ....

d. Michel est avec le patron, il est à la *nordictie*. → ....

e. Pour ça, allez voir le directeur des *tenves*. → ....

f. Vous devez envoyer ce document à la *patitcomblié*. → ....

 D'autres activités 184

Nous assistons à des **réunions**. À l'**ordre du jour**, on compare le **chiffres d'affaires** (le total des ventes) des différentes activités. On fait des **présentations**. Un **compte-rendu** est écrit et envoyé aux participants. Des étudiants font des **stages** dans l'entreprise (une période pour mettre leurs connaissances en pratique), ils ont une évaluation (des commentaires), Ils écrivent un rapport de stage.
Le personnel peut suivre des **formations** (des cours liés au domaine professionnel).

21 • Le français professionnel

600. S'EXERCER Complétez les phrases avec le mot qui convient.

Exemple : Aujourd'hui, il y a une *réunion* de tout notre service.

a. Les points à discuter sont dans l'o.. du j..

b. Notre chef a fait une p.. sur les innovations commerciales.

c. Qui peut écrire le c.. r.. et l'envoyer à tous les participants ?

d. Notre c.. d'a.. est en augmentation, c'est une bonne nouvelle !

e. Nous avons une demande de s.. d'un étudiant en école de commerce.

f. L'étudiant doit faire une é.. de son activité dans l'entreprise.

g. L'étudiant écrit un r.. de s..

h. Je voudrais suivre une f.. pour apprendre à utiliser cette machine.

601. RÉVISER Les lettres des mots en italique sont mélangées. Écrivez le mot correct.

Exemple : Vous cherchez un *gesta* ? → *stage*

a. La *néoruni* est à 15 h. → ....

b. Quel est l'*errod* du jour ? → ....

c. Paul va faire une *tanrésetpion* sur les exports. → ....

d. Je vais envoyer le *tompec-denru* par mail ? → ....

e. Son assistante n'est pas là, elle est en *monofrita*. → ....

f. L'étudiant attend son *novalautié*. → ....

Annexes

• Utiliser les lettres et les nombres

A. L'alphabet

L'alphabet 185

A B C D E F G
H I J K L M N
O P Q R S T U
V W X Y Z

185 602. S'EXERCER Écoutez l'alphabet, puis regardez les lettres sur les listes et répétez.

a. son « a » : a, h, k
b. son « é » : b, c, d, g, p, t, v, w
c. son « e » : e w
e. son « è » : f, l, m, n, r, s, z
f. son « i » : i, j, x, y
g. son « u » : q, u
h. son « o » : o

> le « h » est prononcé sans aspiration

186 603. S'EXERCER Dictée de lettres : écoutez et écrivez les lettres dans le tableau.

1	2	3	4	5	6	7	8	9	10	11	12
…c..	…………	…………	…………	…………	…………	…………	…………	…………	…………	…………	…………

187 604. S'EXERCER Cochez si on entend « deu » ou « deuz ».

Exemple : -ss-

	« deu »	« deuz »
Exemple : -ss-	☐	☒
a. -tt-	☐	☐
b. -ff-	☐	☐
c. -cc-	☐	☐
d. -gg-	☐	☐
e. -oo-	☐	☐

> Pour une lettre double, on ajoute « 2 », ici « 2 p ». On prononce « deuz » si on entend une voyelle après : « 2 i » (deuz i).

A. L'alphabet

188))) **605. S'EXERCER** Écoutez et cochez la bonne réponse.

Exemple : L-E-C-O-M-T-E ☒ L-E-C-O-N-T-E ☐
a. P-H-I-L-I-P-P-E ☐ P-H-I-L-I-P-E ☐
b. C-H-R-I-S-T-O-P-H-E ☐ C-R-I-S-T-O-P-H-E ☐
c. J-E-A-N ☐ G-E-A-N ☐
d. d.berthier@free.fr ☐ d-berthier@free.fr ☐

> Pour une adresse e-mail, « @ » se lit « arobase » ou le mot anglais « at »

606. RÉVISER Répondez « oui » ou « non ».

Exemple : « Littérature » s'écrit avec deux -t → … oui …

a. « C » est la 3ᵉ lettre de l'alphabet. → ....
b. « T » est une lettre majuscule. → ....
c. « Cédric » est un prénom. → ....
d. « S » est un mot. → ....
e. La 1ʳᵉ lettre du nom d'une personne est en minuscule. → ....
f. Il y a 2 manières de lire « @ ». → ....

607. SE TESTER Sans regarder l'alphabet, retrouvez quelle lettre est…

Exemple : après le « m » : c'est le … n …

a. après le « c » : c'est le .... c. avant le « p » : c'est le ....
b. après le : « r » : c'est le .... d. avant le « u » : c'est le ....

608. S'EXERCER Reliez les éléments qui correspondent.

Exemple : @ → une arobase

a. - •   • 1. un accent aigu
b. L •   • 2. un tréma
c. l •   • 3. un accent circonflexe
d. e •   • 4. un accent grave
e. é •   • 5. un tiret
f. è •   • 6. une voyelle
g. ê •   • 7. une majuscule
h. ë •   • 8. une minuscule

• **Utiliser les lettres et les nombres**

609. SE TESTER Complétez les cases avec les lettres correspondant aux définitions et découvrez un prénom très populaire.

	G
la première lettre de l'alphabet	……
	B
se prononce « air »	……
	I
cette lettre peut s'écrire avec des accents aigus, graves ou circonflexes	……
	L

B. Les nombres

 0 à 20 189

0	zéro	7	Sept	14	quatorze
1	Un	8	huit	15	quinze
2	deux	9	neuf	16	seize
3	trois	10	dix	17	dix-sept
4	quatre	11	onze	18	dix-huit
5	cinq	12	douze	19	dix-neuf
6	six	13	treize	20	vingt

Le mot « chiffre » est utilisé entre 0 et 9, les combinaisons de chiffres sont des « nombres ». Par exemple, le nombre 48 comporte 2 chiffres : 4 et 8.
Le mot « numéro » (n°) a une fonction pratique, par exemple un numéro de téléphone ou de passeport.

610. S'EXERCER Reliez les chiffres aux noms qui correspondent.

Exemple : 3 → trois

a. 6 •   • six
b. 8 •   • neuf
c. 1 •   • un
d. 9 •   • deux
e. 4 •   • sept
f. 2 •   • quatre
g. 5 •   • huit
h. 7 •   • cinq

B. Les nombres

611. S'EXERCER Reliez les noms aux nombres qui correspondent.

Exemple : dix-sept → 17

- **a.** seize
- **b.** quinze
- **c.** douze
- **d.** dix-huit
- **e.** quatorze
- **f.** dix-neuf
- **g.** treize
- **h.** onze

- 12
- 14
- 19
- 16
- 11
- 13
- 15
- 18

 190

612. S'EXERCER Écoutez et écrivez les nombres que vous entendez.

a.	b.	c.	d.	e.	f.	g.	h.	i.	j.	k.	l.
11	....	....	....	....	....	....	....	....	....	....	....

613. S'EXERCER Écrivez le total.

Exemple : quatre + dix = *quatorze*

a. un + douze = ...
b. huit + trois = ...
c. quinze + trois = ...
d. dix-huit + un = ...
e. sept + dix = ...

Les dizaines : de 20 à 90

20	vingt	60	soixante
30	trente	70	soixante-dix (60 + 10)
40	quarante	80	quatre-vingts (4 x 20)
50	cinquante	90	quatre-vingt-dix (4 x 20 + 10)

614. S'EXERCER Écrivez les nombres en lettres.

Exemple : 71 → soixante et onze

a. 37 → ....
b. 24 → ....
c. 62 → ....
d. 41 → ....
e. 76 → ....
f. 88 → ....
g. 53 → ....
h. 95 → ....

> Quand le nombre se termine par « 1 » → 21 : on dit « vingt et un » ; aussi pour 31 (trente et un), 41 (quarante et un), 51, 61, 81 (quatre-vingt-un) mais pas avec 71 (soixante-et-onze) et 91 (quatre-vingt-onze).

• **Utiliser les lettres et les nombres**

615. S'EXERCER Écoutez et écrivez les nombres que vous entendez.

a.	b.	c.	d.	e.	f.	g.	h.	i.	j.	k.	l.
34	....	....	....	....	....	....	....	....	....	....	....

616. RÉVISER Écoutez les nombres, écrivez-les dans la 1re colonne, puis comparez avec le nombre de la 2e colonne du tableau et cochez si c'est « plus » ou « moins ».

		Plus	Moins
Exemple : 28	trente		X
a.	seize		
b.	quarante-six		
c.	soixante-huit		
d.	quatre-vingt-cinq		

617. S'EXERCER Écoutez les numéros de téléphone et reliez-les aux numéros qui correspondent.

a. •   • **1.** 01 78 25 18 96
b. •   • **2.** 05 55 63 15 75
c. •   • **3.** 07 14 52 91 10
d. •   • **4.** 06 82 34 17 41

> En France, les numéros de téléphone portable commencent par 06 ou 07.

 Les centaines et les milliers

100	cent
1000	mille
pour une année, par exemple : 1982	mille neuf-cent quatre-vingt deux ou dix-neuf cent quatre-vingt deux (les deux sont possibles)
2019	deux mille dix-neuf (avec 2000, seulement une possibilité).

 Les mois

1. Janvier	7. Juillet
2. Février	8. Août
3. Mars	9. Septembre
4. Avril	10. Octobre
5. Mai	11. Novembre
6. Juin	12. Décembre

Pour donner la date, on dit par exemple : « le 2 mai 1963 ».

Pour dire le premier jour, par exemple, le 01/07, on dit le premier juillet.

Attention, pour tous les autres jours, on dit deux, trois, quatre, etc.

Par exemple, le 2 septembre, le 3 octobre, le 4 novembre, le 5 décembre...

B. Les nombres

618. S'EXERCER Écrivez les dates suivantes.

Exemple : le 8/4/2001 → le huit avril deux mille un

a. le 25/5/2017 → ....

b. le 2/6/2003 → ....

c. le 14/7/2001 → ....

d. le 1/12/2012 → ....

e. le 15/8/1989 (2 possibilités) → ....

f. le 21/2/1883 (2 possibilités) → ....

g. le 31/12/1791 (2 possibilités) → ....

196 619. S'EXERCER Écoutez et écrivez les dates en chiffres.

Exemple : « sept mai deux mille quatorze » → ... 7/5/2014 ...

a. ....

b. ....

c. ....

d. ....

620. SE TESTER Calcul mental : écrivez le total.

Exemple : quinze + vingt-trois : ... trente huit ...

a. douze + trente = ...

b. soixante + treize = ...

c. quarante + cinquante = ...

d. trente-cinq + vingt-cinq = ...

• Les pièges du vocabulaire

A. Les homophones et les homonymes

Les mots avec la même prononciation (= homophones)

ou : pour un choix (fromage ou dessert)
où : pour un endroit (tu vas où ?)
août : le 8e mois (on peut aussi prononcer « oute »)
sur : Il est sur la table.
sûr : Certain, tu es sûr ?

621. S'EXERCER Complétez avec les mots :
août, où, sur, sûr, ou.

Exemple : je ne suis pas … sûr … de cette histoire.

a. Tu veux partir à la mer .... à la montagne ?
b. Il part tout le mois d'................................. en vacances.
c. Pose tes lunettes .... la table.
d. .... se trouve la maison de ta cousine ?

Les mots qui se ressemblent (= homonymes)

un **cours** = une leçon
une **course** = acheter dans un magasin ou courir
un **court** (se prononce : « cour ») de tennis : mot anglais pour terrain de tennis
court : ≠ long

622. S'EXERCER Complétez avec les mots :
cours, course, un court ou court.

Exemple : J'ai un … cours … de français à 9h.

a. Je dois faire une .... au supermarché.
b. Le .... de tennis n'est pas disponible demain.
c. Ce pantalon est peu trop ....

raconter : dire une histoire
rencontrer : voir une personne (pour la première fois ou par hasard)

623. S'EXERCER Complétez avec les mots :
raconter ou rencontrés.

a. Tes parents se sont .... comment ?
b. Je vais te .... une belle histoire.

monter : aller plus haut (≠ descendre)
montrer : Je montre mon passeport au policier.

624. S'EXERCER Complétez avec les mots :
monter ou montrer.

a. Vous devez .... votre carte d'identité.
b. Je vais .... au dernier étage de l'immeuble.

un **magazine** : une revue, un journal
un **magasin** : une boutique, un endroit pour acheter

625. S'EXERCER Complétez avec les mots :
magasin ou magazine.

a. Je lis un .... sur la mode.
b. On va dans un .... de vêtements.

A. Les homophones et les homonymes

la **pâte** (pour faire des gâteaux) ou les **pâtes** (italiennes)
le **pâté** (charcuterie froide à base de viande)
la **patte** (d'un animal)

626. s'exercer Complétez avec les mots :
pâte, patte, pâtes, pâté.

a. Tu veux manger quoi avec la viande ?
Des ....

b. Je voudrais un sandwich au ....

c. J'utilise de la .... à tarte déjà faite.

d. Mon chien a mal à la ....

la **côte** (au bord de la mer)
le **côté** (un triangle a 3 côtés)

627. s'exercer Complétez avec les mots :
côte **ou** *côté.*

a. On passe nos vacances sur la .... d'Azur.

b. Tu dors de quel .... du lit ?

B. Les faux-amis

Les-faux amis en anglais

Il y a beaucoup de mots français présents dans d'autres langues, mais ils peuvent avoir un sens différent.

Mot anglais, sens	Mot français, sens
a **journey** = un voyage	une **journée** = un jour
a **place** = un endroit	une **place** = dans une ville, il y a des rues, des avenues et des places.
large = grand	**large** = pas étroit
a **lecture** = une conférence	la **lecture** = action de lire
a **library** = une bibliothèque (pour lire des livres)	une **librairie** = un magasin où l'on vend des livres.
a **location** = un lieu, un endroit	une **location** = action de louer
medicine = sens 1 : la médecine (la science) et sens 2 : un médicament	la **médecine** = la science de la médecine
the **money** = l'argent (en général)	La **monnaie** = argent utilisé dans un pays, ou le montant rendu quand on paie.
a **novel** = un roman (un texte long)	une **nouvelle** = un texte court
pass (to) = réussir (avoir un bon résultat)	**passer** = avoir, faire. Par exemple, passer un examen.
raisin = du raisin sec	**raisin** = le fruit frais
a **résumé** = un C.V.	un **résumé** = une synthèse d'un texte

• Les pièges du vocabulaire

rest (to) = se reposer (quand on est fatigué.)	rester = continuer de faire quelque chose. Par exemple, rester sans bouger.
a scallop = une coquille Saint-Jacques (un fruit de mer)	une escalope = une fine tranche de viande, en général de veau
a station = une gare (de train)	une station = un arrêt de métro, de bus
used = utilisé (on se sert de quelque chose)	usé = abimé, détérioré par une longue utilisation

Exercices pour les anglophones

628. S'EXERCER Complétez avec les mots : *place* ou *endroit* ; *voyage* ou *journée* et *librairie* ou *bibliothèque*.

a. Il y a une jolie .... devant la gare.

b. Quel est ton .... préféré pour un pique-nique ?

c. Je vous souhaite une bonne ....

d. On part sur la côte. Bon .... !

e. Je dois acheter des livres dans une ....

f. Tu peux lire ce livre à la .... de l'université.

629. S'EXERCER Complétez avec les mots : *lecture* ou *cours magistral* ; *location* ou *lieu* et *médecine* ou *médicament*.

a. Le professeur donne son .... dans la grande salle.

b. Tu aimes la .... ? – Oui, je lis beaucoup.

c. À la gare, il y a une agence de .... de voitures.

d. L'école est dans un .... tranquille.

e. Ma sœur fait des études de ....

f. Prends ce .... avec un verre d'eau.

630. S'EXERCER Complétez avec les mots : *monnaie* ou *argent* ; *nouvelles* ou *roman* et *passer* ou *réussis*.

a. Il faut prendre de l'.. au distributeur.

b. Ce distributeur de boissons n'a plus de ....

c. C'est le nouveau .... de mon écrivain préféré.

d. Je voudrais lire des textes courts, des ....

e. Cette année, j'ai deux examens à ....

f. Si tu .... ton bac, tu peux aller à l'université.

B. Les faux-amis

631. S'EXERCER Complétez avec les mots : *raisin* ou *raisin sec* ; *résumé* ou *C.V* et *rester* ou *se reposer*.

a. On n'a plus de fruits frais, on va acheter du .... au marché.
b. Je mets du .... dans ce gâteau.
c. Vous devez écrire un .... du livre.
d. Je suis intéressé par ce travail, j'envoie une lettre de candidature et mon ....
e. On est fatigués, on voudrait .... quelques minutes.
f. Le chien sort avec nous ? – Non, il .... là.

632. S'EXERCER Complétez avec les mots : *escalope* ou *coquille Saint-Jacques* ; *station* ou *gare* et *usé* ou *utilisé*.

a. On prend de la viande, une .... de veau à la crème.
b. Moi, j'adore les fruits de mer, je prends une ....
c. Ils prennent le train à la .... du Nord.
d. On prend le métro et on descend à la .... Opéra.
e. Je porte ce pull depuis longtemps, il est ....
f. Quel est le dictionnaire .... ?

Les faux-amis en espagnol

Mot espagnol, sens	Mot français, sens
bonbon = un chocolat	un **bonbon** = une friandise, à base de sucre
carta = une lettre (sur du papier)	une **carte** = par exemple : une carte postale
cintura = la taille (la partie du corps)	la **ceinture** = l'accessoire pour tenir le pantalon
esperar = attendre (le train)	**espérer** = souhaiter quelque chose
largo = long	**large** = pas étroit
nombre = un nom	un **nombre** = un chiffre, un numéro
pepino = un concombre	un **pépin** = une graine, un tout petit noyau dans certains fruits, comme le raisin
salir = sortir	**salir** = rendre sale
sol = le soleil (aussi en portugais)	**sol** = par terre
subir = monter (aussi en portugais)	**subir** = être victime de quelque chose
timbre = une sonnette (sur un vélo)	un **timbre** sur une enveloppe
usar = utiliser (se servir de quelque chose)	**user** = détériorer par une longue utilisation
vaso = un verre (pour boire)	un **vase** pour les fleurs

• Les pièges du vocabulaire

Exercices pour les hispanophones

633. S'EXERCER Complétez avec les mots : *bonbons* ou *chocolat* ; *carte* ou *lettre* et *taille* ou *ceinture*.

a. Les enfants adorent les ....
b. Tu veux une glace au ....
c. On voit le monument sur la .... postale.
d. Il faut écrire une .... pour expliquer votre motivation pour ce travail.
e. Tu fais quelle .... pour les chemises ?
f. Cette .... va très bien avec mon pantalon.

634. S'EXERCER Complétez avec les mots : *large* ou *long* ; *nom* ou *nombre* et *salir* ou *sortir*.

a. Cette avenue est étroite ? – Non, elle est ....
b. Le pantalon est trop court ? – Non, il est un peu ....
c. Comment vous écrivez votre .... ?
d. Choisis un .... au hasard ! – 12
e. Je .... mes vêtements quand je fais du rugby.
f. Je peux .... un moment de la classe ?

635. S'EXERCER Complétez avec les mots : *sol* ou *soleil* ; *subir* ou *monter* et *timbre* ou *sonnette*.

a. Il y a un beau .... dans le ciel aujourd'hui.
b. On a un beau tapis sur le .... dans le salon.
c. Il va à l'hôpital pour .... une opération.
d. Vous devez .... au 3ᵉ étage à pied.
e. N'oublie pas de mettre un .... sur l'enveloppe.
f. Sur le vélo, donne un coup de .... en cas de danger.

636. S'EXERCER Complétez avec les mots : *vase* ou *verre* ; *usé* ou *utiliser* et *pépins* ou *concombre*.

a. Je mets les fleurs dans un ....
b. On va au café boire un .... ?
c. Ce tapis n'est pas neuf, il est ....
d. On va .... quelle huile ?
e. Il y a plein de .... dans ce citron.
f. On fait une salade avec des tomates et du ....

B. Les faux-amis

Les faux-amis en italien

Mot italien, sens	Mot français, sens
asilo = une crèche (pour les jeunes enfants pendant la journée)	un **asile** = dans le passé, un hôpital psychiatrique
autocarro = un camion (pour transporter des marchandises sur la route)	un **autocar** = un bus pour les touristes
biscotto = un biscuit	une **biscotte** = une tranche de pain grillée au four
borsa = un sac	la **Bourse** = lieu où s'effectuent des transactions financières.
camera = une chambre	une **caméra** = appareil qui filme. (ex. : caméra de cinéma)
cava = une cantine (pour manger à l'école ou au travail)	une **cave** = le sous-sol d'une maison (un lieu sous terre)
confetti = des dragées (bonbons avec des amandes)	des **confettis** = petits bouts de papier colorés que l'on lance pendant des fêtes.
colazione = le petit-déjeuner	une **collation** = un petit repas dans la journée
costume = un déguisement (un vêtement amusant pour une fête)	un **costume** = un vêtement classique
documenti = les papiers d'identité	un **document** = un texte
fattore = un fermier (un agriculteur)	un **facteur** = personne qui distribue le courrier.
fermare = s'arrêter	**fermer** = le contraire d'ouvrir
gara = une compétition	une **gare** = lieu d'arrêt des trains
machina = une voiture	une **machine** = pour fabriquer quelque chose
marciapiede = un trottoir (dans la rue)	un **marchepied** = une marche pour monter dans le train
medicina = la science et un médicament	**médecine** = seulement la science
nome = un prénom	un **nom**
nonna = une grand-mère	une **nonne** = une femme religieuse
palazzo = un bâtiment, un immeuble	un **palais** = une sorte de château
in **pensione** = à la retraite (assez âgé pour ne plus travailler)	en **pension** = à l'hôtel avec les repas compris
quadro = un tableau	un **cadre** = la décoration autour d'un tableau
ricette = une ordonnance (médicale)	une **recette** de cuisine
riviera = le bord de la mer	une **rivière** = un petit fleuve
roba = les affaires personnelles	une **robe** = un vêtement de femme
salire = monter (≠ descendre)	**salir** = rendre sale
sentire = entendre et sentir (une odeur)	**sentir** = sentir une odeur

• Les pièges du vocabulaire

studio = un atelier (une salle pour le travail d'un artiste)	un studio = un appartement d'une pièce
tornare = revenir (le contraire de partir)	tourner = aller à gauche ou à droite

Exercices pour les italophones

637. S'EXERCER Complétez avec les mots : *crèche* ou *asiles* ; *autocar* ou *camion* et *biscotte* ou *biscuits*.

a. Notre petit enfant va à la ....

b. Les .... de fous s'appellent aujourd'hui des hôpitaux psychiatriques.

c. Le groupe de touristes a un .... pour aller d'une ville à l'autre.

d. Les produits sont transportés en ....

e. Le matin, quand je n'ai pas de pain frais, je mange des .... avec du beurre et de la confiture.

f. Avec une tasse de café ou de thé, j'aime bien manger quelques ....

638. S'EXERCER Complétez avec les mots : *sac* ou *Bourse* ; *caméra* ou *chambre* et *cantine* ou *cave*.

a. Je mets mes clés dans mon ....

b. Cette entreprise est en ....

c. On va prendre une .... avec deux lits.

d. C'est une .... vidéo.

e. Les élèves mangent à la ....

f. Les bouteilles de vin sont à la ....

639. S'EXERCER Complétez avec les mots : *confettis* ou *dragées* ; *petit-déjeuner* ou *collation* et *costume* ou *déguisement*.

a. Pour le baptême, on donne des .... aux invités.

b. À la fin de la fête, on lance des .... dans l'air.

c. Les hôtesses de l'air servent une .... pendant le vol.

d. Tu manges quoi le matin pour ton .... ?

e. Pour l'anniversaire, notre jeune fils porte un .... de lion.

f. Au bureau, vous devez mettre un ....

640. S'EXERCER Complétez avec les mots : *document* ou *papier d'identité* ; *facteur* ou *fermier* et *fermer* ou *s'arrêter*.

a. Il faut remplir ce .... pour vous inscrire à la bibliothèque.

b. Vous avez un ...., par exemple un passeport, une carte d'identité ?

c. Mon ami habite à la campagne, il est ....

d. Ce monsieur distribue le courrier, il est ....

e. Le bus .... devant la gare.

f. On .... la porte.

B. Les faux-amis

641. S'EXERCER Complétez avec les mots : *gare* **ou** *compétition.* ; *voiture* **ou** *machine* **et** *marchepied* **ou** *trottoir.*

a. Je vais faire une .... de foot.
b. On prend le train à la ....
c. Vous savez conduire une .... ?
d. Cette .... fait des bouteilles.
e. Dans la rue, tu dois marcher sur le ....
f. Pour monter dans le train, je mets le pied sur le ....

642. S'EXERCER Complétez avec les mots : *médecine* **ou** *médicament* ; *prénom* **ou** *nom* **et** *grand-mère* **ou** *nonne.*

a. Ma sœur fait des études de ....
b. Prends ce .... avec un verre d'eau.
c. Quel est le .... de votre famille ?
d. Tu sais pourquoi tes parents ont choisi ce .... pour toi ?
e. Voici une photo de mon grand-père et ma ....
f. Une .... est une femme religieuse.

643. S'EXERCER Complétez avec les mots : *palais* **ou** *immeuble.* ; *pension* **ou** *retraite* **et** *tableau* **ou** *cadre.*

a. Nous habitons au 3ᵉ étage de cet ....
b. Le roi a plusieurs .... dans le pays.
c. Il ne travaille plus, maintenant il est à la ....
d. On prend cette chambre pour 3 nuits en demi-..
e. Il y a un très joli .... dans cette exposition.
f. On va mettre la photo dans un joli ....

• **Les pièges du vocabulaire**

644. S'EXERCER Complétez avec les mots : *recette* **ou** *ordonnance* ; *rivière* **ou** *bord de la mer* et *robe* **ou** *affaires*.

a. Le médecin vous donne une ....
b. Je voudrais essayer une nouvelle .... de gâteau.
c. Notre hôtel est au ....
d. On peut faire du bateau sur la .... ?
e. Elle porte une petite .... noire.
f. Vous pouvez laisser vos .... dans le placard.

645. S'EXERCER Complétez avec les mots : *sortir* **ou** *salir* et *sentir* **ou** *entendre*.

a. Attention de ne pas .... la nappe !
b. C'est l'heure, vous pouvez ....
c. Vous .... bien quand je parle ?
d. Ce parfum .... très bon.

646. S'EXERCER Complétez avec les mots : *studio* **ou** *atelier* et *tourner* **ou** *retourner*.

a. L'appartement a combien de pièces ? – Une pièce, c'est un ....
b. C'est un artiste, il a un .... pour travailler.
c. Il est en voyage, il va .... à la maison la semaine prochaine.
d. Pour aller à la gare, il faut .... à gauche.

B. Les faux-amis

Les faux-amis en portugais

Mot portugais, sens	Mot français, sens
atender = s'occuper (d'un client)	**attendre** (le bus)
blusa = une blouse un chemisier (une chemise pour femme)	un **vêtement** pour travailler
botica = une pharmacie	une **boutique**
cidra = un gros citron	le **cidre**
cigarro = une cigarette	un **cigare** (plus gros)
copo = un verre (pour boire)	une **coupe** (pour mettre des fruits, de la glace)
sola = la semelle (de la chaussure)	une **sole** (un poisson plat)
teste = le front (à l'avant de la tête)	la **tête**

Exercices pour les lusophones

647. S'EXERCER Complétez avec les mots : *attendre* ou *s'occuper de* et *blouse* ou *chemisier*.

a. Dans un magasin, le vendeur ……………………………………………………… des clients.

b. Il faut ……………………………………………………… 10 minutes, le train va arriver.

c. Au laboratoire, on porte une ……………………………………………………… blanche.

d. Elle a un très joli ……………………………………………………… rose et un pantalon beige.

648. S'EXERCER Complétez avec les mots : *boutique* ou *pharmacie* et *cidre* ou *citron*.

a. Il y a une nouvelle ……………………………………………………… de vêtements dans cette rue.

b. Je m'arrête à la ……………………………………………………… pour acheter des médicaments.

c. Je mets un peu de jus de ……………………………………………………… dans ce cocktail.

d. Le ……………………………………………………… est une boisson faite avec des pommes.

649. S'EXERCER Complétez avec les mots : *cigare* ou *cigarette* ; *coupe* ou *verre* ; *semelle* ou *sole* et *tête* ou *front*.

a. Après un bon repas, mon grand-père aime bien fumer un gros ………………………………………………………

b. On va s'arrêter au tabac pour acheter un paquet de ………………………………………………………

c. On va mettre la glace et la chantilly dans une ………………………………………………………

d. Au petit-déjeuner, elle boit un ……………………………………………………… de jus de fruit.

e. La ……………………………………………………… de cette chaussure est en cuir ?

f. On va manger une bonne ……………………………………………………… à la crème fraîche.

g. Il porte toujours une casquette sur la ………………………………………………………

h. Tu as le ……………………………………………………… chaud, tu es malade ?

• Les mots de la francophonie

Les mots utilisés dans des pays francophones

siester, en Afrique = faire la sieste
chambrer, au Québec = habiter chez un particulier, pour un étudiant par exemple
un **bar à café**, en Suisse = pour des boissons non-alcoolisées
un **café cassé**, au Maroc = un café avec un peu de lait
une **essencerie**, en Afrique = une station à essence
un **taxieur**, dans le Maghreb = un chauffeur de taxi
un **légumier**, en Algérie et en Belgique = un marchand de fruits et légumes
faire épicerie, au Québec = faire les courses dans les magasins
c'est mêlant, au Québec = ce n'est pas clair, c'est difficile à comprendre
un **pain couché**, en Côte d'Ivoire = un pain fait le jour avant
un **pourriel**, au Québec = un courriel (courrier électronique) pourri, un message non-demandé, une publicité
un **clavardage** (clavier de l'ordinateur ou du téléphone et bavardage, parler pour le plaisir), au Québec = une conversation sur Internet (en anglais = « chat »)

> Ces mots ne sont pas utilisés en France.

650. S'EXERCER Remettez dans l'ordre les lettres des mots en bleu.

a. On va prendre du super à l' n e s c e s e r e i. → ....

b. Tu aimes i t e r s s e l'après-midi ? → ....

c. Il va r e b c h r m a chez une cousine en ville. → ....

d. Mon mari est a e r x u i t. → ....

e. Nous achetons des tomates chez le m e l m u é r i g. → ....

f. Tu trouves cet exercice clair ou a ê n t l m ? → ....

g. Il reste seulement du pain o u é h c c. → ....

h. Je crois que message est un p r r o l u e i. → ....

i. On va travailler, arrêtez votre r l c g a e a d v a. → ....

j. Vous préférez un café noir ou a c s é s ? → ....

k. On peut s'arrêter boire un verre dans ce bar à f a c é. → ....

Crédits photos

De gauche à droite et de haut en bas

P. 7 : STUDIO GRAND WEB/Adobe Stock - aetb/Adobe Stock ; Jacob Ammentorp Lund/Adobe Stock – P. 10 : Atlantis/Adobe Stock – P. 11 : Cookie Studio/Adobe Stock - P. 16 : Mangostar/Adobe Stock ; Morad Hegui/Adobe Stock ; P. 17 : www.ljsphotographyonline.com/Adobe Stock; Вячеслав Чичаев/Adobe Stock ; www.ljsphotographyonline.com/Adobe Stock ; Andrey_Arkusha/Adobe Stock – P. 22 : WavebreakmediaMicro/Adobe Stock ; P. 24 simona/adobe stock ; goodluz/adobe stock ; Mike Watson Images Limited/Adobe Stock – P. 29 : sonsedskaya/Adobe Stock ; www.svetography.com/Adobe Stock – P. 31 : Christian Müller/Adobe Stock – P. 32 : robert/Adobe Stock - P. 33 : VALENTYN VOLKOV/Adobe Stock ; Andrey Kuzmin/Adobe Stock ; photlook/Adobe Stock – P. 34 : schwabenblitz/Adobe Stock – P. 35 : dracozlat/Adobe Stock – P. 36 : JRP Studio/Adobe Stock ; auremar/Adobe Stock ; kirahoffmann/Adobe Stock – P. 37 : BigandtPhotography.com/ Adobe Stock ; romaneau/Adobe Stock - P. 38 : Jacob Ammentorp Lund/Adobe Stock ; andersphoto/Adobe Stock – P. 40 : PackShot/Adobe Stock – P. 41 : erkahem/Adobe Stock ; Filippo Coppolino/Adobe Stock – P. 43 : ItinerantLens – P. 44 : Michèle Guerineau/Adobe Stock ; by Dariusz/Adobe Stock – P. 45 : artjafara/Adobe Stock – P. 47 : あんみつ姫/Adobe Stock – P. 48 : Kange Studio/Adobe Stock - P. 49 : ©archideaphoto/Adobe Stock ; Lena/Adobe Stock– P. 50 : hanohiki/Adobe Stock ; zephyr/Adobe Stock ; cloud7days/Adobe Stock ; © homydesign/Adobe Stock ; sAfrica Studio/Adobe Stock ; v.poth/Adobe Stock – P. 51 : Kalinovsky Dmitry,2013/Adobe Stock – P. 52 : 2mmedia/Adobe Stock – P. 53 : onzon/Adobe Stock – P. 54 : lordn/Adobe Stock ; Paolese/Adobe Stock ; Iakov Filimonov/Adobe Stock – P. 57 : slavun/Adobe Stock – P. 58 : SkyLine/Adobe Stock – P. 59 : lenets_tan/Adobe Stock – P. 63 : Africa Studio/Adobe Stock - P. 64 : nemanfoto@gmail.com/Adobe Stock P. 65 : Alekss/Adobe Stock ; tcsaba/Adobe Stock - P. 68 : kirill_makarov/Adobe Stock – P. 69 : Jean-Philippe WALLET/Adobe Stock – P. 70 : Peter Polak/Adobe Stock ; Nasimi Babaev/Adobe Stock ; Ianniello Alfonso,2014/Adobe Stock ; DenisNata/Adobe Stock – P. 71 : He2/Adobe Stock ; VitalyTitov/Adobe Stock ; DenisNata/Adobe Stock ; Andrii Starunskyi/Adobe Stock – P. 74 : Arisa/Adobe Stock ; Ratchapoom Anupongpsan 2017/Adobe Stock – P. 75 : starsstudio/Adobe Stock ; tashka2000/Adobe Stock ; apopium/Adobe Stock ; BillionPhotos.com/Adobe Stock ; donatas1205/Adobe Stock – P. 78 : Maya Kruchancova/Adobe Stock – P. 79 : nyul/Adobe Stock ; auremar /Adobe Stock ; FS-Stock/Adobe Stock ; stockyimages/Adobe Stock ; WavebreakMediaMicro/Adobe Stock ; flairimages/Adobe Stock - P. 80 : EUGENE_ONISCHENKO/Adobe Stock ; Mike Watson Images Limited./Adobe Stock – P. 85 : adiruch na chiangmai/Adobe Stock – P. 86 : contrastwerkstatt/Adobe Stock – P. 89 : auremar/Adobe Stock – P. 90 : Sailorr/Adobe Stock ; Tim UR/Adobe Stock ; yvdavid/Adobe Stock ; xamtiw/Adobe Stock ; Buriy/Adobe Stock ; Markus Mainka/Adobe Stock ; Popova Olga/Adobe Stock - P. 91 : Mariusz Blach/Adobe Stock ; jurij_kachkovskij/Adobe Stock ; azure/Adobe Stock ; Natika/Adobe Stock ; Viktar Malyshchyts/Adobe Stock ; Valentina R/Adobe Stock ; kitsananan Kuna/Adobe Stock ; Christian Fischer/Adobe Stock – P. 92 : ilietus/Adobe Stock ; Jiri Hera/Adobe Stock ; viktoriya89/Adobe Stock ; msk.nina/Adobe Stock ; kovaleva_ka/Adobe Stock ; Serhiy Shullye/Adobe Stock ; olya6105/Adobe Stock ; azure/Adobe Stock ; iaroslava/Adobe Stock ; nata777_7/Adobe Stock ; andriigorulko/Adobe Stock ; jurij_kachkovskij/Adobe Stock ; gavran333/Adobe Stock ; Nika Novak/Adobe Stock – P. 93 : ilietus /Adobe Stock ; Serghei Platonov /Adobe Stock ; kovaleva_ka /Adobe Stock ; Buriy /Adobe Stock P. 94 : igradesign /Adobe Stock – P. 95 : pilipphoto /Adobe Stock - P. 96 : pilipphoto/Adobe Stock –; M.studio/Adobe Stock – P. 97 : Jérôme Rommé /Adobe Stock ; guy /Adobe Stock Viktorija/Adobe Stock ; nataliazakharova /Adobe Stock– P. 98 : ALF photo/Adobe Stock ; Eskymaks/Adobe Stock – P. 99 : M.studio/Adobe Stock ; Oliver Hoffmann/Adobe Stock ; Brad Pict/Adobe Stock ; Benjamin LEFEBVRE/Adobe Stock ; fotoXS/Adobe Stock ; StockPhotosArt/Adobe Stock ; Agence DER/Adobe Stock ; Studio Chlorophylle/Adobe Stock ; Mara Zemgaliete/Adobe Stock – P. 100 : konstantant /Adobe Stock – P. 101 : Gorodenkoff Productions OU/Adobe Stock – P. 103 : ekaterina_belova/Adobe Stock – P. 105 : Sergejs Rahunoks @ Yeko Photo Studio/Adobe Stock ; Thierry Hoarau/Adobe Stock ; ALF photo/Adobe Stock ; pixarno/Adobe Stock ; Prostock-studio/Adobe Stock – P. 106 : Serghei Platonov/Adobe Stock ; ALF photo/Adobe Stock ; krasyuk/Adobe Stock – P 107 : Julien Rousset/Adobe Stock ; Julien Rousset/Adobe Stock – P. 108 : Image'in/Adobe Stock ; P. 111 : Sasajo/Adobe Stock ; eloleo/Adobe Stock ; meailleluc.com/Adobe Stock ; resul/Adobe Stock – P. 112 : Beboy/Adobe Stock – P. 115 : MOSTOVYE/Adobe Stock – P. 116 : Tarzhanova/Adobe Stock ; SFIO CRACHO/Adobe Stock ; Dmitry Naumov/Adobe Stock ; nata777_7/Adobe Stock ; lev dolgachov/Adobe Stock ; stockyimages/Adobe Stock ; Vita/Adobe Stock ; eightstock/Adobe Stock ; http://www.ludmilafoto.ru/Adobe Stock - P. 118 : Cumhur/Adobe Stock ; Popova Olga/Adobe Stock– P. 119 : Виктория Котлярчук/Adobe Stock ; daizuoxin/Adobe Stock ; demidoff/Adobe Stock ; 30.10.2017/Adobe Stock ; mstudio/Adobe Stock ; boyident/Adobe Stock ; Antonio Gravante/Adobe Stock – P. 120 : mavoimages/Adobe Stock – P. 122 : reshoot/Adobe Stock ; KLAUDIA FAFEREK-JAWORSKA/Adobe Stock ; titan120 /Adobe Stock ; P. 123 : Andrey Bandurenko/Adobe Stock - P. 124 : Pavel Losevsky/Adobe Stock ; P. 127 : Katarzyna Bialasiewicz Photographee.eu/Adobe Stock – P. 128 : Christophe Fouquin/Adobe

Stock ; dell/Adobe Stock ; master1305/Adobe Stock – P. 129 : azizhjyaras/Adobe Stock ; chones/Adobe Stock – P. 131 : baranq/Adobe Stock ; Drobot Dean/Adobe Stock ; Daniel Krasoń/Adobe Stock ; anzebizjan/Adobe Stock – P. 133 : auremar/Adobe Stock ; Rawf8/Adobe Stock – P. 135 : Zoja/Adobe Stock – P. 136 : aerogondo/Adobe Stock ; olgakok/Adobe Stock – P. 140 : Ivanko/Adobe Stock – P. 141 : Damir/Adobe Stock ; Alessandro Grandini/Adobe Stock – P. 142 : LIGHTFIELD STUDIOS/Adobe Stock ; Africa Studio/Adobe Stock – P. 146 : Pormezz/Adobe Stock ; VadimGuzhva/Adobe Stock – P. 148 : t.tomsickova@seznam.cz/Adobe Stock - P. 151 : phonlamaiphoto/Adobe Stock – P. 152 ; nd3000/Adobe Stock ; Kalinovsky Dmitry,+375447500400/Adobe Stock – P. 154 : johoo/Adobe Stock – P. 155 : Iakov Filimonov/Adobe Stock ; KerkezPhotography.com/Adobe Stock – P. 157 : LIGHTFIELD STUDIOS/Adobe Stock ; georgerudy/Adobe Stock – P. 158 : AboutLife/Adobe Stock ; pressmaster/Adobe Stock – P. 161 : Corona Borealis/Adobe Stock – P. 162 : 279photo/Adobe Stock ; Petinovs/Adobe Stock – P. 163 : Jacob Lund Photography/Adobe Stock – P. 166 : Sergey Ogaryov/Adobe Stock ; paulacobleigh/Adobe Stock – P. 168 : PhotoSG/Adobe Stock – P. 170 : blackzheep/Adobe Stock – P. 173 : Drobot Dean/Adobe Stock – P. 174 : Gaoul/Adobe Stock – P. 175 : rochagneux/Adobe Stock – P. 177 : Dasha Petrenko/Adobe Stock ; Pavel Losevsky/Adobe Stock – P. 178 : bignai/Adobe Stock ; diy13/Adobe Stock – P. 181 : npstockphoto/Adobe Stock – P. 182 : Africa Studio/Adobe Stock ; P. 183 : Zerbor/Adobe Stock – P. 184 : Konstantinos Moraiti/Adobe Stock ; art_rich /Adobe Stock – P. 185 : Antonio Diaz/Adobe Stock – P. 187 : Driving South/Adobe Stock – P. 190 : scharfsinn86/Adobe Stock – P. 191 : - P. 192 : bernardbodo/Adobe Stock ; hcast/Adobe Stock ; tab62/Adobe Stock – P. 193 : nataliazakharova/Adobe Stock ; corinne matusiak/Adobe Stock ; Khunatorn/Adobe Stock ; Stéphane Weinzaepfle/Adobe Stock ; Norman75/Adobe Stock ; Evgeny Atamanenko/Adobe Stock – P. 194 : Aleksandr/Adobe Stock – P. 196 : Urupong/Adobe Stock – P. 199 : 2011/Adobe Stock – P. 200 : Lumina Images/Adobe Stock – P. 201 : Leonid/Adobe Stock ; P. 203 : Iakov Filimonov/Adobe Stock – P. 204 : stokkete/Adobe Stock – P. 207 : Orlando Florin Rosu/Adobe Stock – P. 208 : soft light/Adobe Stock – P. 209 : Alena Ozerova/Adobe Stock ; Jag_cz/Adobe Stock – P. 201 : www.bojanbjedov.com/Adobe Stock ; Have a nice day/Adobe Stock – P. 121 : Remi Gardet /Adobe Stock - P. 213 : LIGHTFIELD STUDIOS/Adobe Stock ; golubovy/Adobe Stock – P. 217 : ALL RIGHTS RESERVED/Adobe Stock – P. 218 : New Africa/Adobe Stock - P. 221 : Kenishirotie/Adobe Stock – P. 223 : WavebreakmediaMicro/Adobe Stock – P. 225 : lev dolgachov/Adobe Stock – P. 227 : Kurhan/Adobe Stock ; alhim/Adobe Stock – P. 228 : karandaev/Adobe Stock ; bob_sato_1973/Adobe Stock ; djmilic/Adobe Stock ; Unclesam/Adobe Stock ; Vely/Adobe Stock ; bookybuggy/Adobe Stock ; FOOD-micro/Adobe Stock – P. 229 : ALDECAstudio/Adobe Stock - P. 230 : volff/Adobe Stock ; pilotl39/Adobe Stock ; Billio ; nPhotos.com/Adobe Stock ; Kerim/Adobe Stock ; mates/Adobe Stock ; Christian Jung/Adobe Stock ; Europhoton/Adobe Stock ; Scisetti Alfio/Adobe Stock ; Ruta/Adobe Stock ; Scisetti Alfio/Adobe Stock ; Yeti Studio/Adobe Stock ; Anton Ignatenco/Adobe Stock ; Superheang168/Adobe Stock – P. 231 : REDPIXEL /Adobe Stock - P. 232 : Tataev-foto.com/Adobe Stock – P. 233 : Africa Studio/Adobe Stock – P. 234 : M.studio/Adobe Stock ; Pineapple studio/Adobe Stock ; bit24/Adobe Stock ; Joe Gough/Adobe Stock ; metamorworks/Adobe Stock– P. 235 : Rido/Adobe Stock

PRATIQUE VOCABULAIRE

Corrigés et transcriptions

Corrigés

Chapitre 1

1. a. 1 **b.** 5 **c.** 6 **d.** 3 **e.** 4 **f.** 2
2. a. Louise Brunet **b.** Brunet **c.** B-R-U-N-E-T **d.** L-o-u-i-s-e
3. a. Mme. **b.** Madame **c.** prénom **d.** présente **e.** homme
4. a. M. **b.** monsieur **c.** madame **d.** dame **e.** Mme **f.** mademoiselle **g.** jeunes femmes **h.** Mesdames et messieurs
5. a. le quinze mars deux mille deux **b.** le deux février mille neuf cent quatre-vingt-trois/ dix -neuf cent quatre-vingt-trois **c.** le premier juin mille huit-cent quatorze/dix- huit cent quatorze **d.** le 30 mai deux mille dix-sept
6. a. Elle s'appelle Martine, elle a 33 ans. **b.** Elle s'appelle Charlotte, elle a 26 ans. **c.** Ils s'appellent Monsieur et Madame Lepuy, ils ont 45 et 43 ans **d.** Elle s'appelle Laure, elle est née en 1995. **e.** Il s'appelle Nicolas, il est né en 2000.
7. a. 3 **b.** 1 **c.** 5 **d.** 4
8. a. présentations **b.** épeler **c.** s'écrit **d.** dame **e.** naissance **f.** 18 ans **g.** postal
9. a. s'écrit **b.** prénom **c.** m'appelle **d.** épeler **e.** Monsieur **f.** monsieur **g.** Mme **h.** dame **i.** né **j.** naissance **k.** adresse/rue **L.** code
10. a. Je m'appelle Pascal. **b.** Ça s'écrit comment ? **c.** Épelez votre prénom. **d.** C'est avec un l ou deux ? **e.** Il s'appelle Jean-Noël. **f.** Elle a vingt-quatre ans. **g.** Quelle est ton adresse ? **h.** Il est né en deux mille quatre.
11. a. Vous vous appelez comment ? **b.** Ça s'écrit comment ? **c.** Quel est votre nom ? **d.** Et votre prénom ? **e.** Donne-moi ton adresse ? **f.** Quel est le code postal ? **g.** C'est son anniversaire aujourd'hui.
12. a. canadien, canadienne **b.** chinois, chinoise **c.** portugais, portugaise **d.** américain, américaine **e.** brésilien, brésilienne **f.** espagnol, espagnole **g.** sénégalais, sénégalaise **h.** marocain, marocaine **i.** vietnamien, vietnamienne **j.** russe, russe **k.** belge, belge **L.** suisse, suisse
13. prénom : Murielle ; nom : Lacroix ; nationalité : belge
14. 1. a. Suisse **b.** Belgique **c.** Luxembourg **d.** Québec **e.** Sénégal **f.** Cameroun **g.** Algérie **h.** Maroc **i.** Tunisie
2. a. Canada **b.** États-Unis **c.** Australie **d.** Inde **e.** Kenya **f.** Tanzanie **g.** Nouvelle-Zélande
3. a. Espagne **b.** Mexique **c.** Chili **d.** Argentine **e.** Pérou **f.** Cuba **g.** Colombie **h.** Uruguay **i.** Venezuela
4. a. Portugal **b.** Brésil
5. a. Égypte **b.** Arabie Saoudite **c.** Koweït **d.** Syrie **e.** Yémen **f.** Algérie
15. a. dix heures vingt **b.** treize heures quinze **c.** vingt-trois heures trente **d.** quatorze heures quarante-cinq **e.** neuf heures quinze ou neuf heures et quart **f.** sept heures trente ou sept heures et demie **g.** huit heures quarante ou neuf heures moins vingt **h.** onze heures quarante-cinq ou midi moins le quart **i.** onze heures cinquante-cinq ou midi moins cinq.
16. a. 8 h 10 **b.** 5 h 30 **c.** 18 h 50 **d.** 5 h 50 **e.** 12 h 15 **f.** 7 h 55
17. a. 19 h - dix-neuf heures **b.** 22 h - vingt-deux heures **c.** 14 h – quatorze heures **d.** 5 h - cinq heures - **e.** 9 h - neuf heures **f.** 11 h – onze heures.
18. a. un quart d'heure **b.** une demi-heure **c.** trois quarts d'heure **d.** une heure **e.** une semaine **f.** un mois **g.** un trimestre **h.** un an.
19. a. j'ai **b.** Vous êtes **c.** Ça s'écrit **d.** en avance **e.** à l'heure **f.** attente **g.** prie **h.** journée
20. a. 4 **b.** 1 **c.** 7 **d.** 6 **e.** 3 **f.** 5.
21. a. On est le 12 janvier. **b.** Il y a 7 jours dans la semaine. **c.** On est quel jour aujourd'hui ? **d.** Tu fais quoi ce soir ? **e.** Passez une bonne soirée !
22. a. Bonne journée ! **b.** C'est lundi aujourd'hui. **c.** Demain on est mardi. **d.** Bon week-end, à lundi !
23. a. 4 **b.** 3 **c.** 2 **d.** 1.
24. a. jour, semaine **b.** week-end **c.** demain **d.** hier **e.** journée.
25. a. lundi **b.** mardi **c.** mercredi **d.** jeudi **e.** vendredi **f.** samedi **g.** dimanche.
26. a. lundi **b.** semaine **c.** journée **d.** aujourd'hui **e.** week-end **f.** nuit.
27. a. matin **b.** Bonne journée ! **c.** ce week-end **d.** une bonne soirée ! **e.** Super ! **f.** À demain ! **g.** À lundi ! **h.** Bienvenue !
28. a. Enchanté ! **b.** Bienvenue **c.** serre, bise **d.** Salut **e.** à bientôt ! **f.** aussi.
29. a. formel **b.** informel **c.** formel **d.** informel **e.** formel **f.** informel
30. a. 4 **b.** 3 **c.** 2 **d.** 1.
31. a. À ce soir ! **b.** À tout de suite ! **c.** À dimanche ! **d.** À demain matin !
32. a. 6 **b.** 2 **c.** 1 **d.** 5 **e.** 4 **f.** 3.
33. a. on part **b.** on arrive ou on part **c.** on arrive ou on part **d.** on part **e.** on part **f.** on part **g.** on arrive.
34. a. Au revoir mon cœur, à bientôt ! **b.** Comment allez-vous Madame Lavigne ? **c.** Aujourd'hui, c'est lundi. **d.** Je pars, à la semaine prochaine !
35. a. Bienvenue ! **b.** Enchanté **c.** Vous allez bien ? **d.** Merci, vous aussi ! **e.** Oui, super ! **f.** À ce soir !
36. a. À bientôt ! **b.** Au revoir, à la prochaine ! **c.** Salut, à tout de suite ! **d.** À demain soir !

Bilan 1 : **1.** présente **2.** prénom **3.** épeler **4.** Monsieur **5.** dame **6.** Enchanté **7.** Bienvenue **8.** majuscule **9.** circonflexe **10.** tiret **11.** espagnol **12.** Angleterre **13.** Vingt et un **14.** treize **15.** heure **16.** quart **17.** demie **18.** moins **19.** semaine **20.** mardi **21.** matin **22.** vous **23.** Salut **24.** journée **25.** Bientôt.

Bilan 2 : **1.** nombres **2.** Monsieur **3.** Madame **4.** ça s'écrit **5.** rendez-

Corrigés

vous 6. jours 7. jeudi 8. matin
9. après-midi 10. soir 11. demain
12. hier 13. salut 14. plaît 15. merci
16. journée 17. soirée 18. bientôt
19. présente 20. m'appelle

Chapitre 2

37. a. la mère b. la fille c. le frère
d. la sœur e. le fils f. le grand-père g. la grand-mère
h. la petite-fille i. le petit-fils.
38. a. 1 b.4 c.2 d.3.
39. a. vrai b. vrai c. vrai d. faux
e. faux.
40. a. la tante, la nièce
b. la sœur, le frère c. le neveu, la tante.
41. a.3 b.2 c.1
42. a. fille b. soeur c. petits
d. tante e. neveu f. cousin.
43. a.4 b.1 c.3 d.2.
44. a. femme b. belle-mère
c. beau-fils d. beaux-parents
e. belle-fille f. beau-père
g. célibataire h. veuf.
45. a. la grand-mère b. la petite-fille c. la belle-mère d. le mari.
46. a. femme b. enfants c. fils
d. fille e. oncle f. neveu g. nièce
h. petits-enfants.
47. a.2 b.3 c.1 d.7 e.8 f.5 g.4 h.6
48. a. la femme b. la sœur c. la belle-mère d. la fille e. la tante
f. la cousine g. la petite-fille
h. la nièce.
49. a.2 b.3 c.5 d.1 e.6 f.4
50. a. Ils sont mariés et ils ont deux enfants. b. Mes grands-parents sont encore vivants.
c. Vous avez des frères ou des sœurs ? d. Maxime est fils unique.
51. a. la femme b. l'oncle
c. la tante d. le petit-fils
e. la petite-fille f. les grands-parents g. des jumelles.
52. a. la taille b. le poids c. le poids d. l'aspect e. l'aspect
f. l'aspect g. l'aspect h. le poids.
53. a.1 b. 4 c.3 d.5 e.2.
54. a.4 b.3 c.2 d.5 e.8 f.6 g.1 h.7
55. a.2 b.1 c.4 d.5 e.7 f.3 g.6
56. a. bleus b. brun c. brune
d. bruns.

57. a. Amandine b. François
c. Benjamin
58. a. grand b. mince c. court
d. beau e. vieux f. gros g. petite
h. maigre
59. père – grand – mince – brun – barbe – mère – blonde – moyenne – fille – jolie – yeux – bleus – beaux-parents.
60. a. n'a pas de poils b. des pattes c. un museau d. dans la mer e. dans l'air.
61. a. 5 pattes → 4 pattes
b. un petit chat → chien
c. un nez →un museau d. un vieux chat → jeune e. dans l'eau → l'air f. dans l'air → l'eau
62. a. Vous avez un animal à la maison ? b. Notre chatte a des chatons. c. Ce chien a un long museau. d. Nous avons un poisson rouge.
63. 2. mère 3. né 4. chat 5. patte
6. chien

Bilan 1 : 1. mari 2. oncle 3. nièce
4. jumeaux 5. célibataire 6. petit-fils 7. jeunes 8. beaux-parents
9. grand 10. laide (moche)
11. pèse 12. taille 13. mince
14. châtain 15. courts
16. jumelles 17. brun
18. bouclés 19. beau-fils
20. patte 21. museau 22. chaton
23. chiot 24. poils 25. poisson.

Bilan 2 : 1. femme 2. chien
3. mari 4. couple 5. mesure
6. grand 7. mince 8. bruns
9. musclé 10. jolie 11. blonde
12. laide 13. cheveux 14. fille
15. petit 16. pattes 17. museau
18. poils 19. bleus 20. chéri

Chapitre 3

64. a. continent b. pays
c. planète d. continent e. pays.
65. 1. Terre 2. continents 3. Pays.
66. a. Europe b. Océanie c. Asie
d. Amérique e. Afrique f. Afrique
67. a. États-Unis b. Espagne
c. Inde d. France e. Pays-Bas
f. Angleterre g. Allemagne

h. Égypte.
68. a. continent b. capitale
c. région d. habitant.
69. a. La France a 67 millions d'habitants. b. Berlin est la capitale de l'Allemagne.
c. L'Union européenne a environ 512 millions d'habitants.
70. a. L'Océan Atlantique
b. La Manche c. La Méditerranée
71. a. une mer b. un océan
c. une île d. une capitale
e. un fleuve f. d'un lac.
72. a. direction b. planète
c. fleuve, mer, océan d. est, ouest
e. frontière f. sud.
73. a. pays b. capitale
c. continent d. fleuve e. frontière
f. Côte
74. a. Alpes b. Jura c. Pyrénées
d. Massif Central e. Vosges.
75. a. Italie b. Luxembourg
c. Suisse d. Allemagne
e. Belgique f. Espagne.
76. a. vrai b. vrai c. faux
77. a. Océan b. île c. habitants
d. montagnes e. est f. sud g. lac
h. plaine.
78. a. une frontière b. une colline
c. un océan d. un lac
79. a. vrai b. faux. c. vrai d. faux
e. vrai f. vrai
80. a.4 b.1 c.3 d.2
81. a. étoiles b. mer c. étranger
d. carte
82. a.4 b.1 c.5 d 2. e.3
83. a. Le fermier cultive le maïs dans les champs. b. Le chemin passe dans la forêt. c. Il y a des arbres très vieux dans ce pré.
d. On fait du vin avec le raisin de la vigne.
84. a.2 b 5 c.3 d.4 e.1
85. a. forêt b. pré c. champ
d. chemin e. abeilles f. chien.
86. a. un fleuve b. une ville
c. une avenue d. un arbre
e. une autoroute f. une mer
g. un continent h. un continent
i. un océan
87. a.3 b.1 c.4 d.7 e.5 f.6 g.2
88. a. rue b. avenue c. place
d. trottoir e. pont f. boulevards
89. a. place b. arrondissement
c. la vue

90. a. vrai **b.** vrai **c.** faux **d.** faux **e.** vrai
91. a. adresse **b.** arrondissement **c.** code postal **d.** pays **e.** étrangère **f.** parisien
92. a.5 **b.**1 **c.**2 **d.**3 **e.**4
93. a. trottoir **b.** pont **c.** quartier **d.** endroit **e.** banlieue.
94. a. à la campagne **b.** en ville **c.** à la campagne **d.** les deux **e.** en ville **f.** les deux **g.** à la campagne
95. a.1 **b.**3 **c.**2 **d.**6 **e.**4 **f.**5
96. a. guerre, paix **b.** tremblement de terre **c.** accident **d.** incendie, blessé.
97. a.2 **b.**4 **c.**1 **d.**3
98. a. Ils sont blessés dans un accident de voiture. **b.** Il y a un tremblement de terre dans le centre-ville. **c.** Un incendie détruit un immeuble de 6 étages. **d.** Nos pays sont maintenant en paix.
99. a. vol **b.** cambriolages **c.** incendie **d.** tremblement de terre, blessés.

Bilan 1 : 1. Terre **2.** continent **3.** pays **4.** village **5.** frontière **6.** habitants **7.** fleuve **8.** île **9.** mer **10.** montagnes **11.** vignes **12.** vaches **13.** poules **14.** champ **15.** quartier **16.** place **17.** trottoir **18.** pont **19.** églises **20.** tremblement de terre **21.** blessé **22.** incendie **23.** vol **24.** cambriolage **25.** paix

Bilan 2 : 1. village **2.** quartier **3.** carte **4.** chemin **5.** forêt **6.** arbres **7.** endroit **8.** mairie **9.** maire **10.** places **11.** parcs **12.** animaux **13.** lac **14.** pont **15.** colline **16.** vignes **17.** vue **18.** montagnes **19.** habitants **20.** région

Chapitre 4

100. a. niveau -1 **b.** niveau 1 **c.** monte **d.** descends **e.** les escaliers **f.** entrer **g.** entrer
101. a.4 **b.**2 **c.**3 **d.**7 **e.**5 **g.**6
102. a. Notre appartement est exposé au sud. **b.** Il y a un ascenseur mais il est en panne. **c.** On a un message de la gardienne.
103. a.7 **b.**4 **c.**6 **d.**1 **e.**8 **f.**5 **g.**3 **h.**2
104. a. toilettes **b.** chambres **c.** séjour **d.** salle de bains **e.** balcon **f.** cuisine **g.** boîte aux lettres.
105. a.6 **b.**3 **c.**2 **d.**5 **e.**4 **f.**1 **g.**7
106. a.1 **b.**2 **c.**4 **d.**3
107. 1. étage **2.** immeuble **3.** balcon **4.** chambres **5.** salle de bains **6.** toilettes **7.** cuisine **8.** salle à manger **9.** séjour **10.** rue **11.** Sud.
108. a. vrai **b.** faux **c.** vrai **d.** vrai
109. a. toilettes **b.** couloir **c.** chambre **d.** salle de bains **e.** salon **f.** cuisine
110. a. cave **b.** balcon **c.** ascenseur **d.** code
111. a.5 **b.**3 **c.**7 **d.**6 **e.**2 **f.**1 **g.**4
112. a. la porte **b.** le gardien **c.** le code **d.** l'étage **e.** la location
113. a. chaud **b.** la clé **c.** la climatisation **d.** pièces **e.** l'été
114. a. un code **b.** voisine **c.** couloir **d.** place **e.** l'ascenseur **f.** chauffage
115. a.2 **b.**3 **c.** 5 **d.**4 **e.**1
116. 1. séjour **2.** terrasse **3.** jardin **4.** cuisine **5.** garage **6.** chambres **7.** salles de bains
117. a. grenier **b.** cave **c.** haut **d.** jardin **e.** radiateurs **f.** cheminée
118. a. sur le sol **b.** au plafond **c.** dans le séjour **d.** une chaise
119. a. table **b.** chaises **c.** cheminée **d.** lumières **e.** sol
120. 1. sous-sol **2.**grenier **3.** clé **4.** salon **5.** canapé **6.** salle à manger **7.** table **8.** chaises **9.** cheminée **10.** bureau
121. a.3 **b.**2 **c.**4 **d.**1
122. a. congélateur **b.** placard **c.** évier **d.** four **e.** plaques
123. 1. vaisselle **2.** assiettes **3.** cuillères **4.** micro-ondes **5.** réfrigérateur **6.** placard
124. a.2 **b.**1 **c.**5 **d.**4 **e.**3
125. a.3 **b.**6 **c.**4 **d.**2 **e.**5 **f.**1
126. a. un couteau **b.** une soucoupe **c.** une petite cuillère **d.** une fourchette
127. 1. fourchette **2.** cuiller/cuillère **3.** tasse **4.** soucoupe
128. a.3 **b.**1 **c.**4 **d.**2
129. a. jette **b.** propres **c.** une tasse **d.** un verre **e.** sales
130. a. poubelle **b.** sale **c.** propre **d.** jeter
131. a. dans **b.** sur **c.** sous **d.** de couverture
132. c. une télévision **e.** une bouteille de vin **g.** un couteau **h.** un canapé **i.** une fourchette
133. a. une couverture **b.** un cintre **c.** l'armoire
134. 1. draps **2.** lit **3.** placard **4.** sol
135. a. une serviette **b.** du shampoing **c.** dans la baignoire **d.** le robinet
136. a. gel douche **b.** bain, baignoire **c.** étagère **d.** robinet **e.** savon
137. a. lavabo **b.** robinet **c.** shampoing **d.** les cheveux **e.** cuisine **f.** coussins
138. a. la salle à manger **b.** la cuisine **c.** la salle de bains **d.** la chambre **e.** le séjour/le salon **f.** la cuisine
139. a.3 **b.**5 **c.**6 **d.**1 **e.**4 **f.**2
140. a. un couteau **b.** la vaisselle **c.** je repasse
141. a.2 **b.**7 **c.**5 **d.**6 **e.**4 **f.**3
142. a. Les deux fenêtres sont ouvertes. **b.** Mon oncle boit une tasse de café dans la cuisine. **c.** Vous ne pouvez pas fumer dans cette pièce. **d.** Il y a deux gros canapés dans le salon. **e.** Les trois garçons jouent dans leurs chambres. **f.** Elle prend son petit-déjeuner dans la salle à manger. **g.** Il s'endort devant la télévision dans le salon. **h.** Mes parents habitent au rez-de-chaussée dans cet immeuble.
143. a7. **b.**1 **c.**5 **d.**6 **e.**3 **f.**2 **g.**4
144. a. ménage **b.** vaisselle **c.** lave- **d.** lessive

Bilan 1 : 1. pièces **2.** clé ou clef **3.** exposé **4.** emménager **5.** cave **6.** cuisine **7.** locataire **8.** loyer

Corrigés

9. ascenseur 10. salle de bains
11. sol 12. couloir 13. shampoing
14. douche 15. cheminée
16. m² (mètres carrés)
17. couteau 18. chambre
19. lit 20. propre 21. tire-bouchon 22. placard
23. poubelle 24. poussière
25. nettoyer.

Bilan 2 : 1. immeuble
2. appartement 3. superficie
4. chambres 5. séjour 6. salles de bains 7. cuisine 8. murs
9. parquet 10. étage
11. ascenseur 12. escaliers
13. gardienne 14. poubelles
15. balcon 16. chaises 17. jardin
18. maison 19. cave 20. meubles.

Chapitre 5

145. a.3 b.4 c.1 d.2
146. **a.** lève **b.** habille **c.** prépare **d.** maquille **e.** rase
147. **a.** tard **b.** prêt **c.** prends **d.** matin **e.** douche **f.** dort
148. **a.** tôt **b.** tard **c.** debout **d.** assis
149. **a.** debout **b.** me déshabille **c.** m'endors **d.** me démaquille **e.** me couche
150. a.3 b.1 c.6 d.5 e.2 f.7 g.4
151. 1. matin 2. lève 3. douche
4. m'habille 5. prêt 6. soir
7. enlève 8. déshabille 9. assois
10. reposer 11. lit
152. **a.** viens **b.** allez **c.** retourner **d.** rentres **e.** va
153. a.3 b.5 c.4 d.1 e.2
154. **a.** vais **b.** reviens **c.** retourne **d.** pars **e.** vais chercher **f.** rentrons **g.** vient **h.** s'en va
155. **a.** aller **b.** rentrer **c.** rentre **d.** venir voir **e.** aller
156. a.3 b.1 c.4 d.2
157. **a.** descends **b.** descends **c.** monte
158. a.3 b.2 c.5 d.4 e.1
159. **a.** J'entre **b.** Je me déshabille **c.** Je descends **d.** Je me démaquille
160. **a.** M **b.** S **c.** S **d.** M **e.** M **f.** S **g.** M **h.** S

161. **a.** couche **b.** endort
c. habille **d.** déshabille **e.** repose
f. rase **g.** coiffe **h.** sèche
162. a.3 b.4 c.2 d.5 e.8 f.7 g.6
163. **a.** debout **b.** pars **c.** me repose **d.** me déshabille **e.** arrive **f.** descends **g.** me réveille
164. a.1 b.2 c.4 d.3
165. a.3 b.1 c.6 d.7 e.4 f.5 g.2
166. a.5 b.3 c.7 d.1 e.6 f.2
167. **a.** attendre **b.** choisir
c. tenir **d.** jouer **e.** prendre **f.** faire
168. **a.** en hiver **b.** en été
c. en hiver **d.** en été
169. **a.** neige **b.** brouillard **c.** gèle **d.** vent **e.** arc-en-ciel **f.** tempête
170. **a.** météo **b.** carte météo
c. pluie **d.** froid **e.** prévisions
f. beau **g.** mauvais **h.** neige
171. a.6 b.4 c.1 d.5 e.7 f.2 g.3
172. **a.** nuages **b.** froid **c.** gèle
d. vent **e.** doux **f.** tempête
g. orage **h.** doux

Bilan 1 : 1. tôt 2. douche
3. enlève 4. me lève 5. asseoir
6. asseoir 7. debout 8. rentre
9. retourne 10. arrive 11. sorti
12. montre 13. monter
14. descendre 15. emporter
16. venir 17. donner 18. jouer
19. mets 20. beau
21. neige 22. gèle 23. pleut
24. orage 25. arc-en-ciel

Bilan 2 : 1. réveille 2. lève
3. donne 4. météo 5. attend
6. prends 7. retourne 8. choisir
9. m'habille 10. mettre
11. propres 12. jouer 13. partir
14. arriver 15. pleut
16. rentre 17. cherche
18. habitude 19. sort 20. fait

Chapitre 6

173. **a.** un triangle **b.** rond
c. ovale
174. **a.** jaune **b.** noir **c.** blanc
d. rouge **e.** verte **f.** bleu **g.** noir
175. **a.** bleu **b.** rouge **c.** gris
d. vertes **e.** jaune **f.** rose
g. orange
176. a. 2 b.3 c.1

177. a.5 b.2 c.4 d.6 e.3 f.7 g.1
178. a.3 b.4 c.1 d.2
179. a.2 b.3 c.4 d.1
180. **a.** basse, haute **b.** épais
c. petite, étroite **d.** large **e.** large
f. long
181. **a.** gros **b.** léger **c.** dur **d.** mou
e. solide **f.** plein
182. a.6 b.3 c.8 d.1 e.7 f.5 g.4 h.2
183. **a.** plastique, papier **b.** boîte
c. cuir
184. a.2 b.1 c.3 d.5 e.4
185. **a.** meuble **b.** lampe
c. téléphone
186. **a.** plastique **b.** verre **c.** cuir
d. or **e.** bois **f.** laine **g.** papier
187. a.2 b.5 c.1 d.4 e.3
188. **a.** au-dessus de **b.** sur **c.** en dessous **d.** entre
189. a.3 b.1 c.4 d.2
190. **a.** L'agenda est dans mon sac à main. **b.** L'eau est dans une bouteille en plastique. **c.** C'est écrit en bas de la page. **d.** Cette famille habite au-dessus de mon appartement. **e.** Il y a un verre entre les deux bouteilles.
191. **a.** droite **b.** devant **c.** gauche
d. au-dessus **e.** derrière **f.** haut
g. entre **h.** milieu
192. **a.** à droite **b.** derrière
c. en dessous **d.** en haut
193. a.3 b.6 c.1 d.9 e.8 f.2 g.7 h.5 i.4
194. **a.** du papier **b.** une gomme
c. une trousse **d.** la colle **e.** des ciseaux
195. **a.** crayon **b.** stylo **c.** ciseaux
d. agenda **e.** trousse
196. a.2 b.3 c.1
197. **a.** Tu peux effacer ce mot avec ta gomme. **b.** Vous devez écrire au stylo noir pour l'examen. **c.** Il faut couper la feuille avec des ciseaux.
d. Ecrivez un mot au milieu de la page.
198. **a.** stylo **b.** gomme **c.** trousse
d. feuille **e.** ciseaux **f.** colle
199. 1. stylo 2. verre 3. cahiers
4. crayons 5. couleurs 6. papier
7. gommes 8. boîte.
200. **a.** ma bouteille réutilisable
b. emballage **c.** le branche
d. j'allume **e.** j'éteins

f. appartient à g. en panne
h. emprunter i. prêter
201. a.4 **b.**3 **c.**5 **d.**1 **e.**6 **f.**2
202. a. boîte **b.** bouilloire
c. allumer **d.** éteindre **e.** marteau
f. outil **g.** emprunter
203. a.3 **b.**2 **c.**5 **d.**4
204. a. Ce sac en plastique est réutilisable. **b.** À qui appartient la boîte à outils ? **c.** Tu peux me prêter ton tournevis ? **d.** Je dois appuyer sur quel bouton ? **e.** Ma bouilloire électrique est en panne. **f.** À qui je peux emprunter un marteau ?
205. a. éteindre **b.** débrancher **c.** vide **d.** prête **e.** en panne

Bilan 1 : 1. feuille **2.** rond
3. jaune **4.** petit **5.** beau
6. mince **7.** épais **8.** large **9.** bas
10. gomme **11.** légère **12.** fragile
13. vide **14.** largeur **15.** poids
16. taille **17.** flacon
18. appartient **19.** en dessous
20. derrière **21.** débranché
22. éteindre **23.** appuyer **24.** outil
25. prêter

Bilan 2 : 1. bouteille **2.** verre
3. casser **4.** réutilisable **5.** kilos
6. plastique **7.** besoin **8.** brancher
9. appareil **10.** prise **11.** verte
12. Dans **13.** trousse **14.** stylo
15. efface **16.** bricoler
17. marteau **18.** couleur
19. appartiennent **20.** prête

Chapitre 7

206. a.4 **b.**5 **c.**2 **d.**3 **e.**1
207. a. Je vous en prie. **b.** Ce n'est pas grave. **c.** Ce n'est pas grave. **d.** Ce n'est rien.
208. a. Je vous en prie. **b.** avec plaisir. **c.** Désolé. **d.** Ce n'est pas grave.
209. a. Désolé. **b.** Ce n'est pas grave. **c.** Je vous en prie. **d.** Merci.
210. a. désolé, ce n'est pas grave **b.** volontiers **c.** Merci, je vous en prie.
211. a. désolé **b.** n'est pas grave **c.** rien **d.** vous en prie
212. a. Bon séjour **b.** Bonne chance **c.** Bon courage **d.** Félicitations **e.** Bonne nuit **f.** Bon appétit **g.** D'accord **h.** Bonnes vacances
213. a.7 **b.**4 **c.**5 **d.**1 **e.**2 **f.**3 **g.**6
214. a. Bon courage **b.** Bonne chance **c.** Bon séjour **d.** Dors bien **e.** Bon appétit
215. a. Bonnes vacances **b.** Félicitations **c.** Bonne chance **d.** Bon appétit **e.** Bon séjour **f.** Bon courage
216. a.1 **b.**3 **c.**2 **d.**1
217. a. Je vous souhaite une bonne année ! **b.** Tu passes Noël avec ta famille ? **c.** C'est une surprise pour l'anniversaire de Julie. **d.** Passez de bonnes fêtes et à l'année prochaine !
218. a. vœux **b.** souhaits **c.** Fête **d.** Joyeux
219. a.3 **b.**1 **c.**4 **d.**2
220. a. je déteste **b.** trouve **c.** plaisent **d.** super **e.** intéressante **f.** d'accord
221. a.3 **b.**5 **c.**4 **d.**2
222. a. préfère **b.** aimes **c.** déteste **d.** agréable **e.** regrette **f.** beaucoup
223. a.4 **b.**2 **c.**5 **d.**1 **e.**3
224. a. Quelle est son adresse e-mail ? **b.** N'oublie pas d'écrire l'objet du message. **c.** Je ne connais pas l'expéditeur de ce courriel. **d.** Tu peux joindre les photos de tes vacances ? **e.** Il faut taper ici le nom du destinataire.
225. a. objet **b.** courriel **c.** joindre **d.** cordialement **e.** envoyer **f.** recevoir
226. a. pour commencer ou finir **b.** pour commencer ou finir **c.** pour finir un message formel **d.** envoie **e.** très neutre
227. a. salut, inviter, contents, bise **b.** Cher, joins, cordialement
228. a. Cher **b.** t'envoie **c.** Salut, bises **d.** Bien
229. a. numéro **b.** je raccroche **c.** je décroche **d.** « allô ! » **e.** ne quittez pas ! **f.** la touche **g.** portable **h.** n°
230. a.1 **b.**4 **c.**6 **d.**7 **e.**3 **f.**5 **g.**2
231. a. compose **b.** décroche **c.** sans fil **d.** touche **e.** répondeur **f.** portable **g.** raccroche **h.** rappeler
232. a. numéro **b.** touche **c.** étoile **d.** message **e.** sonne **f.** Allô ! **g.** quittez **h.** part

Bilan 1 : 1. vous en prie
2. te plaît **3.** grave **4.** désolé
5. Félicitations ! **6.** courage
7. chance **8.** souhaits **9.** année !
10. joyeux **11.** fête
12. plaît **13.** d'accord **14.** envoyer
15. recevoir **16.** Cher **17.** Bien
18. joindre **19.** bise **20.** touche
21. part **22.** quittez **23.** sonne
24. décroche **25.** raccroche

Bilan 2 : 1. clavier **2.** portable
3. appuie **4.** étoile **5.** dièse
6. sonne **7.** décroche **8.** Allô !
9. Excusez-moi **10.** téléphone
11. prie **12.** grave **13.** l'appareil
14. super **15.** d'accord **16.** plaît
17. envoie **18.** joint **19.** trouve
20. préfère

Chapitre 8

233. a. vrai **b.** vrai **c.** faux **d.** vrai **e.** vrai **f.** vrai **g.** faux
234. a. poire **b.** orange **c.** abricot **d.** banane **e.** raisin **f.** pêche **g.** prune **h.** pamplemousse
235. a. cerises **b.** abricot **c.** pêche, fraise, clémentine, raisin **d.** pamplemousse, melon
236. a. fraise **b.** ananas **c.** noix de coco **d.** pommes **e.** kiwis
237. a. raisin **b.** abricots, pommes, melon **c.** cerises **d.** orange
238. a. mandarine **b.** fraise **c.** noix de coco **d.** kiwi **e.** mandarine **f.** pastèque **g.** brugnon **h.** ananas
239. a. vrai **b.** faux **c.** vrai **d.** faux
240. a. Il prend de la confiture au petit-déjeuner. **b.** Mon copain déteste la noix de coco. **c.** Mon dessert préféré est la tarte aux pommes.
241. a. mûre **b.** pommes

Corrigés

c. banane d. abricot e. kiwi
f. cerise
242. a.3 b.4 c.2 d.1
243. a. blanc b. rouge c. vert
d. vert, blanc, rouge e. vert
244. a. chou-fleur b. petits-pois
c. courgette d. poireau
e. aubergine
245. a.6 b.2 c.3 d.5 e.4 f.1
246. tomates, poivrons,
aubergines, courgettes, oignons,
ail
247. a. lentilles b. brocolis,
épinards c. tomate
d. concombre, avocat e. bio
248. a. légume b. légume
c. légume d. légume e. fruit
f. légume g. légume h. fruit
249. a. banane b. noisettes
c. ananas d. aubergine e. pomme
de terre f. carotte g. haricot
h. petits-pois
250. a. cuit b. cuit c. cru d. cru ou
cuit e. cru ou cuit f. cru g. cru ou
cuit h. cuit
251. a.3 b.1 c.4 d.2 e.5
252. a. plate b. jus c. limonade
d. café e. soda f. tisane
253. du thé au lait, du café noir,
du chocolat, un jus de fruits, une
bouteille de limonade
254. a.2 b.4 c.1 d.3
255. a. non-alcoolisée b. la vigne
c. avant d. blonde e. un vigneron
f. pétillant
256. a. pétillant b. cidre
c. apéritif d. blanc
257. a. boire b. vin c. jus
d. gâteaux apéritif e. sers f. bière
g. apéritif h. santé
258. a.3 b.1 c.4 d.2
259. 1. lait 2. tartines 3. confiture
4. jus 5. pamplemousse
6. orange 7. croissants
260. a. café b. fruits, yaourt
c. croissants, brioche
261. a.4 b.5 c.1 d.3 e.2
262. a.3 b.4 c.5 d.1 e.2
263. a. thon b. lieu c. sole
d. coquille Saint-Jacques
264. a. de la viande b. des fruits
de mer c. de la volaille d. des
fruits de mer e. de la viande f. du
poisson g. le poisson
265. a. charcuterie b. entrée

c. de la viande d. peu souvent
e. du canard
266. a.3 b.4 c.2 d.1
267. a. au lait cru b. un laitage
c. de vache d. fort
268. a.4 b.1 c.6 d.3 e.5 f.2
269. a. cru b. croûte c. brebis
d. yaourt
270. a. crème brûlée b. tarte
c. glace d. mousse au chocolat
e. flan f. crêpe g. éclairs au
chocolat
271. a. glace b. pâtes c. tartine
d. tarte e. concombre
f. moutarde g. pomme h. abricot
272. a. spaghettis
b. champignons c. patates
d. frites e. moules f. bière
g. mange h. mousse au chocolat
273. a.1 b.4 c.3 d.5 e.2
274. a. 9 b.4 c.2 d.3 e.6 f.5 g.8 h.7
i.12 j.11 k.10

Bilan 1 : 1. frites 2. haché 3. pois
4. haricots 5. pâté, saucisson,
jambon, cornichons 6. viande
7. bio 8. pâtes 9. épinards
10. poireaux, pommes 11. patates
12. blonde 13. cidre 14. foie
15. cabillaud 16. Saint-Jacques
17. veau 18. ratatouille 19. fort
20. chèvre 21. apéritif 22. glace
23. réserver 24. commander
25. addition

Bilan 2 : 1. commande 2. entrée
3. pommes de terre 4. œufs
5. thon 6. pâté 7. cornichons
8. principal 9. poulet 10. légumes
11. pois 12. carottes 13. agneau
14. pâtes 15. fromage 16. chèvre
17. baguette 18. vin 19. mousse
20. tasse

Chapitre 9

275. a.1 b.9 c.6 d.2 e.5 f.4 g.8 h.7
i.3
276. a.4 b.1 c.6 d.7 e.5 f.3 g.2
277. a. marque b. achète
c. centre commercial, boutiques
d. vendeuse e. article
278. a. la marque b. vendre
c. achète un article d. vend de

l'alimentation et de l'entretien.
279. a.3 b.4 c.1 d.5 e.2
280. a. Tu veux un croissant ou
une brioche ? b. Je prends un
chausson aux pommes et mon
amie un pain au chocolat. c. Je
vais essayer un pain aux raisins.
d. J'achète ma baguette à la
boulangerie. e. Je n'aime pas le
pain complet.
281. a. pain b. croissant
c. viennoiserie d. pain
au chocolat e. brioche
f. boulangerie g. pain aux raisins
h. baguette
282. a. vrai b. vrai c. vrai d. faux
283. a. des macarons, un flan,
une pâtisserie b. un médicament,
de la crème pour la peau,
une pharmacie c. du lard, du
saucisson, une charcuterie d. du
bœuf, du poulet, une boucherie
e. un plat préparé, une quiche,
un traiteur f. un livre, une B.D.,
une librairie g. une bague en or,
un bracelet, une bijouterie.
284. a. au bureau de tabac
b. chez le marchand de fruits et
légumes c. à la charcuterie
d. à la librairie e. à la bijouterie
f. à la pharmacie
g. au supermarché.
285. a.4 b.3 c.7 d.2 e.6 f.5
286. a. rayon b. packs c. livraison
d. emballages
287. a.2 b.3 c.1 d.5 e.6 f.7 g.4
288. a. magasin b. caisse
c. caddie d. rayon e. lessive
289. a. des pommes de terre
b. du jambon c. des petits pois
d. de la brioche e. des yaourts
f. des patates douces g. du
cidre h. du fromage i. de l'eau
de Javel j. des cigarettes k. de la
crème fraîche l. du dentifrice
m. un biberon n. une prune.
290. a. un yaourt b. du saucisson
c. des frites d. du saumon e. des
épinards f. du veau g. un briquet
h. des saucisses i. du jambon
j. des glaces
291. a. Je passe acheter deux
tranches de jambon à la
charcuterie. b. Il s'arrête à la
pâtisserie pour prendre trois

beaux éclairs au chocolat.
c. Je prends un morceau de cantal à la fromagerie. **d.** Il y a un marché deux fois par semaine près de chez moi. **e.** Je fais mes courses dans une rue commerçante de mon quartier. **f.** On vend du très bon poisson dans cette poissonnerie. **g.** Ce marchand de primeurs ne vend pas des produits de très bonne qualité. **h.** Je prends tout mon vin chez l'épicier.
292. a. couches **b.** surgelés **c.** Javel **d.** briquet **e.** supermarché **f.** croissants **g.** flan **h.** promotion **i.** tomates **j.** chips **k.** livraison.
293. du riz, du lait, du pain de mie, de la confiture, des biscuits, du chocolat noir, des chips, des haricots surgelés, du fromage blanc, des cacahuètes, du dentifrice, du shampoing, des mouchoirs en papier, une savonnette, du gel douche, de l'eau de Javel.
294. a.4 **b.**3 **c.**2 **d.**1
295. a. une boîte en plastique de café instantané **b.** un pot en verre de confiture **c.** un paquet en carton de biscuits.
296. a. une boîte **b.** un pot **c.** une bouteille **d.** un paquet **e.** un pot **f.** une boîte
297. a.2 **b.**3 **c.**5 **d.**1 **e.**4
298. a. rayon **b.** biscuits **c.** recevoir **d.** morceau **e.** tout **f.** peser **g.** fait **h.** ticket
299. a. en papier **b.** en métal **c.** la monnaie **d.** d'argent **e.** de monnaie **f.** faire l'appoint **g.** faire de la monnaie **h.** une pièce
300. a.2 **b.**3 **c.**5 **d.**1 **e.**4
301. a. espèces **b.** monnaie **c.** pièce **d.** billets **e.** appoint **f.** chèques **g.** prêter
302. a. appoint **b.** monnaie **c.** billets **d.** carte **e.** chèque **f.** prêter **g.** portefeuille
303. a. espèces **b.** code **c.** 28,60 € **d.** monnaie **e.** pièce **f.** les sites en ligne (sur Internet) **g.** prêter

Bilan 1 : **1.** boucherie **2.** poissonnerie **3.** tranche **4.** morceau **5.** courses **6.** complet **7.** demi **8.** douzaine **9.** épicerie **10.** boîte **11.** pot **12.** distributeur **13.** vente **14.** rayon **15.** peser **16.** livraison **17.** espèces **18.** billet **19.** monnaie **20.** surgelés **21.** cacahuètes **22.** briquet **23.** biberon **24.** médicament **25.** cher

Bilan 2 : **1.** librairie **2.** occasion **3.** stylos **4.** magazines **5.** cidre **6.** fours **7.** brioche **8.** tranche **9.** pâté **10.** fromage **11.** cacahuètes **12.** fruits **13.** bio **14.** emballages **15.** boîtes **16.** sacs **17.** briques **18.** billets **19.** pièces **20.** site

Chapitre 10

304. a.4 **b.**2 **c.**1 **d.**5 **e.**3
305. a. pull **b.** costume **c.** blouson **d.** short **e.** chemisier **f.** jupe **g.** polo
306. a. T-shirt, jean **b.** polo, short 1. **307. a.** collant **b.** soutien-gorge **c.** chaussettes **d.** débardeur
308. a.H b.F c.F d.H e.F f.F g.F h.H i.F
309. a. chaussures **b.** collant **c.** caleçon **d.** débardeur **e.** soutien-gorge **f.** chemise **g.** tailleur **h.** culotte **i.** jean **j.** costume **k.** short **L** imper(méable)
310. a.1 **b.**5 **c.**2 **d.**4 **e.**3
311. a. peignoir **b.** robe de chambre **c.** maillot **d.** enlève **e.** déshabille **f.** blouse **g.** uniforme
312. a. peignoir **b.** mettre **c.** habille **d.** short **e.** slip de bain
313. a.5 **b.**1 **c.**4 **d.**2 **e.**3
314. a. deux manches **b.** un mécanisme **c.** une chemise **d.** une capuche
315. a. manches **b.** capuche **c.** fermeture éclair **d.** poche **e.** bouton
316. a.6 **b.**3 **c.**2 **d.**5 **e.**4

317. a. Elle a une robe en soie bleue à pois blancs. **b.** Je mets une chemise blanche en coton. **c.** Il porte un slip de bain à motifs en acrylique. **d.** Il aime beaucoup son pantalon en velours marron. **e.** La soie est un tissu fragile par rapport au coton. **f.** Cette veste en cuir est vraiment trop chère.
318. a. soie **b.** laine **c.** cuir **d.** coton **e.** acrylique
319. a.2 **b.**5 **c.**1 **d.**3 **e.**4
320. a. ≠ **b.** ≠ **c.** = **d.** = **e.** ≠ f =
321. a. cabines **b.** serre **c.** poches **d.** quoi **e.** étiquette **f.** foncée **g.** cuir **h.** soie
322. a. étiquette **b.** essayer **c.** va **d.** court
323. a.3 **b.**1 **c.**2 **d.**6 **e.**5 **f.** 4
324. a. Il aime porter un chapeau en cuir. **b.** Vous pouvez enlever votre casquette. **c.** C'est une jolie écharpe en laine de toutes les couleurs. **d.** Vous conseillez quelle cravate avec cette chemise ? **e.** En hiver j'aime bien porter des gants en laine.
325. a. casquette **b.** parapluie **c.** écharpe **d.** gants **e.** ceinture **f.** cravate **g.** chemisier **h.** bonnet **i.** foulard **j.** sac
326. a. bracelet **b.** boucles d'oreilles **c.** collier **d.** or, argent **e.** perle **f.** pierre précieuse
327. a.5 **b.**4 **c.**3 **d.**2 **e.**1
328. a. pointure **b.** essayer **c.** plaisent **d.** apporter **e.** prends **f.** garder
329. a. avant **b.** après **c.** avant **d.** avant **e.** avant **f.** après **g.** après **h.** après
330. a. chaussures **b.** boucles **c.** tongs **d.** parapluie **e.** ceinture **f.** pointure **g.** bracelet, pierres précieuses **h.** écharpe, bonnet, gants **i.** perles
331. a.3 **b.**6 **c.**2 **d.**4 **e.**5 **f.**1
332. a. luxe **b.** défilé **c.** mannequin **d.** créateur **e.** prêt-à-porter
333. a. couturier **b.** haute-couture **c.** mannequin **d.** prêt-à-porter **e.** luxe **f.** modèle **g.** défilé

Corrigés

Bilan 1 : 1. chemisier **2.** costume **3.** tailleur **4.** habille **5.** déshabille **6.** enlever **7.** col **8.** blouse **9.** laine **10.** capuche **11.** poche **12.** jupe **13.** chaussettes **14.** taille **15.** serré **16.** longue **17.** ceinture **18.** cuir **19.** chaussons **20.** lacets **21.** boucles **22.** bague **23.** or **24.** défilé **25.** mannequin

Bilan 2 : 1. magasin **2.** prêt-à-porter **3.** veste **4.** poche **5.** laine **6.** jupe **7.** bottes **8.** cuir **9.** mannequin **10.** haute-couture **11.** mode **12.** défilé **13.** élégants **14.** manteaux **15.** chaussures **16.** talons **17.** bijoux **18.** boucles **19.** bague **20.** argent

Chapitre 11

334. a.3 **b.**1 **c.**6 **d.**2 **e.**7 **f.**5 **g.**4
335. a. court **b.** d'équipe **c.** à la piscine **d.** je m'entraîne **e.** elle est n°1 **f.** la pétanque
336. a. Il est ceinture noire de judo. **b.** En vacances, j'adore faire de la randonnée. **c.** Je pars faire une petite croisière en bateau à voile. **d.** Je vais faire de la randonnée à vélo dans le Limousin. **e.** Prends ton maillot, on va à la piscine. **f.** Nous avons gagné le match contre l'équipe du lycée. **g.** Il est champion de course à pied.
337. a. la voile **b.** le vélo **c.** la course **d.** une balade **e.** un jeu **f.** l'équitation
338. a. une canne **b.** un casque **c.** raquette **d.** balles **e.** club **f.** trous
339. a.3 **b.**4 **c.**5 **d.**2 **e.**1
340. a. tennis **b.** golf **c.** rugby **d.** basket **e.** cyclisme **f.** handball
341. a. casquette **b.** bonnet **c.** balles **d.** ballon **e.** survêtement **f.** filet **g.** canne **h.** club **i.** trous
342. a.1 **b.**5 **c.**7 **d.** 6 **e.**8 **f.**3 **g.**4 **h.**2
343. a. peinture **b.** sculpture **c.** jeu vidéo **d.** photo **e.** chant **f.** collection **g.** jeu **h.** lecture
344. a. fais **b.** collectionne **c.** partie **d.** cours **e.** appareil **f.** filet

345. a. pêcheur **b.** jardiner **c.** bricoler **d.** échecs **e.** cartes **f.** collectionner **g.** société
346. a. écoute **b.** console **c.** connecte **d.** réseau **e.** bibliothèque **f.** partie **g.** filet
347. a.2 **b.**5 **c.**1 **d.**4 **e.**3
348. a. d'un marteau **b.** d'un tournevis **c.** d'un clou **d.** d'une perceuse **e.** d'une scie **f.** d'un escabeau **g.** d'un pinceau
349. a. clou **b.** marteau **c.** boîte **d.** escabeau **e.** vis **f.** tournevis **g.** perceuse **h.** accrocher
350. a. bricolage **b.** peinture **c.** escabeau **d.** outils **e.** pinceau **f.** perceuse **g.** serrer
351. a. marteau **b.** clou **c.** perceuse **d.** tournevis **e.** collection **f.** scie **g.** escabeau **h.** pinceau
352. a.2 **b.**3 **c.**5 **d.**4 **e.**1
353. a. couper **b.** ramasser **c.** cueillir **d.** couper **e.** brûler **f.** planter **g.** enlever **h.** arroser
354. a. bricole **b.** jardine **c.** bricole **d.** jardine **e.** bricole **f.** jardine **g.** bricole **h.** jardine
355. a. arroser **b.** feuilles **c.** cueillir **d.** engrais **e.** planter **f.** ramasser **g.** peinture **h.** escabeau
356. a. faux **b.** vrai **c.** faux **d.** vrai **e.** vrai **f.** vrai
357. a. brocante **b.** poncer **c.** tricoter **d.** recette **e.** bouillir **f.** aiguilles **g.** coudre, ourlet.
358. a. un écrivain **b.** un joueur d'échecs **c.** un chanteur **d.** un peintre **e.** un collectionneur **f.** un décorateur
359. a.5 **b.**2 **c.**1 **d.**4 **e.**7 **f.**6 **g.**3
360. a. décoration **b.** brocante **c.** éclairage **d.** coudre **e.** tricoter **f.** atelier **g.** recette **h.** ingrédients
361. a. coudre **b.** vide-grenier **c.** aiguille **d.** tricoter **e.** ingrédients **f.** bouillir **g.** croisés **h.** recette **i.** rénover **j.** brocante
362. a. dessin **b.** bricolage **c.** jardinage **d.** décoration **e.** lecture **f.** photo(graphie) **g.** couture **h.** pêche

Bilan 1 : 1. course **2.** randonnée **3.** balade **4.** équitation **5.** casque **6.** voile **7.** vélo **8.** lecture **9.** équipe **10.** joue **11.** console **12.** gagner **13.** fond **14.** trous **15.** ballon **16.** collection **17.** appareil **18.** chante **19.** outils **20.** bricolage **21.** tondre **22.** perceuse **23.** recette **24.** coudre **25.** tricoter

Bilan 2 : 1. jeu **2.** console **3.** réseau **4.** règles **5.** équitation **6.** bateaux **7.** chanter **8.** engrais **9.** outils **10.** marteau **11.** tuyau **12.** jardin **13.** recettes **14.** aiguilles **15.** coudre **16.** perd **17.** bibliothèque **18.** compétition **19.** course **20.** gagne

Chapitre 12

363. a.1 **b.**2 **c.**beaucoup **d.**2 **e.**2 **f.**1 **g.**2 **h.**1
364. a.2 **b.**4 **c.**5 **d.**7 **e.**3 **f.**1 **g.**6
365. a.7 **b.**5 **c.**1 **d.**8 **e.**4 **f.**6 **g.**3
366. a. visage **b.** oreilles **c.** sourcils **d.** lèvres **e.** yeux **f.** paupières **g.** bouche **h.** langue
367. a. oreilles **b.** paupières **c.** dents **d.** lèvres **e.** langue **f.** nez **g.** cils **h.** menton **i.** joue
368. a. du pied **b.** le cou **c.** la main et le bras **d.** pied **e.** la gorge
369. a.7 **b.**1 **c.**2 **d.**6 **e.**5 **f.**3 **g.**4
370. a. jambe **b.** ongles **c.** main **d.** doigt **e.** cuisses **f.** tendue **g.** épaule **h.** gorge **i.** pieds **j.** poignet **k.** cheville **l.** mollet
371. a. doigt **b.** coude **c.** mollets **d.** tendre **e.** genou **f.** cuisses **g.** gorge **h.** poignet
372. a. cou, épaules **b.** mollet **c.** cheville **d.** plier **e.** gorge **f.** pieds **g.** ongles **h.** talon **i.** poignet
373. a.4 **b.**5 **c.**2 **d.**6 **e.**1 **f.**3
374. a. poumons **b.** l'estomac **c.** foie **d.** intestins **e.** reins **f.** seins **g.** muscles
375. a.3 **b.**4 **c.**1 **d.**2 **e.**6 **f.**5 **g.**7
376. a.I **b.**E **c.**I **d.**E **e.**E **f.**E **g.**I **h.**
377. a. cerveau **b.** squelette

c. estomac d. foie e. poumons
f. sang g. poitrine
378. a. cœur **b.** poils **c.** seins
d. os **e.** foie **f.** reins **g.** respirer
h. organes **i.** sang **j.** digère
k. peau **l.** muscles **m.** intestins
379. a.7 **b.**1 **c.**4 **d.**5 **e.**6 **f.**2 **g.**3
380. a. gorge **b.** nez **c.** moucher
d. tousse **e.** entorse **f.** mal
g. radio **h.** fièvre **i.** saigne
381. a. est en bonne santé
b. a eu un accident **c.** est malade
d. a eu un accident **e.** est en
bonne santé **f.** a eu un accident
g. est malade **h.** a eu un accident
382. a.4 **b.**1 **c.**5 **d.**7 **e.**2 **f.**3 **g.**6
383. a. rhume **b.** gorge **c.** nez
d. fièvre **e.** tousse **f.** fatigué
g. tête **h.** grippe
384. a. comprimé **b.** pommade
c. gouttes **d.** piqûre **e.** pansement
f. sirop
385. a. vrai **b.** faux **c.** vrai **d.** faux
e. vrai **f.** faux **g.** faux **h.** vrai **i.** vrai
j. vrai
386. a. Il a eu un grave accident
mais il est seulement blessé.
b. Il doit entrer à l'hôpital pour
une petite opération. **c.** Elle
est enceinte, elle doit bientôt
accoucher. **d.** Vous avez quelque
chose pour soigner les brûlures ?
e. Il s'est coupé le doigt, je vais
lui mettre un pansement.
387. a. mal, fait **b.** médicaments
c. pommade **d.** radio
e. comprimés **f.** ordonnance
388. 1. ordonnance **2.**
médicaments **3.** froid **4.** rhume
5. mal **6.** sirop **7.** tousser
8. gouttes **9.** virus **10.** grippe
11. antibiotiques **12.** pédiatre
13. vaccins

Bilan 1 : 1. dents **2.** doigts
3. orteils **4.** paupières **5.** oreille
6. langue **7.** cassé **8.** gorge
9. poils **10.** seins **11.** os **12.** ventre
13. muscles **14.** dos **15.** cœur
16. poumons **17.** mouche
18. saigne **19.** brûler
20. médicament **21.** fièvre
22. grippe **23.** ordonnance
24. tousse **25.** guéri

Bilan 2 : 1. corps **2.** main
3. jambe **4.** os **5.** organe **6.** cœur
7. sang **8.** poumons **9.** respirer
10. reins **11.** soigner **12.** ventre
13. estomac **14.** foie **15.** cerveau
16. peau **17.** brûlés **18.** virus
19. maladies **20.** grippe

Chapitre 13

389. a.3 **b.**4 **c.**5 **d.**6 **e.**1 **f.**2
390. a. le maçon **b.** le serrurier
c. le plombier **d.** le livreur **e.** le
garagiste **f.** le plombier **g.** la
femme de ménage **h.** le jardinier
391. a. panne **b.** ménage
c. chantier **d.** atelier **e.** ouvrière
f. prise **g.** artisan **h.** serrurier
i. entretien
392. a.1 **b.**6 **c.**7 **d.**5 **e** 4 **f.**2 **g.**3
393. a. électricien **b.** serrurier
c. ouvrière **d.** maçon
e. mécanicien **f.** livreur **g.** artisan
394. a.2 **b.**4 **c.**6 **d.**5 **e.**1 **f.**3
395. a. vrai **b.** faux **c.** faux **d.** faux
e. vrai **f.** vrai **g.** faux **h.** faux **i.** vrai
396. a. Les pompiers sortent
la grande échelle. **b.** Elle va
au commissariat pour porter
plainte. **c.** Mon institutrice est
dans une école primaire.
d. Nous allons nous marier à la
mairie seulement. **e.** La mairie
va envoyer le document. **f.** Les
professeurs travaillent dans les
lycées et les collèges.
397. a. un directeur, une
directrice **b.** un policier, une
policière **c.** un maire, une maire
d. un pompier, une (femme)
pompier **e.** un instituteur, une
institutrice **f.** un professeur, une
professeur(e) **g.** un cuisinier, une
cuisinière
398. a.4 **b.**1 **c.**2 **d.**3 **e.**5 **f.**6
399. a. soigne les animaux
b. faire des massages **c.** un
chirurgien **d.** un dentiste
e. de l'hôpital **f.** analyses
400. a.2 **b.**3 **c.**4 **d.**5 **e.**1
401. a. un pharmacien, une
pharmacienne **b.** un dentiste,
une dentiste **c.** un vétérinaire,
une vétérinaire **d.** un
psychologue, une psychologue
402. a.5 **b.**4 **c.**3 **d.**6 **e.**1 **f.**2
403. a. laverie, sécher, pressing
b. kiosque **c.** agent, location
d. vendeur, sourit, aimable
404. a. coiffure **b.** vendeuse
c. employé **d.** agence **e.** laverie
f. kiosque
405. a. ingénieur **b.** notaire
c. chercheuse **d.** architecte
e. diplôme **f.** informaticien
406. a.1 **b.**6 **c.**5 **d.**2 **e.**3 **f.**4
407. a. un avocat, une
avocate **b.** un notaire, une
notaire **c.** un informaticien,
une informaticienne **d.** un
journaliste, une journaliste
e. un chercheur, une chercheuse
408. a. facteur **b.** dentiste
c. vétérinaire **d.** infirmière
e. informaticien **f.** pompier
409. a. fait **b.** soigne
c. programme **d.** allume
e. distribue **f.** répare
410. a.4 **b.**5 **c.**3 **d.**2 **e.**1
411. a. vétérinaire **b.** maçon
c. architecte **d.** écrivain
e. photographe **f.** informaticien
g. vendeur
412. a. kinésithérapeute
b. architecte **c.** laboratoire
d. vétérinaire

Bilan 1 : 1. plombier **2.** serrurier
3. garagiste **4.** livreur **5.** ouvrier
6. artisan **7.** jardinier
8. chirurgien **9.** institutrice
10. pompiers **11.** facteur
12. commissariat **13.** maire
14. pharmacienne **15.** infirmière
16. analyses **17.** urgences
18. kinésithérapeute
19. employée **20.** agence
21. coiffeur **22.** notaire
23. cabinet **24.** informaticien
25. médecin

Bilan 2 : 1. usines **2.** ouvriers
3. tondre **4.** pelouse **5.** vente
6. colis **7.** clients **8.** sourire
9. informatiques **10.** enseigner
11. chirurgiens **12.** livrer
13. plombier **14.** fuite **15.** kiné
16. massages **17.** coiffure
18. cabinets **19.** psy
20. métiers

Corrigés

Chapitre 14

413. a. Nos locaux sont dans une tour de bureaux. **b.** Nous avons un entrepôt spécial pour stocker le matériel numérique. **c.** Notre société a son siège social dans le nord de la France. **d.** Si vous venez en voiture, il y a un parking juste devant le bâtiment. **e.** On doit réserver une salle de réunion pour le lundi 12 mai. **f.** Cette marque d'essence est dans le groupe d'énergie Total. **g.** Le service marketing est dans l'autre bâtiment.
414. a. badge **b.** tour **c.** entreprise **d.** siège **e.** cantine
415. a.5 **b.**7 **c.**2 **d.**4 **e.**6 **f.**8 **g.**9 **h.**3
416. a. Le siège de l'entreprise est dans une tour de bureaux. **b.** Un visiteur vous attend à l'accueil, il a son badge. **c.** Vous devez créer un laboratoire dans votre atelier. **d.** C'est une marque d'un grand groupe de luxe. **e.** Le photocopieur est encore en panne. **f.** La machine à café est au premier étage. **g.** Il n'y a plus de place dans le parking de l'entreprise.
417. a. marketing **b.** comptabilité **c.** marketing **d.** comptabilité **e.** DRH
418. a.2 **b.**7 **c.**8 **d.**5 **e.**6 **f.**3 **g.**1 **h.**4
419. a. un congé **b.** les factures **c.** un salaire **d.** nous devons licencier **e.** une grève
420. a. salle de réunion **b.** collègues **c.** cette usine **d.** chef
421. a. Vous pouvez me dire où se trouve le bureau de monsieur Blondin ? **b.** La photocopieuse est au bout du couloir. **c.** Tu travailles dans l'équipe de François Ledur ? **d.** Je suis attendu par le chef du personnel.
422. a. partiel **b.** client **c.** absents **d.** équipe **e.** cadre **f.** congé **g.** nouveau **h.** partage
423. a. congé **b.** formation **c.** comptabilité **d.** gagne **e.** embaucher **f.** service **g.** licencier **h.** stages **i.** boulot
424. a.1 **b.**8 **c.**11 **d.**9 **e.**10 **f.**6 **g.**7 **h.**5 **i.**4 **j.**3 **k.**2
425. a. des crédits **b.** une banque **c.** vend des assurances **d.** du BTP **e.** vend des produits dans des magasins **f.** de médias **g.** des services à la personne
426. 1. services **2.** luxe **3.** agroalimentaire **4.** distribution **5.** automobile **6.** assurance **7.** banque **8.** énergie
427. a. entreprise **b.** assurance **c.** commerce **d.** pétrole **e.** automobiles **f.** Travaux
428. a. luxe **b.** aéronautique **c.** transports **d.** BTP **e.** agroalimentaire **f.** énergie **g.** assurance
429. a.5 **b.**4 **c.**1 **d.** 6 **e.**3 **f.**2
430. a.1 **b.**4 **c.**6 **d.**7 **e.**3 **f.**5 **g.**2
431. a.1 **b.**1 **c.**2 **d.**1 **e.**2 **f.**1
432. a. suivre **b.** étage **c.** salle **d.** ressources **e.** présentation **f.** fournitures **g.** commencer
433. a. un tiroir **b.** une agrafeuse **c.** un trombone **d.** une équipe **e.** une réunion **f.** les congés **g.** classer
434. a. ordre **b.** compte- **c.** gère **d.** trombone **e.** tiroir
435. a.2 **b.**1 **c.**4 **d.**3 **e.**7 **f.**6 **g.**5
436. a. touches **b.** boutons **c.** appuyer **d.** papier **e.** écran **f.** lecteur **g.** ouvrir **h.** copier-coller **i.** pièce jointe
437. a.8 **b.**3 **c.**2 **d.**5 **e.**7 **f.**4 **g.**6
438. a. N'oublie pas d'enregistrer ton fichier avant de quitter le programme. **b.** Il faut ajouter du papier dans l'imprimante. **c.** Tu te rappelles le nom du fichier ? **d.** Avec cet ordinateur, je me connecte très facilement à Internet. **e.** Je sélectionne un mot, je le copie et je le colle dans une autre phrase. **f.** Je vais installer le nouveau logiciel que je viens d'acheter.
439. a. touche **b.** écran **c.** clé **d.** lecteur **e.** colle **f.** cliquer, bouton, souris **g.** imprimer **h.** programme **i.** pièce jointe

Bilan 1 : 1. entreprise **2.** groupe **3.** réunion **4.** accueil **5.** cantine **6.** siège **7.** directrice **8.** comptabilité **9.** marketing **10.** gère **11.** cadres **12.** P.D.G. **13.** compte-rendu **14.** ordinateur **15.** clavier **16.** logiciel **17.** clé (clef) **18.** imprimer **19.** stage **20.** congé **21.** formation **22.** gagnent **23.** jointe **24.** syndicat **25.** stage

Bilan 2 : 1. directrice **2.** siège **3.** groupe **4.** luxe **5.** locaux **6.** tour **7.** bureau **8.** gère **9.** salariés **10.** équipe **11.** assistant **12.** taper **13.** ordinateur **14.** imprimer **15.** relire **16.** formation **17.** DRH **18.** recrutement **19.** candidat(e) **20.** réunion

Chapitre 15

440. a.6 **b.**3 **c.**2 **d.**5 **e.**4 **f** 1
441. a.4 **b.**7 **c.**2 **d.**6 **e.**3 **f.**8 **g.**5
442. a. attends **b.** arrive **c.** monte **d.** ticket **e.** assois **f.** dehors **g.** destination **h.** descends
443. a. ticket **b.** quai **c.** monter **d.** descendre
444. a. station **b.** ticket **c.** carnet **d.** ligne **e.** changement **f.** trajet
445. a. station **b.** ligne **c.** quai **d.** monter **e.** descend **f.** correspondance
446. a. aller-retour **b.** classe **c.** à la voie **d.** fenêtre ou couloir **e.** contrôleur
447. a.2 **b.**1 **c.**4 **d.**3
448. a.2 **b.**3 **c.**4 **d.**6 **e.**7 **f.**5
449. a.5 **b.**1 **c.**4 **d.**2 **e.**3
450. a. simple **b.** locomotive **c.** conducteur **d.** contrôleur **e.** horaires **f.** billet **g.** réservation **h.** occupée
451. a. Le trajet dure deux heures. **b.** Je voudrais réserver une place pour le 18 janvier. **c.** Tu peux voir les horaires sur le site internet de la SNCF. **d.** Mon train est annulé parce qu'il y a des travaux.
452. a. Vitesse **b.** province **c.** quai **d.** contrôleur **e.** route **f.** métro
453. a. descend **b.** lent **c.** avance **d.** libre **e.** départs **f.** provenance

454. a.5 b.2 c.6 d.7 e.3 f.8 g.4
455. a.7 b.5 c.1 d.4 e.2 f.6 g.3
456. a. aéroport **b.** tableau **c.** enregistrement **d.** embarquement **e.** sécurité **f.** hors
457. a. bagages **b.** tapis **c.** avant **d.** hublot **e.** porte **f.** embarquement **g.** décollage **h.** vol
458. a. vrai **b.** vrai **c.** faux **d.** faux **e.** faux **f.** vrai **g.** vrai **h.** vrai
459. a. décolle **b.** atterrit **c.** vole **d.** embarque **e.** siège **f.** hublot **g.** ailes **h.** piste

Bilan 1 : 1. station **2.** ligne **3.** correspondances **4.** carnet **5.** plan **6.** monter **7.** descendre **8.** quai **9.** arrêt **10.** gare **11.** voie **12.** horaires **13.** réservation **14.** classe **15.** trajet **16.** aéroport **17.** vol **18.** enregistrement **19.** embarquement **20.** piste **21.** hublot **22.** ceinture **23.** décoller **24.** atterrir **25.** hôtesses

Bilan 2 : 1. station **2.** trajet **3.** gare **4.** train **5.** voie **6.** rails **7.** aérogare **8.** bus **9.** enregistrement **10.** contrôles **11.** embarquement **12.** ailes **13.** bord **14.** siège **15.** ceinture **16.** hublot **17.** décollage **18.** atterrir **19.** pistes **20.** vols

Chapitre 16

460. a.4 b.1 c.5 d.3 e.2
461. a. les pédales **b.** le frein **c.** la béquille **d.** le guidon
462. a. chaîne **b.** pédales **c.** porte-bagage **d.** roues **e.** sonnette
463. a. selle **b.** guidon **c.** freins **d.** pédales
464. a. avec la pompe **b.** permet de mettre de l'air **c.** donne de la lumière **d.** éteindre
465. a.3 b.4 c.1 d.2
466. a. Il fait nuit, j'allume les phares. **b.** Tu dois gonfler un peu le pneu arrière. **c.** Pour la moto, c'est obligatoire de porter un casque. **e.** La batterie permet de garder l'électricité.
467. a. phares **b.** pompe **c.** casque **d.** mobylette **e.** allume **f.** éteins **g.** moteur
468. a.4 b.1 c.3 d.2
469. a. en verre **b.** sous le capot **c.** la même chose **d.** rétroviseurs
470. a. serrure **b.** carrosserie **c.** phares **d.** plaque **e.** capot **f.** rétroviseur **g.** pot d'échappement
471. a. phares **b.** éteins **c.** coffre **d.** rétroviseurs
472. a.5 b.3 c.2 d.1 e.4
473. a. le compteur du tableau de bord **b.** le frein à main **c.** la boîte à gants **d.** le klaxon **e.** les vitesses **f.** s'allume **g.** le GPS
474. a. volant **b.** frein **c.** frein à main **d.** clignotant **e.** siège **f.** pédale **g.** vitesse **h.** bord **i.** compteur **j.** boîte à gants
475. a. frein **b.** vitesses **c.** clignotant **d.** klaxon **e.** compteur **f.** tableau **g.** boîte à gants
476. a. faux **b.** vrai **c.** vrai **d.** faux
477. a-1-2/b-2-3/c-3-7/d-5-5/e-4-4/f-6-6
478. a. à une station-service **b.** j'utilise le cric **c.** l'électricité et l'essence
479. a. conduis **b.** vais **c.** rouler **d.** gare **e.** en panne **f.** vais chercher **g.** conduit **h.** dépose
480. a.2 b.5 c.1 d.7 e.6 f.4 g.3
481. a. garage **b.** automobiliste **c.** révision **d.** permis
482. a. double **b.** plein **c.** reculer **d.** panne **e.** crevé **f.** secours **g.** sans-plomb **h.** ceinture **i.** démarrer **j.** rouler **k.** couper **l.** garer **m.** permis **n.** dépanneuse

Bilan 1 : 1. faire **2.** selle **3.** sonnette **4.** guidon **5.** freins **6.** pédales **7.** porte-bagage **8.** éteins **9.** pneu **10.** pompe **11.** crevaison **12.** pneu **13.** casque **14.** capot **15.** permis **16.** ceinture **17.** démarre **18.** volant **19.** pédale **20.** freiner **21.** phares **22.** plein **23.** clignotant **24.** essence **25.** gare

Bilan 2 : 1. vélo **2.** pédaler **3.** moteur **4.** batterie **5.** crevaison **6.** pneu **7.** chaîne **8.** casque **9.** permis **10.** essence **11.** phare **12.** siège **13.** ceinture **14.** GPS **15.** démarre **16.** Roule **17.** clignotant **18.** gare **19.** portière **20.** roue

Chapitre 17

483. a.5 b.7 c.1 d.2 e.6 f.3 g.4
484. a. en face **b.** près **c.** entre **d.** à côté **e.** loin **f.** au-dessous **g.** au-dessus **h.** derrière
485. a.4 b.2 c.6 d.3 e.1 f.5
486. a. première **b.** bout **c.** tournes **d.** feu **e.** passes **f.** traverses **g.** place
487. a. Tu vas tout droit jusqu'au bout de la rue Mozart. **b.** Ce soir, je retrouve mes amis dans un café en face de la cathédrale. **c.** Vous prenez la deuxième rue à droite et ensuite tout droit. **d.** On traverse l'avenue et on prend à droite.
488. a. loin **b.** derrière **c.** dehors **d.** tout droit **e.** après **f.** au-dessous **g.** à l'intérieur **h.** près
489. a.2 b.1 c.5 d.4 e.3
490. a. la Saint-Valentin **b.** Pâques **c.** l'Épiphanie **d.** le 14 juillet **e.** la fête de la musique **f.** le 1er mai.
491. a. œufs en chocolat **b.** galette des rois **c.** réveillon **d.** gigot d'agneau **e.** bouquet de fleurs
492. a. réveillon **b.** souhaite **c.** vœux **d.** galette
493. a. année **b.** muguet **c.** réveillon **d.** galette
494. a.4 b.1 c.3 d.5 e.2
495. a. les fiançailles **b.** le mariage **c.** est nécessaire **d.** n'est pas nécessaire **e.** du mariage **f.** la fête d'une personne
496. a. vœux **b.** cérémonie **c.** cadeau **d.** carte **e.** fêter
497. a. Je vous propose de boire

un verre ensemble pour fêter la fin du stage. **b.** Vous êtes invités à l'église Saint-Michel pour le baptême de notre fille. **c.** Ils nous invitent à pendre la crémaillère dans leur nouvelle maison. **d.** Tu acceptes d'être un de mes témoins à mon mariage ? **e.** Tous nos vœux de bonheur pour votre mariage !
498. a. gâteau, bougies **b.** fête **c.** vœux **d.** cérémonie **e.** fêter **f.** carte
499. a.3 **b.**5 **c.**1 **d.**4 **e.**6 **f.**2
500. a. réseaux **b.** compte **c.** inscrit **d.** identifiant **e.** connecter **f.** ajouter
501. a. s'inscrire, passe **b.** paramétrer **c.** profil **d.** ajouter, partager, laisser **e.** supprimer **f.** réseaux **g.** CV, contacts **h.** données personnelles
502. a. s'inscrire **b.** mot de passe **c.** profil **d.** réseau **e.** données **f.** paramétrer **g.** ajouter **h.** laisser

Bilan 1 : 1. gauche **2.** droite **3.** droit **4.** loin **5.** côté **6.** face **7.** jusqu'au **8.** retrouver **9.** vœux **10.** souhaite **11.** réveillon **12.** Noël **13.** galette **14.** Pâques **15.** fête **16.** artifice **17.** bal **18.** fiançailles **19.** fête **20.** anniversaire **21.** cadeau **22.** inscrire **23.** passe **24.** ajouter **25.** données

Bilan 2 : 1. réseau **2.** prenez **3.** droite **4.** droit **5.** face **6.** retrouvés **7.** anniversaire **8.** fête **9.** traverse **10.** robe **11.** bague **12.** photographe **13.** vœux **14.** marié **15.** maire **16.** mariage **17.** témoin **18.** postées **19.** danser **20.** cadeaux

Chapitre 18

503. a.4 **b.**2 **c.**6 **d.**3 **e.**1 **f.**5
504. a. contes **b.** romans **c.** écrivains **d.** poésie
505. a. littérature **b.** roman **c.** écrivain **d.** nouvelles **e.** lecture
506. a. On peut apprendre des expressions amusantes dans les BD. **b.** Dans ce roman, il y a une histoire très originale. **c.** Il y a une très bonne biographie de Napoléon. **d.** Une fée est un personnage de conte.
507. a. roman **b.** bande dessinée **c.** écrivain **d.** histoire **e.** personnage **f.** pièce **g.** poète **h.** conte
508. a.3 **b.**4 **c.**1 **d.**7 **e.**5 **f.**6 **g.**2
509. a. titre **b.** genre **c.** réalisateur **d.** salle **e.** acteur **f.** actrice **g.** personnage
510. a. dessins animés **b.** la queue à la caisse pour acheter les billets **c.** avec des sous-titres **d.** doublée **e.** écran **f.** critiques des films
511. a. cinéma **b.** salle **c.** écran **d.** originale **e.** sous-titres **f.** réalisateur **g.** actrice
512. a. En général, je vais voir des films d'action. **b.** Avec ma copine, on aime aller à la dernière séance. **c.** On s'installe à trois ou quatre rangées de l'écran. **d.** Il y a des publicités avant le film. **e.** La lumière s'éteint et on voit le générique du film. **f.** Quelquefois, nous allons voir un dessin animé. **g.** Ma copine aime bien les films d'horreur. **h.** Nous aimons aussi nous détendre avec une comédie.
513. a. comédie **b.** policier **c.** science-fiction **d.** dessin animé **e.** documentaire
514. a. salle **b.** écran **c.** titre **d.** actrice **e.** version originale **f.** sous-titres **g.** réalisateur
515. a.2 **b.**4 **c.**1 **d.**3 **e.**7 **f.**5 **g.**6
516. a. son nom **b.** la manière artistique **c.** un dessin **d.** un pinceau **e.** son atelier
517. a. Ce tableau a été peint au XIXe siècle par Monet. **b.** Cette sculpture est le chef-d'œuvre de l'artiste. **c.** Il y a une nouvelle expo de dessins. **d.** Le peintre met des couleurs avec son pinceau. **e.** Ce tableau représente l'atelier de l'artiste.
518. a. style **b.** époque **c.** images **d.** signé **e.** atelier **f.** billet
519. a. tableau **b.** œuvre **c.** titre **d.** pinceau **e.** dessin **f.** ateliers **g.** exposition **h.** sculpteur
520. a.2 **b.**3 **c.**6 **d.**1 **e.**4 **f.**5
521. a. faux **b.** faux **c.** faux **d.** vrai
522. a. musicien **b.** concert **c.** salle **d.** instrument **e.** joue **f.** orchestre
523. a. C'est un concert avec une très bonne ambiance. **b.** Je voudrais chanter une chanson en français. **c.** Vous avez une belle voix de chanteur ! **d.** Il joue du piano dans un orchestre. **e.** À la fin du spectacle, le public applaudit. **f.** Je veux voir ce chanteur sur scène.
524. a. voix **b.** chanteuse **c.** scène **d.** spectacle **e.** lumières **f.** applaudir
525. a. joue **b.** spectacle **c.** applaudit **d.** concert **e.** instrument **f.** orchestre **g.** ambiance

Bilan 1 : 1. littérature **2.** écrivains **3.** roman **4.** nouvelles **5.** pièce **6.** contes **7.** bandes dessinées **8.** poète **9.** film **10.** salle **11.** réalisateur **12.** acteur **13.** critiques **14.** personnage **15.** histoire **16.** festival **17.** exposition **18.** peintures **19.** œuvre **20.** atelier **21.** concert **22.** orchestre **23.** chanteuse **24.** spectacle **25.** Applaudit

Bilan 2 : 1. joue **2.** instrument **3.** images **4.** écran **5.** tableau **6.** peinture **7.** reproduire **8.** chanson **9.** film **10.** histoire **11.** œuvres **12.** littérature **13.** romans **14.** poèmes **15.** spectacle **16.** salle **17.** scène **18.** public **19.** applaudissements **20.** lumières

Chapitre 19

526. a.2 **b.**5 **c.**3 **d.**4 **e.**6 **f.**1
527. a. passez **b.** sur la plage **c.** brune **d.** le soleil **e.** du poisson **f.** sans voile **g.** peuvent
528. a. Toute la famille part deux semaines au bord de la mer. **b.** J'adore prendre des bains de soleil sur le sable. **c.** Il y a une école de voile sur la plage. **d.** Il faut mettre de la crème contre les coups de soleil.
529. 1. vacances **2.** bord **3.** bains **4.** plage **5.** sable **6.** parasol **7.** coups **8.** bronze **9.** nager **10.** bateau **11.** voile **12.** plongée
530. a.2 **b.**5 **c.**4 **d.**3 **e.**1
531. a.1 **b.**1 **c.**1 **d.**2 **e.**1 **f.**2 **g.**1
532. a. montagne **b.** randonnée **c.** skier **d.** piste **e.** station **f.** remontées
533. a. randonnée **b.** ski **c.** piste **d.** fond, remontées mécaniques
534. a.4 **b.**1 **c.**2 **d.**3 **e.**5
535. a. réserver **b.** chambre **c.** numéro **d.** nuits **e.** réception **f.** petit-déjeuner **g.** inclus **h.** servi
536. a.3 **b.**1 **c.**5 **d.**2 **e.**4
537. a. je ne peux pas venir avec mon chien **b.** je ne paie pas **c.** propre **d.** étoiles **e.** avant
538. a. combien **b.** nuit **c.** double **d.** clé **e.** vue **f.** côté **g.** jusqu'à **h.** montrer
539. a.7 **b.**2 **c.**5 **d.**4 **e.**6 **f.**3 **g.**1
540. a. installer **b.** placard **c.** couverture **d.** baignoire **e.** serviette **f.** connexion
541. a. nuits **b.** simple **c.** étoiles **d.** rends **e.** note **f.** connexion **g.** gratuite **h.** couverture **i.** placard. **j.** sale
542. a.2 **b.**4 **c.**3 **d.**1 **e.**6 **f.**5
543. a. un séjour **b.** des excursions **c.** le petit-déjeuner et le déjeuner **d.** une pension complète **e.** je vais dans un autre pays **f.** changer **g.** se vacciner
544. a. office **b.** organise **c.** séjour **d.** circuit **e.** itinéraire **f.** demi-pension **g.** étranger **h.** passeport **i.** visa
545. a.4 **b.**1 **c.**6 **d.**3 **e.**2 **f.**5
546. suppléments, entrée, pourboire, guides, artisanat, produits, gastronomie
547. a. le guide **b.** traditionnels **c.** un petit objet **d.** un car **e.** une navette **f.** c'est annulé **g.** de la nature
548. a. organisé **b.** croisière **c.** excursions **d.** pension **e.** circuit **f.** séjour **g.** activités
549. a. à l' **b.** voyage **c.** sur **d.** à l'office de tourisme **e.** consulat **f.** vaccinations **g.** de changer
550. a.7 **b.**3 **c.**2 **d.**5 **e.**1 **f.**4 **g.**6
551. a.6 **b.**7 **c.**5 **d.**4 **e.**8 **f.**2 **g.**3
552. a. souvenir **b.** excursion **c.** annulée **d.** étranger **e.** artisanal **f.** gastronomie **g.** navette **h.** réduction

Bilan 1 : 1. vacances **2.** bord **3.** plage **4.** sable **5.** baigner **6.** nager **7.** croisière **8.** pêcher **9.** voile **10.** randonnée **11.** station **12.** piste **13.** réserve **14.** étoiles **15.** double **16.** nuit **17.** compris **18.** pension **19.** gratuit **20.** séjour **21.** circuit **22.** pourboire **23.** étranger **24.** excursion **25.** annulé

Bilan 2 : 1. voyages **2.** séjour **3.** sous-marin **4.** plongée **5.** poissons **6.** montagne **7.** hiver **8.** chambre **9.** pistes **10.** fond **11.** randonnée **12.** étrangers **13.** groupe **14.** sable **15.** cheval **16.** gastronomie **17.** produits **18.** voile **19.** guide **20.** sites

Chapitre 20

553. a.1 **b.**3 **c.**2 **d.**6 **e.**4 **f.**5
554. a. les petites annonces **b.** louer **c.** colocation **d.** immobilière **e.** de déménageurs **f.** salaire
555. a. agence immobilière **b.** loyer **c.** locataire **d.** propriétaire **e.** petites annonces **f.** emménager **g.** déménageurs **h.** voisin
556. a. colocation **b.** location **c.** petites annonces **d.** propriétaire **e.** fiches **f.** loyer **g.** charges
557. a. colocation **b.** loyer **c.** charges **d.** déménageurs **e.** emménager
558. a. loyer **b.** louons **c.** location **d.** charges **e.** j'emménage **f.** colocation **g.** voisins
559. a.3 **b.**2 **c.**6 **d.**1 **e.**5 **f.**4
560. a. emménager **b.** nounou **c.** s'abonner **d.** crèche **e.** place **f.** inscrire
561. a. service **b.** abonné **c.** compteur **d.** crèche **e.** nounou **f.** inscrire **g.** maternelle
562. a. Nous allons inscrire notre fille à l'école maternelle. **b.** Je dois m'abonner à Internet. **c.** Vous avez le gaz ou l'électricité ? **d.** Il n'y a pas de place à la crèche.
563. a. nounou **b.** crèche **c.** maternelle **d.** primaire **e.** collège **f.** lycée
564. a.5 **b.**4 **c.**3 **d.**1 **e.**6 **f.**2
565. a. un justificatif **b.** ma facture **c.** prélèvement **d.** virement **e.** bancaire **f.** secret **g.** chèque
566. a. compte **b.** remplir **c.** justificatif **d.** Relevé **e.** numéro
567. a. Nous avons besoin de votre RIB. **b.** Le salaire est viré directement sur votre compte bancaire. **c.** Vous devez taper votre code secret maintenant. **d.** Il faut écrire votre numéro de compte derrière le chèque. **e.** La facture de gaz est prélevée directement sur mon compte.
568. a. factures **b.** justificatif de domicile **c.** Relevé Identité Bancaire **d.** virement **e.** prélèvement **f.** carte **g.** code secret
569. a.2 **b.**3 **c.**6 **d.**1 **e.**5 **f.**4
570. a. maison **b.** maison **c.** maison **d.** santé **e.** maison **f.** santé
571. a. vrai **b.** vrai **c.** faux **d.** faux **e.** vrai **f.** faux **g.** vrai
572. a. incendie **b.** santé **c.** plainte **d.** agression **e.** cambriolage **f.** ambulance
573. a. la fuite **b.** un incendie

Corrigés

c. une ambulance d. au commissariat. e. crise cardiaque f. la police
574. a. fuite b. incendie c. vol d. cambriolage
575. a. fuite **b.** plombier c. assurance **d.** ambulance **e.** feu **f.** pompiers
576. a. fuite **b.** plombier c. cambriolage **d.** vol **e.** incendie, pompiers **f.** ambulance

Bilan 1 : 1. louons **2.** location **3.** loyer **4.** propriétaire **5.** colocation **6.** déménageurs **7.** emménages **8.** compteur **9.** abonner **10.** crèche **11.** nounou **12.** maternelle **13.** primaire **14.** collège **15.** lycée **16.** compte **17.** formulaires **18.** justificatif **19.** RIB **20.** viré **21.** factures **22.** prélever **23.** cambriolage **24.** fuite **25.** pompiers

Bilan 2 : 1. loyer **2.** feuilles **3.** colocation **4.** abonnement **5.** location **6.** charges **7.** malaise **8.** ambulance **9.** propriétaire **10.** louer **11.** cartons **12.** emménage **13.** santé **14.** fuites **15.** cambrioleurs **16.** compteur **17.** incendie **18.** pompiers **19.** crèche **20.** nounous

Chapitre 21

577. a. torchon **b.** office c. brigade **d.** second **e.** tablier **f.** vestiaire **g.** changer
578. a. une brigade **b.** chapeau c. tablier **d.** au vestiaire **e.** le second
579. a. hotte aspirante **b.** friteuse c. chambre froide **d.** fourneau **e.** four **f.** stockage **g.** plonge
580. a. la hotte **b.** stocke c. le fourneau **d.** au vestiaire **e.** la plonge **f.** le grill
581. a. fouet **b.** pince c. passoire **d.** louche **e.** écumoire **f.** râpe **g.** balance **h.** robot
582. a. un fouet **b.** louche

c. une râpe **d.** une écumoire e. une passoire **f.** le robot **g.** une balance
583. a.4 **b.**1 **c.**5 **d.**3 **e.**2
584. a. recette **b.** ingrédients c. quantité **d.** poids **e.** gr **f.** boîte **g.** kg **h.** demi **i.** cuillerée
585. a. vinaigrette **b.** moutarde c. arachide, olive **d.** maïs, tournesol **e.** mayonnaise **f.** béchamel **g.** tartare **h.** poivre **i.** crème
586. a. chaude **b.** de l'huile c. des cornichons **d.** chaude e. de la crème fraîche **f.** un assaisonnement **g.** de l'huile et du vinaigre
587. a. ciboulette **b.** menthe c. safran **d.** bouquet garni e. thym, laurier **f.** vanille, cannelle
588. a. thym **b.** persil **c.** basilic **d.** ciboulette **e.** menthe **f.** cannelle
589. a. dénoyauter **b.** ajouter c. surveiller **d.** sert
590. a. la peau **b.** mettre en plus c. dénoyaute **d.** verser **e.** servir **f.** surveiller
591. a. nappe **b.** assiette c. couteau **d.** cuiller/cuillère e. petite cuiller/cuillère **f.** fourchette **g.** corbeille **h.** serviette **i.** carafe
592. a.3 **b.**1 **c.**5 **d.**2 **e.**4 **f.**8 **g.**6 **h.**9 **i.**7
593. a. voiturier **b.** bagagiste c. groom **d.** blanchisserie e. conciergerie **f.** h/24 (heures sur 24)
594. a. un palace **b.** ouvre les portes c. à la blanchisserie **d.** réception **e.** marcher **f.** 24h/24 **g.** gare ou va chercher les voitures des clients.
595. a. employé, plateau **b.** salé, sucré **c.** brouillés, coque, omelette, plat **d.** remplir
596. a. commande **b.** plateau c. sucré **d.** salé **e.** coque **f.** omelette
597. a. filiales **b.** salariés c. accueil **d.** service **e.** direction **f.** marketing **g.** ressources humaines

598. a. service financier **b.** entreprise **c.** achats **d.** ventes e. logistique **f.** informatique
599. a. employée **b.** filiale c. accueil **d.** direction **e.** ventes **f.** comptabilité
600. a. ordre du jour **b.** présentation **c.** compte-rendu **d.** chiffre d'affaires **e.** stage **f.** évaluation **g.** rapport de stage **h.** formation
601. a. réunion **b.** ordre c. présentation **d.** compte-rendu e. formation **f.** évaluation

Annexes

603. 1c, 2s, 3r, 4a, 5e, 6i, 7u, 8k, 9q,10h,11j, 12g
604. a. deu **b.** deuz **c.** deu **d.** deu **e.** deuz
605. a. Philippe **b.** Christophe c. Jean **d.** d.berthier@free.fr
606. a. oui **b.** oui **c.** oui **d.** non **e.** non **f.** oui
607. a.d, **b.**s, **c.**o, **d.**t
608. a.5 **b.**7 **c.**8 **d.**6 **e.**1 **f.**4 **g.**3 **h.**2
609. A, R, E : Gabriel
610. a. six **b.** huit **c.** un **d.** neuf e. quatre **f.** deux **g.** cinq **h.** sept
611. a.16 **b.**15 **c.**12 **d.**18 **d.**14 **f.**19 **g.**13 **h.**11
612. a.11 **b.**5 **c.**15 **d.**7 **e.**18 **f.**13 **g.**9 **h.**2 **i.**12 **j.**1 **k.**17 **L.**14
613. a. treize **b.** onze **c.** dix-huit **d.** dix-neuf **e.** dix-sept
614. a. trente-sept **b.** vingt-quatre **c.** soixante-deux **d.** quarante et un **e.** soixante et onze **f.** quatre-vingt-huit **g.** cinquante-trois **h.** quatre-vingt-quinze
615. a. 34 **b.** 26 **c.** 42 **d.** 71 **e.** 68 **f.** 33 **g.** 59 **h.** 62 **i.**72 **j.** 85 **k.**95 **L.**38
616. a. quinze = moins **b.** cinquante = plus **c.** soixante-dix-huit = plus **d.** quatre-vingt-trois = moins
617. a.2 **b.**3 **c.**4 **d.**1
618. a. le vingt-cinq mai deux mille dix-sept **b.** le deux juin deux mille trois **c.** le quatorze juillet deux mille un

d. le premier décembre deux mille douze **e.** le quinze août mille neuf cent quatre-vingt-neuf / dix-neuf cent quatre-vingt-neuf **f.** le vingt et un février mille huit cent quatre-vingt-trois / dix-huit cent quatre-vingt-trois **g.** le trente et un décembre mille sept cent quatre-vingt-onze / dix-sept cent quatre-vingt onze
619. a. le six avril deux-mille seize **b.** le trois mai deux mille sept **c.** le premier janvier mille neuf cent cinquante-huit **d.** le vingt et un mars mille huit cent quinze
620. a. quarante-deux **b.** soixante-treize **c.** quatre-vingt-dix **d.** soixante
621. a. ou **b.** août **c.** sur **d.** où
622. a. course **b.** court **c.** court
623. a. rencontrés **b.** raconter
624. a. montrer **b.** monter
625. a. magazine **b.** magasin
626. a. pâtes **b.** pâté **c.** pâte **d.** patte
627. a. Côte **b.** côté
628. a. place **b.** endroit **c.** journée **d.** voyage **e.** librairie **f.** bibliothèque

629. a. cours magistral **b.** lecture **c.** location **d.** lieu **e.** médecine **f.** médicament
630. a. argent **b.** monnaie **c.** roman **d.** nouvelles **e.** passer **f.** réussir
631. a. raisin **b.** raisin sec **c.** résumé **d.** C.V. **e.** se reposer **f.** reste
632. a. escalope **b.** coquille Saint-Jacques **c.** gare **d.** station **e.** usé **f.** utilisé
633. a. bonbons **b.** chocolat **c.** carte **d.** lettre **e.** taille **f.** ceinture
634. a. large **b.** long **c.** nom **d.** nombre **e.** salis **f.** sortir
635. a. soleil **b.** sol **c.** subir **d.** monter **e.** timbre **f.** sonnette
636. a. vase **b.** verre **c.** usé **d.** utiliser **e.** pépins **f.** concombre
637. a. crèche **b.** asiles **c.** autocar **d.** camion **e.** biscottes **f.** biscuits
638. a. sac **b.** Bourse **c.** chambre **d.** caméra **e.** cantine **f.** cave
639. a. dragées **b.** confettis **c.** collation **d.** petit-déjeuner **e.** déguisement **f.** costume
640. a. document **b.** papier d'identité **c.** fermier **d.** facteur

e. s'arrête **f.** ferme
641. a. compétition **b.** gare **c.** voiture **d.** machine **e.** trottoir **f.** marchepied
642. a. médecine **b.** médicament **c.** nom **d.** prénom **e.** grand-mère **f.** nonne
643. a. immeuble **b.** palais **c.** retraite **d.** pension **e.** tableau **f.** cadre
644. a. ordonnance **b.** recette **c.** bord de la mer **d.** rivière **e.** robe **f.** affaires
645. a. salir **b.** sortir **c.** entendez **d.** sent
646. a. studio **b.** atelier **c.** retourner **d.** tourner
647. a. s'occupe **b.** attendre **c.** blouse **d.** chemisier
648. a. boutique **b.** pharmacie **c.** citron **d.** cidre
649. a. cigare **b.** cigarettes **c.** coupe **d.** verre **e.** semelle **f.** sole **g.** tête **h.** front
650. a. essencerie **b.** siester **c.** chambrer **d.** taxieur **e.** légumier **f.** mêlant **g.** couché **h.** pourriel **i.** clavardage **j.** cassé **k.** café

Transcriptions

Chapitre 1

Piste 05 ex 7 Page 9

Écoutez les adresses et indiquez celle qui correspond.
1. 16 avenue Montaigne
2. 13 rue Monsieur Leprince
3. 25 rue Lafayette
4. 67 rue du Prince
5. 41 avenue d'Italie

Piste 13 Bilan 2 Page 21

Je suis étudiant et j'habite avec un colocataire. Un jour, je veux laisser un message mais le papier est trop petit, alors j'ai une idée : remplacer les noms par des nombres.
Par exemple, M1 = monsieur Martinot (un homme) ou MA2 pour madame Lemoine (une femme). Les noms des personnes, on ne sait pas comment ça s'écrit. Mais les chiffres, c'est simple !
Et j'imagine des abréviations pour des actions comme « j'ai rendez-vous avec » est RDV. Pour les jours de la semaine, on peut dire J1 pour lundi, J2 pour mardi, etc. et J4 pour jeudi. Pour le début de la journée, le matin, on écrit « 0 », pour l'après-midi « 1 » et « 2 » pour le soir. Pour le jour après aujourd'hui, j'écris J+1, c'est à dire demain, et J-1 pour hier. Pour les expressions de politesse, pour dire bonjour par exemple, j'écris « SLT » pour Salut, « STP » pour « S'il-te-plaît ! » ou « M » pour Merci ! »
Et pour la fin du message, pour « Bonne journée ! », on écrit « BJ » et « BS » pour « Bonne soirée ! » Pour « À bientôt ! », c'est « AB ».
Mon coloc' adore les codes, donc il adore ce système. Vous pouvez essayer ! Je me présente, je m'appelle 456 c'est à dire : Ludovic Laverre.

Chapitre 2

Piste 21 Bilan 2 Page 31

– Tu vois la dame qui se promène ?
– Avec son chien !
– Oui, mais c'est son mari.
– Comment ?!
– Oui, c'est une histoire bizarre ! Je vais te raconter.
Imagine un beau couple. L'homme mesure plus d'1m 80, il est grand, pas gros, mince, les cheveux bruns, le corps musclé. La femme est jolie, blonde. Ils se marient et vivent très heureux. Mais un jour, ils ont la visite d'une femme laide, aux cheveux gris. Elle explique à la femme que son mari, il y a longtemps a fait la promesse, d'épouser sa fille à elle. Alors, la mère décide de se venger. Elle a des pouvoirs magiques. Et elle réussit à transformer le beau jeune homme en petit chien, avec des petites pattes, un petit museau. Ses poils ont la couleur de ses cheveux. Et il a les yeux bleus ! La femme est bien sûr triste de ne plus avoir son mari mais il reste le chien avec qui elle passe beaucoup de temps, elle lui parle, écoute ? Qu'est-ce qu'elle dit ?
« Tu n'es pas trop fatigué mon chéri ? Viens, on rentre à la maison... »

Chapitre 3

Piste 33 Bilan 2 Page 43

Je connais un petit village de *Provence* avec un quartier qui n'est pas sur la carte Mais il existe ! Vous quittez la route principale, il n'y a pas d'indications, vous êtes sur un chemin, vous arrivez dans une forêt avec de jolis arbres. Au 20e siècle, une famille très riche s'installe là, et comme elle adore l'endroit et veut rester tranquille, elle fait tout pour ne pas être sur les plans de la mairie. Un membre de leur famille devient maire, et il s'assure que le lieu reste secret. Alors, derrière des maisons assez banales, la famille fait construire des places avec des fontaines, des parcs avec des fleurs et des animaux, et même un petit lac avec un pont qui passe dessus. Sur une colline, des vignes poussent pour faire du vin. Tout un univers secret ! Et la famille a la vue sur les montagnes, au loin. Si vous êtes curieux et si vous discutez avec les habitants des petits villages de la région, vous allez peut-être découvrir cet endroit extraordinaire un jour....

Chapitre 4

Piste 47 Bilan 2 Page 57

J'habite dans un très joli immeuble. Mon appartement est grand, sa superficie est de 80m². Il a deux belles chambres pour dormir, un séjour et deux salles de bains. La cuisine est grande, on peut manger dedans. Les murs sont en bois et il y a du parquet au sol. On est au deuxième étage. Il y a un ascenseur mais je préfère prendre les escaliers. Une gardienne vient faire le ménage et sort les poubelles.
Sur le balcon, on a une table et des chaises, on peut faire des repas. On a la vue sur un jardin collectif. C'est presque comme une maison. On a aussi une cave pour garder du vin ou des vieux meubles.

Chapitre 5

Piste 52 ex 152 Page 60

Écoutez et complétez le dialogue.
Exemple : – Allô ! T'es où ?
– Au cinéma. Je rentre à la maison vers 18h.
a. – Tu viens comment à l'école ?
– en métro.
b. – Vous allez où ?
– À la bibliothèque.
c. – Zut ! je dois retourner au bar, j'ai oublié mon portable...
d. – Tu rentres dans ton pays pour les vacances ?
– Non, je reste ici.
e. – Tu es prêt ?
– Oui !
– Alors on y va !

Piste 57 Bilan 2 Page 68

J'adore mon robot !
Mon robot est formidable. Tous les matins, il me réveille avec ma musique préférée. Il regarde si je me lève, sinon il passe une musique horrible. Il me donne des infos sur la météo de la journée. On va à la cuisine, un bon petit-déjeuner m'attend sur la table. Dans la salle de bains, je prends ma douche. Ensuite, on retourne dans ma chambre. Il me conseille pour choisir mes vêtements, il a un meilleur goût que moi. Je m'habille et il m'aide à mettre mes chaussures. Elles sont toujours propres grâce à lui. Si nous avons un peu de temps, on peut jouer aux échecs, et quand c'est l'heure de partir il ouvre la porte. Il sait à quelle heure je vais arriver au travail. S'il pleut, il me prépare un parapluie. Le soir, quand je rentre à la maison, il cherche un film sur Internet et je le regarde sur l'écran de télé. D'habitude, je lui demande de me lire un livre ou me raconter une histoire. Il imagine chaque soir une histoire différente. Il sort aussi les poubelles, fait les courses, va chercher du pain et passe l'aspirateur ! J'ai de la chance, mon robot est parfait !

Chapitre 6

Piste 66 Bilan 2 Page 78

Bonjour je suis l'inventeur d'objets extraordinaires. Par exemple, une bouteille en verre impossible à casser, elle est réutilisable à l'infini (ce sont des kilos de plastique en moins dans la nature !). On n'a pas besoin de brancher mon appareil de radio à une prise, il fonctionne avec l'énergie du soleil. C'est l'énergie verte ! Dans cette trousse, j'ai aussi un stylo magique, il efface uniquement les erreurs. Et pour bricoler, mon marteau peut travailler seul. Et une lampe spéciale, elle change de couleur en fonction de votre humeur. Pas mal non ? Ces objets ne m'appartiennent pas, ils sont à vous tous ! Je vous les prête ! Utilisez-les pour une planète plus belle !

Chapitre 7

Piste 74 Bilan 2 Page 89

Un jour, je fais une mauvaise manipulation sur le clavier de mon téléphone portable.
J'appuie sur la mauvaise touche, * étoile ou # dièse, je ne sais pas. J'entends que ça sonne et quelqu'un décroche. Je dis.
– Allô !
– Oui, j'écoute.
– Excusez-moi de vous déranger, je voulais juste essayer mon téléphone... C'est une erreur.
– Je vous en prie. Ce n'est pas grave Qui est à l'appareil !
– Je m'appelle François.
– Vous êtes en France !
– Non, pourquoi. Je suis au Québec !

– Ah c'est super !
– Je suis d'accord !
– Vous parlez français, avec un accent qui me plaît !
Maintenant, nous sommes des amis. On s'envoie des e-mails. Il joint des photos de sa ville. Je trouve ça très intéressant des photos de l'hiver, moi je préfère la chaleur mais je suis sûr qu'un jour je vais aller là-bas.

Chapitre 8

Piste 76 ex 235 Page 90

Écoutez et complétez les phrases avec un nom de fruit.
Exemple : Tu veux une pomme ?
– Non, je préfère une ... *poire* ...
a. Un kilo de cerises, s'il vous plaît.
b. Je prends un jus d'abricot.
c. On fait une salade de fruits avec de la pêche, de la fraise, de la clémentine et du raisin.
d. En entrée, on mange un pamplemousse ou un melon ?

Piste 91 Bilan 2 Page 103

Le restaurant « Chez grand-mère » a une spécialité : le plat surprise. Personne ne sait comment c'est possible mais ça marche ! Quand un client arrive et qu'il commande le menu surprise, quelques minutes après le serveur apporte l'entrée Par exemple, une salade de pommes de terre un peu chaude, avec des œufs durs et du thon. Ou, si vous préférez, votre pâté favori, avec des cornichons. C'est fait exactement comme par votre grand-mère. Il a le même goût. Ensuite, c'est le plat principal, par exemple du poulet avec des légumes frais, des petits pois, des carottes. Pour d'autres personnes, c'est un gigot d'agneau avec des pâtes. Ensuite, votre fromage préféré, par exemple le chèvre choisi par votre grand-mère, pas trop fort, avec une baguette de pain bien fraîche. On peut aussi vous apporter une bouteille de votre vin préféré, par exemple un bordeaux rouge. Et bien sûr, votre dessert, par exemple une mousse au chocolat comme chez votre grand-mère. Et une tasse de votre café favori. Personne ne connaît le secret du restaurant pour faire ça. Mais c'est une expérience unique !

Chapitre 9

Piste 98 ex 293 Page 110

Écoutez et complétez les produits de la liste de courses.
Homme – On a besoin de quoi ?
Femme – Alors, il faut du riz.
Homme – Des œufs ?
Femme – Non, il en reste. Mais du lait, il faut 6 briques de lait.
Homme – On prend des biscottes pour le petit-déjeuner ?
Femme – Non, je préfère du pain de mie et deux pots de confiture. Et il faut des biscuits et 2 tablettes de chocolat noir.
Homme – On peut prendre des chips. Et des haricots surgelés. Tu préfères des yaourts ou du fromage blanc ?
Femme – Du fromage blanc. Et des cacahuètes pour l'apéro. Il faut aussi du dentifrice et du shampoing.
Homme – Et il faut des mouchoirs en papier.
Femme – Une savonnette pour toi, et du gel douche pour moi.
Homme – De l'eau de javel.
Femme – Bon, on a tout ?
Homme – C'est bon, on y va !

Piste 101 ex 303 Page 113

Écoutez les dialogues et complétez.
a. (*vendeuse*) – Vous réglez comment ?
(*client*) – En espèces.
b. (*vendeur*) – Je vous laisse taper votre code.
(*cliente*) – Voilà !
c. (*cliente*) – C'est combien ?
(*vendeur*) – Alors, ça fait 28€60 s'il vous plaît.
d. (*vendeuse*) – 18 € 50 s'il vous plaît.
(*client*) – Voilà 20 €
(*vendeuse*) – Merci Monsieur, alors 18, 50 ; 19 et voilà 20.
e. (*une jeune femme*) – On va acheter une bouteille d'eau au distributeur !
(*un jeune homme*) – D'accord, mais j'ai seulement une pièce d'1 euro.
f. (*femme*) – Tu vas souvent dans les magasins ?
(*homme*) – Pour l'alimentation, oui, mais pour les vêtements, j'achète beaucoup sur des sites en ligne.
g. (*femme 1*) – ça fait combien ?
(*femme 2*) – 12 € chacune.
(*femme 1*) – Tiens ! je n'ai pas mon porte-

monnaie ! tu peux me prêter 12 € ?
(*femme 2*) – Oui, bien sûr !

Piste 102 Bilan 2 Page 115

Un jour, je passe devant une boutique. Je remarque son nom : « Vis tes rêves ! » Curieux, j'entre. Et c'est une immense librairie, avec bien sûr des livres neufs ou d'occasion, des stylos, des journaux, des magazines, mais aussi un salon pour boire un verre, on propose du cidre, de la bière, des petits fours, de la brioche. On peut aussi manger de la charcuterie, une tranche de jambon ou du pâté, des sandwichs avec du fromage, des cacahuètes et un verre de vin pour prendre l'apéro. Il y a des fruits sans produits chimiques, bio. Mais la grande originalité, ce sont les artistes, ils sont présents et utilisent des emballages en carton, des boîtes de conserve, des sacs en plastique, des briques de soupe pour faire de belles installations. Je vois des (faux !) billets de banque d'un euro de couleur bleue, des pièces de 10 centimes en chocolat. Les clients discutent ensemble ou avec les artistes. C'est très convivial. Ils ont un site sur Internet avec le programme des activités et on peut laisser des messages. Finalement, l'endroit porte bien son nom.

Chapitre 10

Piste 113 Bilan 2 Page 127

Un jour, dans un magasin de prêt-à-porter, j'essaie une jolie veste rouge et quand je mets la main dans la poche, je trouve un petit papier. C'est un numéro de téléphone. Curieuse, je garde le papier, paie mes achats (un pull en laine, une jupe longue et une paire de bottes en cuir), et je sors. Dans la rue, je prends mon téléphone et j'appelle. C'est une jeune femme qui répond. Elle comprend tout de suite quand je parle du papier avec le numéro. Elle travaille comme mannequin pour une maison de haute-couture. Elle adore les vêtements et elle fait ça pour parler de mode avec quelqu'un.
J'adore aussi les vêtements, alors maintenant, on s'appelle souvent. Je vais la voir quand elle participe à un défilé. Elle porte des vêtements incroyables, très élégants, des manteaux de créateur, sans oublier les chaussures avec des talons très hauts. Moi, j'aime surtout les bijoux, je ne résiste pas devant des boucles d'oreilles ou une bague en argent. Un petit morceau de papier peut apporter une grande amitié !

Chapitre 11

Piste 121 Bilan 2 Page 140

Il y a un nouveau jeu vidéo, il existe sur console ou en réseau. Le principe : on vit dans une maison virtuelle. On doit répondre à des questions, par exemple : sur les règles du foot, sur les chevaux (vous devez connaître l'équitation, sur les bateaux à voile, ou sur la musique : on doit chanter une chanson. Ou en jardinage, quel engrais doit être donné à une plante ? Si on répond bien, on peut avoir des objets virtuels, comme des outils de bricolage. S'il y a une réparation à faire, on peut utiliser un marteau On peut obtenir un tuyau d'arrosage pour le jardin, des recettes de cuisine pour se faire des plats. Des aiguilles et du fil pour coudre. Mais si on répond mal, on perd ces objets. On peut trouver des informations dans les livres de la bibliothèque Et on est en compétition avec d'autres joueurs, c'est une course, le plus rapide gagne. Dans ce jeu étonnant, la réalité et la fiction se mélangent ! On prépare une nouvelle version pour jouer dans une vraie maison !

Chapitre 12

Piste 127 Bilan 2 Page 151

Dans le futur, on peut imaginer le corps humain réparé, comme une voiture aujourd'hui. On met des prothèses à la place d'une main coupée dans un accident ou d'une jambe blessée. Sur le squelette, un os peut être remplacé par du métal. Ça marche aussi pour un organe comme un cœur pour faire circuler le sang, des poumons pour respirer ou des reins pour filtrer les déchets. Pour soigner les organes du ventre, on remplace l'estomac pour la digestion ou le foie par des machines artificielles. C'est plus difficile de changer le cerveau. On fait déjà de la peau artificielle pour les brûlés. Mais peut-on être protégé des virus, comme le Sida, ou des maladies comme le cancer ? Ce serait triste d'arriver à l'âge de 300 ans et de mourir d'une grippe !

Chapitre 13

Piste 133 Bilan 2 Page 161

Il y a de plus en plus de professions avec des robots. Dans les usines, ils travaillent à la place des ouvriers pour fabriquer des voitures. Dans un jardin, ils peuvent tondre une pelouse pendant des heures sans se fatiguer. Dans les grands sites de vente sur Internet, ils préparent des colis. À l'entrée d'un magasin, ils peuvent accueillir les clients avec un sourire. Et dans les écoles, des programmes informatiques peuvent enseigner une grande variété de sujets. En médecine, ils aident les chirurgiens dans leurs opérations. Bientôt, on peut imaginer des voitures sans chauffeurs pour livrer les objets chez nous. Mais il n'y a pas de robot plombier pour réparer une fuite d'eau, ou un robot kiné pour des massages, après une opération. Pas de robot non plus dans les salons de coiffure, dans les cabinets d'avocats ou de psy. Pour ces métiers, il y du travail jusqu'à la retraite !

Chapitre 14

Piste 139 Bilan 2 Page 173

Offre d'emploi

Je suis directrice financière au siège d'un grand groupe du secteur du luxe. Nos locaux sont dans une tour du quartier d'affaires. J'ai un grand bureau au dernier étage et je gère plus de 100 salariés.
Je cherche une nouvelle personne pour mon équipe. Je n'ai pas besoin d'un(e) assistant(e) pour me taper des textes sur l'ordinateur, imprimer des documents, relire mes courriers. Non, je veux une personne pour me lire des textes. Je peux lire moi-même, je n'ai pas de problème de vue, mais j'adore entendre quelqu'un lire pour moi, de la littérature, de la poésie. Alors, l'homme ou la femme, peu importe, doit avoir une formation artistique. La DRH va organiser un recrutement et choisir le/la meilleur(e) candidat(e) Dans une salle de réunion magnifique, son travail va être de lire les plus beaux textes de la langue française. Pour moi, c'est comme écouter de la musique. De la musique vivante...

Chapitre 15

Piste 144 Bilan 2 Page 181

Dans les grandes villes, il est difficile d'accepter la pollution de l'air et le bruit provoqués par les transports. Il est déjà possible d'aller à l'aéroport avec des transports électriques. On descend dans une station pour prendre le métro. Après un trajet de quelques minutes, on arrive dans une gare. Là, un train, électrique aussi, attend sur une voie. Sur les rails, nous roulons jusqu'à l'aéroport. Là, il faut peut-être utiliser une petite navette d'une aérogare à l'autre, un petit métro automatique, non-polluant également ou un bus hybride. Ensuite, il faut prendre l'avion, lui est polluant.
À l'aéroport, la technologie permet déjà de faciliter l'enregistrement des bagages et les contrôles de sécurité sont automatisés. Leur carte d'embarquement est sur leur téléphone. Alors, il faut espérer que la technologie va vite évoluer. Imaginons des moteurs électriques sous les ailes des avions. Les passagers, détendus, entrent à bord de l'avion, vont à leur siège, mettent leur ceinture, ils regardent le paysage par le hublot. Ils entendent un léger bruit au moment du décollage. A l'arrivée, ils peuvent atterrir sans problème sur des pistes près de sites naturels. Ils ont l'esprit tranquille parce qu'ils savent qu'ils ne détériorent pas la planète. Alors, ils voyagent souvent. Les vols sont moins chers. L'avion est maintenant un métro volant !

Chapitre 16

Piste 150 Bilan 2 Page 190

Mon amie adore partir en vacances avec son vélo électrique. Si c'est difficile de pédaler car la route monte le moteur est là. Il y a bien sûr une batterie pour stocker l'énergie. Son mari est le spécialiste en cas de problème : s'il y a une crevaison, il répare le pneu, ou remet la chaîne en place. Et pour ces longs trajets, ils portent un casque. Ils utilisent beaucoup moins leur voiture. Ils ont le permis de conduire mais la voiture, c'est trop cher (faire le plein d'essence, changer une pièce, par exemple, un phare pour la lumière et puis ce n'est pas écologique.
Leur rêve, c'est une voiture électrique et

entièrement automatique : on s'assoit sur le siège, on attache sa ceinture, on tape la destination sur le GPS, et la voiture s'occupe de tout. Elle démarre le moteur, elle roule sur la route, met le clignotant quand c'est nécessaire. À l'arrivée, elle gare le véhicule et ouvre la portière en disant « vous êtes arrivé ! » Mais elle ne sait pas changer une roue ...

Chapitre 17

Piste 155 Bilan 2 Page 199

Je reçois l'adresse sur ma page d'un réseau social. Je tape le numéro et la rue sur le GPS de ma voiture. J'entends la voix : « prenez la 2e rue à droite et la 3e à gauche, continuez tout droit jusqu'au numéro dix, arrêtez-vous. Allez en face. C'est un restaurant. J'entre. Il n'y a pas de lumière. Je regarde autour de moi. Et la lumière s'allume. Tous mes amis sont là. Ils se sont tous retrouvés ici, pour me faire une surprise. Mais ce n'est pas mon anniversaire, même pas ma fête ! Ils me font signe de continuer. Je traverse une salle, je descends un escalier. Une femme est assise. Elle porte une belle robe blanche. Tout le monde est bien habillé. Un homme me fait signe de m'asseoir, il prononce quelques phrases, mais il y a de la musique et je n'entends rien. La femme me passe une bague au doigt. Un photographe fait notre portrait. Tout le monde applaudit. Je ne comprends pas ce qui se passe. Un ami me dit : « Tous mes vœux de bonheur ! »
– Mais, pourquoi !
– Tu es marié, maintenant, c'est le maire qui est là.
– Quoi, c'est une blague !?
– Non, c'est un nouveau concept. Après l'anniversaire surprise, c'est le mariage surprise ! Et je suis ton témoin. Les vidéos sont déjà postés sur Internet ! Maintenant, il y a un grand repas et on va danser. Tu as aussi plein de cadeaux. Tu es content ? »
Je déteste les surprises ...

Chapitre 18

Piste 160 Bilan 2 Page 207

J'ai un piano très spécial. Je joue de mon instrument et des images apparaissent sur un grand écran. Ce sont des improvisations. Par exemple, un tableau représente un lac tranquille pour du Bach, ou une peinture rouge pour du rock. Le piano peut aussi reproduire des scènes de cinéma. Pour une chanson romantique, on peut voir un film avec une histoire d'amour. Je peux aussi être inspirée par la lecture d'œuvres de la littérature, des romans de science-fiction, des poèmes qui ont déjà une musique des mots. C'est un spectacle très complet. Et j'utilise ce système dans une salle de concert, je suis sur une scène et le public peut réagir. Il y a beaucoup d'applaudissements ! À ce moment-là, toutes les lumières s'éteignent et on voit juste mon visage en gros plan avec un grand sourire...

Chapitre 19

Piste 167 Bilan 2 Page 217

Notre agence est spécialisée dans les voyages différents. Nous proposons un séjour dans un hôtel sous-marin, avec la possibilité de faire de la plongée pour admirer les nombreux poissons tout autour.
Nous avons aussi un hôtel de glace en montagne pour les fans de sports d'hiver. La chambre a un accès direct aux pistes de ski. Pour les gens qui préfèrent le ski de fond, ou pour les personnes qui aiment la randonnée, les possibilités sont illimitées.
Pour les personnes aimant découvrir des pays étrangers, nous organisons des voyages en groupe dans le désert, avec la visite des dunes de sable à cheval. Vous pouvez goûter la gastronomie de la région, découvrir les produits locaux dans les villages de nomades. Vous pouvez même faire du bateau à voile sur un lac. Avec l'aide d'un guide, vous découvrez des sites naturels exceptionnels. Vous comprenez pourquoi notre devise est : vous ne pouvez pas trouver ça ailleurs !

Chapitre 20

Piste 172 Bilan 2 Page 226

Cédric est étudiant à Nice. Il ne peut pas payer un loyer tout seul parce qu'il ne travaille pas. Il n'a pas de feuilles de paie, alors il trouve une colocation. L'abonnement à Internet est inclus dans le prix de la location, et toutes les charges sont partagées. Mais il est dans une chambre minuscule et il commence à déprimer. Il fait un malaise à la fac et une ambulance le conduit chez lui. M. Leduc, le propriétaire entend parler de son cas et il a pitié de lui. Il propose de louer, pour un prix très bas, une maison à l'extérieur de la ville, un héritage de sa tante. Ses amis aident Cédric à transporter ses cartons et il emménage dans cet endroit magnifique. Il est maintenant en bonne santé. Pour remercier M. Leduc, il s'occupe du jardin, répare les fuites d'eau, fait peur aux cambrioleurs. Mais le compteur électrique est très vieux et un jour il y a un incendie, les pompiers n'arrivent pas et la maison est en danger ! Mais Cédric est très courageux et il réussit à éteindre le feu. Très touché, M. Leduc propose à Cédric et ses amis un bail à vie et gratuit ! Avec ces amis, ils décident de faire une crèche pour les habitants du quartier et des nounous s'installent. M. Leduc dit qu'il adore cette nouvelle façon de vivre !

Annexes

Piste 186 ex 603 Page 238

Écoutez et écrivez les lettres dans le tableau.

1	2	3	4	5	6	7	8	9	10	11	12
c	s	r	a	e	i	u	k	q	h	j	g

Piste 187 ex 604 Page 238

Cochez si on entend « deu » ou « deuz ».
Exemple : -ss-
a. -tt-
b. -ff-
c. -cc-
d. -gg-
e. -o-o

Piste 188 ex 605 Page 239

Écoutez et cochez la bonne réponse.
Exemple : Lecomte : L-e-c-o-m-t-e
a. Philippe: P-h-i-l-i-p-p-e
b. Christophe: C-h-r-i-s-t-o-p-h-e
c. Jean : J-e-a-n
d. d.berthier@free.fr : d.b-e-r-t-h-i-e-r@f-r-e-e
e. f-r

Piste 190 ex 612 Page 241

Écoutez et écrivez les nombres que vous entendez.

a.	b.	c.	d.	e.	f.	g.	h.	i.	j.	k.	l.
11	5	15	7	18	13	9	2	12	1	17	14

Piste 191 ex 615 Page 242

Écoutez et écrivez les nombres que vous entendez.

a.	b.	c.	d.	e.	f.	g.	h.	i.	j.	k.	l.
34	26	42	71	68	33	59	62	72	85	95	38

Piste 192 ex 616 Page 242

Écoutez les nombres. Écrivez-les dans la 1re colonne, puis comparez-les avec le nombre de la 2e colonne du tableau. Cochez si c'est « plus » ou « moins ».

Exemple : ... 28 ...
a. 15
b. 50
c. 78
d. 83

Piste 193 ex 617 Page 242

Écoutez les numéros de téléphone et reliez-les aux numéros de téléphone qui correspondent.
a. 05 55 63 15 75
b. 07 14 52 91 10
c. 06 82 34 17 41
d. 01 78 25 18 96

Piste 196 ex 619 Page 243

Écoutez et écrivez les dates en chiffres.
Exemple : « sept mai deux-mille quatorze »
→ 7/5/2014
a. 6 avril 2016
b. 3 mai 2007
c. 1er janvier 1958
d. 21 mars 1815